| 헌책방 |

| 기담 수집가 |

헌책방 기담 수집가

윤성근 지음

프시케의숲

"진실은 소설보다 더 기묘하다.
 왜냐하면 소설은 일어날 가능성이 있는 일을 그려야 하지만,
 진실은 그럴 필요가 없기 때문이다."

_마크 트웨인

* 출처: *Following the Equator* (1897)

| 차 |
| 례 |

프롤로그 9

1부   사연을 들려주시면 책을 찾아드립니다 — 사랑 편

    돌이켜보면 미안한 15
    이상한 첫사랑 25
    소중한 사람이 선물한 책 33
    엉킨 인연의 실타래 41
    장난스런 초대 53
    40년 만의 완독 63
    사랑이란 이름의 광폭 73

2부   잃어버린 책을 찾아서 — 가족 편

    나만 빼고 다 괜찮은 이혼 87
    책캐구우초오교오 95
    작은 단서라도 좋습니다 107
    근육맨 117
    아들의 여자친구가 내준 숙제 127
    K씨의 조용한 오후 137
    그리고 모험은 계속된다 147

3부   기묘한 손님들 — 기담 편

666   161
언젠가 우연히 마주친다면   171
어디에서도 들어보지 못한 책   181
불운한 책 도둑   191
동묘앞 책 찾기 대결   203
수상한 의뢰   217
사라진 책, 사라진 친구   227

4부   책과 삶 — 인생 편

완전을 위한 불완전   239
일생의 유일한 친구   249
나의 아는 형 이야기   259
제주의 밤과 추억의 한라산   269
여행지에서의 속삭임   279
독창성 마니아   289
꿈의 무대   301
담백한 삶을 위하여   311

일러두기

1. 한글맞춤법이나 외래어표기법과 충돌되더라도, 발간 당시의 책 제목과 인명, 본문 문장 등을 고스란히 취하여 표기했다.
2. 어떤 사람을 높이거나 대접하여 이르는 말인 '씨'나 '님' 등은 맞춤법상 앞말과 띄어쓰는 것이 원칙이지만, 앞말이 영문 이니셜일 경우에는 붙여썼다.
3. 관형사 '새'와 명사 '책'으로 이루어진 '새 책'은 맞춤법상 띄어쓰는 것이 맞지만, '헌책'이라는 한 단어 명사와 본문에서 대비되어 쓰이는 것을 감안해 '새책'으로 붙여썼다.

프롤로그

내 직업은 작은 헌책방의 주인이다. 표면적으로는 일단 그렇다는 말이다. 겉으로 보기에는 중고책을 사고파는 일을 하고 있지만 사실 나는 책에 얽힌 기묘한 이야기를 수집하고 있다. 김수영 시인이 오래전에 쓴 것처럼 "잠자는 책은 이미 잊어버린 책"이다. 그 책을 깨우는 사람만이 진짜 책 속의 이야기를 얻을 수 있다. 잠들어 있는 책을 깨워 그 속에 깃든 무한한 힘을 찾아낸다. 그게 바로 진짜 내가 하는 일이다.

이렇게 호기롭게 첫 시작을 했지만 다음은 어떻게 이어나가야 할지 막막해진다. 그러나 이건 무작정 부리는 허세가 아니다. 나는 실제로 그런 일을 하고 있으니까. 물론 이 글을 시작하면서 관심을 끌고 싶은 마음에 약간 멋을 부렸다는 건 인정한다. 여러분이 큰 아량을 베풀어주신다면 이제 진짜 이야기를 풀어놓겠다.

새책을 파는 서점에 갈 때 대부분의 사람은 무슨 책을 사야겠다는 결심이 선 상태다. 특정한 책을 사러 가는 것이다. 하지만 헌책방에

오는 손님들은 반대인 경우가 많다. 특정한 책을 마음에 두기보다 그저 '오늘은 무슨 책이 있을까나' 하는 느슨한 생각을 가지고 있다. 그렇게 책장을 훑어보다가 어떤 책이 문득 자기를 끌어당기면 그 책을 산다. '새책방'을 사람이 책을 선택하는 곳이라고 한다면 '헌책방'은 반대로 책이 사람을 선택하는 재미있는 일이 일어나는 가게다.

그런데 가끔 특정한 책을 목표로 삼아 헌책방을 돌아다니는 사람들이 있다. 왜 하필이면 헌책방인가? 당연히 그가 찾고 있는 책이 새책방에서는 팔지 않는 책이기 때문이다. 그것은 바로 절판된 책이다.

절판된 책을 굳이 찾으려는 이유는 다양하다. 분명한 것은 이런 사람들이 보석처럼 값진 물건을 모으는 것과는 결이 다른 태도를 지니고 있다는 사실이다. 한마디로 절판된 책을 애써 찾으려는 데는 그럴 만한 이야기가 그 책에 얽혀 있기 때문이다.

헌책방에서 일하다 보면 절판된 책을 찾아달라는 손님을 자주 만나게 된다. 짧게는 몇 달에서 몇십 년씩 책 한 권을 찾아다니는 사람도 있다. 찾아주기만 하면 사례비를 주겠다는 이도 적지 않다. 그런데 수백 년 전에 발간된 엄청난 가치를 지닌 호화장정본 같은 것은 내 능력 밖이다. 대략 1950년대 이후에 나온 책이라면 어떻게든 찾아볼 수 있겠는데 그런 책은 찾는다고 해도 가격이 엄청나게 비싸지는 않다. 그러니까 거기에 얹어 사례비를 받기도 미안하다.

그래서 생각해낸 방법이 바로 '사연 수집'이다. 오랫동안 책을 찾아다니는 데에는 나름의 이유가 있기 마련이다. 나는 책 찾기를 의뢰하는 손님에게 수수료 대신 책을 찾고 있는 사연을 받는다. 이야기를 들어보고 흥미로운 이유가 책에 얽혀 있으면 그것을 찾아준다. 또한 그 이야기에 등장하는 사람을 익명으로 쓴다는 약속 아래 이렇게 글로 풀어내 언젠가 다른 사람들에게 공개하는 것에 반대하지 않는다는 규칙이 있다.

자, 이렇게 해서 나는 헌책방을 꾸리는 한편 책과 사람에 얽힌 기묘한 사연을 수집하는 이상한 직업을 갖게 됐다. 이제부터 들려드릴 이야기는 재미있을 수도, 슬플 수도 있다. 때론 무서운 이야기, 황당한 이야기도 있다. 그러나 한 가지만 밝혀두도록 하자. 우리 주변엔 의외로 기묘한 일들이 많이 일어나고 있다.

이제부터 여러분이 보게 될 이야기는 소설이 아니다.

1부
사연을 들려주시면
책을 찾아드립니다
― 사랑 편

돌이켜보면 미안한

《사랑과 인식의 출발》
구라다 하쿠조 지음, 김봉영 옮김
창원사, 1963년

절판된 책 찾아주는 일을 하며 돈 대신 책에 얽힌 사연을 수수료로 받겠다는 아이디어를 처음으로 떠올렸던 한 사건이 있다. 금호동에 있는 규모가 제법 큰 헌책방에서 직원으로 일하던 시절 이야기니까 꽤 오래전 일이다. 지금 금호동엔 하늘을 향해 쭉쭉 뻗은 깔끔한 아파트가 들어서 있지만, 20년 전 즈음만 하더라도 그곳은 야트막한 주택들이 산등성이를 따라 들판처럼 펴져 있는, 서울에선 보기 드문 예스러운 풍경이 남아 있는 동네였다.

내가 일하던 헌책방은 장사가 잘돼서 직원이 열 명이나 있었다. 지금처럼 인터넷으로 헌책을 사고파는 게 아직 활발하지 않던 때였기 때문에 방문 손님도 적지 않았다. 직원들은 온종일 땀에 젖어 천장까지 쌓인 책들과 씨름했다. 그래서 손님이 와서 뭘 물어봐도 친절하게 응대하기 힘들었다. 나는 그게 좀 불만이었다. 아무리 책 다루는 일이 중요하다고는 하지만 책방 일꾼이 책을 사러 온 사람에게 신경을 쓰지 못할 정도라면 문제가 아닌가. 그러니 나라도 손님을 반갑게 맞아야겠다고 다짐했다. 물론, 매일 수천 권의 책들과 싸우다 보면 웃으면서 사람 대한다는 게 결코 쉬운 일이 아니었지만.

어느 날 오후, 나이 지긋한 어르신 한 분이 헌책방 지하 매장으로 내려왔다. 나이는 70대 정도로 보였는데 허리가 곧고 차림새가 말끔해서 처음부터 뜻 모를 호감이 일었다. 어르신은 찾고 있는 책이 있는데 혹시 알아봐줄 수 있겠느냐고 물었다. 다행히 당시 그 헌책방은 일찌감치 대부분의 책을 컴퓨터 데이터베이스에 입력해두었기 때문에 홈페이지를 통한 인터넷 통신 판매도 겸하고 있었다.

"좀 오래된 책이긴 한데……." 어르신은 양복주머니에서 잘 접힌 손수건을 꺼내 이마에 맺힌 땀을 닦았다. 말끝을 흐리는 거로 봐서 책을 찾기 위해 이미 여러 헌책방에 방문했던 것 같다. 여기에 그 책이 있을 거라는 희망이 별로 느껴지지 않는 목소리였다.

"말씀해보세요. 여기 있는 책이 대략 10만 권이 넘거든요. 전부는 아니지만, 컴퓨터에 책 제목을 입력해두었으니 검색해보겠습니다."

"《사랑과 인식의 출발》이라는 책입니다. 구라다 하쿠조라는 일본 사람이 쓴 책이지요."

처음 들어보는 책 제목이다. 게다가 어르신이 찾고 있는 건 1963년에 출판된 책이다. 혹시 모르니 기대를 하고 컴퓨터로 검색해봤지만 역시 이곳엔 없는 책이었다.

책이 없다고 하니 어르신은 담담한 목소리로 "그렇군. 고마워요." 하며 몸을 돌려 다시 계단을 오르기 시작했다. 계단이 가팔라 어르신의 걸음이 위태로워 보였다. 나는 그 뒷모습이 조금 쓸쓸해 보여서 곧 뒤따라가 성함과 연락처를 알려주시면 혹시 책이 들어왔을 때 연락드리겠다고 했다. 어르신은 처음으로 입가에 미소를 지으며 내가 건넨 작은 종이에 전화번호를 적었다.

고백하자면, 사실 나는 그때 진짜로 책을 찾아드릴 생각은 없었다. 어르신에게 조금이라도 위로를 드리고 싶었기에 책을 찾게 되면 연락하겠다는 헛된 약속을 한 것이다. 정말로 그 책을 찾게 될지는 알 수 없는 일이었다.

지금도 어느 정도는 그렇게 생각하고 있는데, 책은 찾을 수 있는 게 아니라 책 스스로 나타나주어야 한다. 헌책방에서 일하다 보니 책을 찾는다는 게 얼마나 무의미한 일인지 알게 됐다. 어떤 책은, 분명히 세상에 존재하는 책이라는 걸 아는데도 몇 년 동안 만나지 못한 채로 살아간다. 정반대의 일이 일어나기도 한다. 도저히 찾을 수 없을 것 같은 책인데 며칠 만에 나타난다. 그건 어떠한 자연법칙이나 심리학 개념으로도 설명할 수 없다. 책이 제 의지로 사람을 찾아오는 것이다. 믿기 힘들겠지만, 나는 그렇게 믿고 있다.

어르신이 찾고 있던 책도 그렇게 나타났다. 마치 인연처럼. 나조차 거의 잊고 있었는데, 반년 정도가 지난 후 정말로 그 책이 우리 헌책방에 입고된 것이다. 그날 트럭에 실려 가게로 쏟아져 들어온 수천 권의 책들 속에서 손바닥만 한 작은 책 한 권이 내 눈에 보일 확률은 또 얼마나 될까? 서지 면을 보니 1963년 창원사에서 펴낸 초판, 바로 그 책이다! 책을 집어 드는 순간 몸에 전율이 일었다.

천만다행으로 어르신이 남긴 연락처도 아직 갖고 있었다. 갖고 있었다기보다는 그저 책상 구석 한쪽에 밀어둔 채로 잊고 있었다고 해야겠지만. 하지만 그마저도 우연이 아니라 운명이라 말하고 싶다. 일을 마치면 매일 청소를 하는 게 헌책방 일과의 끝인데, 어떻게 그 작은 종잇조각이 여섯 달 동안이나 살아남았단 말인가?

《사랑과 인식의 출발》은 나쓰메 소세키와 비슷한 시기에 활동한 작가이자 학자 구라다 하쿠조倉田百三(1891~1943)가 사랑에 관해서 쓴 짧은 글을 모아 엮은 책이다. 작가는 탐미주의가 유행하던 일본의 문학계에서 냉정한 이성과 실존을 강조한 '시라카바白樺' 동인의 한 사람으로 활동했다. 일본의 지식인과 청년들 사이에서 널리 읽힌 이 책은 1921년에 초판이 나왔고 우리나라에서는 1950년대부터 꾸준히 번역됐다. 알아보니 우리나라에서도 독자가 많아 번역 판본이 여러 종 있었는데 왜 어르신은 유독 1963년 판을 찾고 계셨던 것일까? 그 사연은 책을 찾으러 오신 어르신에게 직접 들을 수 있었다.

"나는 젊은 시절 일본에서 공부했어요. 우리 집이 큰 부자는 아니었지만, 부친이 사업가여서 크게 부족한 것 없이 살았죠. 한국전쟁 직후였으니 당시 우리나라에는 공부할 수 있는 여건 자체가 부족했어요. 아버지가 나를 일본으로 보내셨죠. 공부를 마치고 돌아오면 앞으로 할 일이 많을 거라고 했어요. 하지만 돌아와 보니 상황은 오히려 안 좋았어요. 군사정권이 들어섰으니까."

어르신은 《사랑과 인식의 출발》을 손에 들고 가볍게 표지를 만지면서 말했다. 책만큼이나 오래된 이야기였다.

일본에서 공부를 마치고 돌아온 청년은 번역 문학을 펴내는 출판사에 취직했다. 청년은 아버지의 말을 기억하며 책이야말로 앞으로 이 나라를 위해 꼭 필요한 사업이라는 생각으로 열심히 일했다.

"하지만 일이 뜻대로 풀리지 않았어요. 우리 회사에서 펴내는 책들 대부분이 정부에서 금서 처분을 받았거든요. 대단한 내용도 아니었는데 말이죠. 외국 사람이 쓴 가벼운 철학 개론서나 역사책, 경제

학책도 이상한 기준에 트집이 잡혀 서점에 나가보지도 못한 채 폐지가 되는 일이 허다했어요. 속상했지만 어쩔 도리가 없더군요. 너무나도 큰 벽이었어요. 그때는 그랬답니다. 그 시절을 어찌 살았는지 몰라……."

"맞서 싸우거나, 그런 성격은 아니셨군요?"

"싸우다니?" 어르신은 눈을 크게 떴다. "1960년대랍니다. 생각만 해도 몸서리가 쳐지는 시절이었어요. 나는 한국전쟁 때보다, 차라리 그때가 더 공포스러웠어요. 싸운다는 건 생각조차 못 해요. 머리를 비우고 바보처럼 산다면 그보다 편했던 때도 없었을 거예요. 하지만 공부한 사람이 살아내기에는 너무 비참했어요. 읽고 쓰는 자유가 전혀 없었으니까요."

옛 생각을 하는지 어르신은 한동안 말을 하지 않았다. 그러다 책을 내게 보여주면서 다시 이야기를 시작했다.

"이 책이 없었다면 나는 자살했을지도 모릅니다. 그만큼 귀한 책이에요, 나한테는."

어르신 표정이 조금 밝아졌다. 나도 가볍게 웃으며 말했다.

"힘든 시기에 이 책을 읽고 기운을 얻으신 거로군요?"

어르신은 내 말을 듣더니 껄껄 소리를 내며 웃었다.

"아니, 아니지. 미안합니다. 내가 너무 거창하게 말을 했구먼. 사실 그 정도로 대단한 책인지 나는 잘 몰라요. 집중해서 읽은 것도 아니니까."

이번에는 내가 눈을 크게 뜨고 물었다.

"좀 이상하네요? 그러면 이 책을 오랫동안 찾아다닌 이유가 뭔가요? 제대로 읽은 책도 아니라고 하시면……."

"이제부턴 좀 재밌는 이야기니까 들어보시구려." 어르신은 여전히 책을 손으로 쓰다듬으면서 말을 이었다.

"출판사 일을 그만두고 한동안 두문불출했어요. 우선은 부모님이 걱정이 많으셨죠. 방 안에서 뒹굴며 불효자식이 될 수는 없으니까 은행원으로 취직했습니다. 사실 이건 나와는 맞지 않는 일이었어요. 종일 의자에 앉아 주판을 튕기고 있자니 이 또한 괴로웠습니다. 하루하루가 고역이었지요. 그렇게 한 1년 지냈을 거예요. 내게도 봄날이 찾아왔지요."

'봄날'이란 연애를 의미하는 말이었다. 청년이 서서히 은행 생활에 적응하고 있을 무렵, 같은 지점에서 일하는 예쁜 여직원이 호감을 보인 것이다. 당연히 청년의 오해일 수도 있다. 그 여직원이 모든 사람에게 한결같이 친절한 성격일 수도 있다. 청년은 즐거운 고민에 빠졌다. 죽을 것같이 힘들었던 출근 시간 발걸음이 가벼워졌다.

"그 여성분에게 마음을 전하고 싶은데 도무지 방법이 없는 거예요. 지금이야 휴대전화가 있으니까 가볍게 전화번호를 물어보거나 그럴 수도 있겠지만, 그때는 직접 얘기하는 수밖에 별도리가 없잖아요? 고민을 거듭하다가 연애편지를 쓰기로 했습니다. 하지만 그것도 무리가 있었어요. 연애편지라는 걸 써봤어야죠. 퇴근하고 집에 와서 며칠 동안 종이를 얼마나 많이 버렸는지 몰라요. 시작하는 첫 문장조차 못 쓰겠더군요. 밤에 썼다가 아침에 찢어버리고, 점심시간에 몇 자 끄적거렸다가 퇴근하고 읽어보면 너무 바보 같은 문장이라 자신에게 화가 날 지경이었어요."

청년은 머리를 식힐 겸 일이 없는 주말 시내 서점에 나갔다가 운명처럼 《사랑과 인식의 출발》이라는 책을 발견했다. 첫 장을 펼치는 순간 책에 빠져들었다. 책 내용이 좋아서라기보다, 자기가 연애편지에 쓰고 싶었던 멋진 사랑의 문장이 거기 다 적혀 있었기 때문이다.

"그 책은 마치 초보자를 위한 연애편지 참고서 같은 느낌이었어요. 누가 볼까 부끄러워 주변을 두리번거리다가 얼른 책을 계산해서 집으로 뛰어왔죠. 연애편지라는 건 원래 첫 부분 시작하는 게 어렵잖아요? 나는 그 책에 있는 문장 몇 개를 첫 부분에 인용하면서 편지를 쓰기 시작했어요. 그랬더니 다음 부분은 술술 써지더라고요. 새벽까지 편지를 쓰고 잘 접어 양복 안주머니에 넣었지요. 출근하면 기회를 보다가 슬쩍 꺼내 건네줄 생각이었어요. 결론은, 작전 성공이었어요. 그날 점심시간이 지나고 나서 휴게실에 둘만 있게 됐을 때 편지를 여성분 손에 쥐여줬어요. 깜짝 놀라면서도 기쁨이 가득한 그 표정이라니! 수십 년이 지났지만 지금도 잊히지 않아요."

어르신은 책을 펴더니 한 부분을 손가락으로 가리켰다. 청년은 바로 그 문장을 편지에 인용했다. 어르신은 그 부분을 정확히 기억하고 있었다. 어르신은 작은 목소리로 그 문장을 읽었다.

"둥그스름한 푸른 하늘은 우리들 머리 위에 덮여 있고 햇빛을 받은 흰 구름은 정처 없이 떠돈다. 영원의 시간이 발걸음을 죽이고 사뿐히 옮겨 가는 것을 느낄 때 우리들의 마음속에는 걷잡을 수 없는 쓸쓸함이 그림자처럼 드리울 것이다……."

멋진 문장이었다. 그리고 이렇게 시작한 연애편지를 받아 읽은 동료 여직원도 청년의 마음을 받아들였다. 청년은 꿈을 꾸는 듯 황홀한 나날을 보냈다. 어르신의 말을 빌리자면, 그때는 없던 식욕이 돌고 슬픈 영화를 봐도 입가에 미소가 지어졌다고 한다.

"그럼, 찾으셨던 책이 어르신과 그 여성분을 맺어준 셈이네요. 이

제 이유를 알겠네요. 사랑을 이어준 책이라니요!"

"젊은 시절 가장 아름다운 때였지요. 잊을 수가 없어요. 하지만 세상에 영원한 것은 없다고 했던가요? 그 사랑은 오래가지 못했습니다. 내 탓입니다."

사랑을 키워가던 그즈음, 청년은 서서히 은행원 생활에 싫증이 나기 시작했다. 그는 공부에 대한 미련을 떨칠 수 없어 3년 만에 사표를 내고 유럽으로 유학길에 올랐다. 연인에게는 편지 자주 하겠다는 약속만을 남긴 채 홀로 먼 외국으로 떠났다.

청년은 약속대로 편지를 자주 보냈다. 하지만 공부가 길어질수록 조금씩 애정이 식는 것은 어쩔 도리가 없었다. 두 사람은 누가 먼저라고 할 것도 없이 서서히 소식이 뜸해졌고 유학 생활 5년 차 정도부터는 자연스럽게 연락이 끊어져버렸다. 청년은 그 후로도 10년 넘게 외국에 머물며 공부에 몰두했다. 그런 생활 중에 또 다른 인연을 만나 결혼했고 지금까지 행복한 삶을 이어왔다.

그때의 청년은 이제 머리가 희끗희끗한 노인이 되었고 하던 일에서도 은퇴하여 평온한 일상을 보내고 있다. 그러다 몇 년 전부터 첫사랑 생각이 자주 떠올랐다. 어르신은 사람을 찾는 건 의미가 없으니 연애편지를 쓸 때 도움받았던 책을 찾기로 했다. 그것을 우연히 내가 발견해 찾아드린 것이다. 어르신은 그렇게 이 책에 얽힌 사연을 담담한 목소리로 말해주었다.

그런데 알고 보니 어르신은 댁이 부산이라 내 전화를 받고 부산에서부터 KTX 열차를 타고 서울까지 온 것이었다. 책 가격이 2만 원이니까 우편요금을 더해 입금해주시면 댁까지 보내드린다고 했는데도 책값보다 한참 더 비싼 차비를 들여 이곳까지 온 이유도 궁금했다. 어르신은 환하게 웃으며 이렇게 말했다.

"오랫동안 찾아다닌 내 젊은 시절의 고운 사랑 같은 책을 찾았는데 어찌 우편으로 받겠소? 내가 직접 모셔가야지."

책 한 권에 얽힌 이 애틋한 사연은 그 후로도 오랫동안 내 마음에서 떠나지 않았다. 이로부터 몇 년 후, 헌책방 주인이 된 나는 때때로 손님들에게 찾고 있는 책에 어떤 사연이 있는지 슬며시 물어보곤 한다. 책은 작가가 쓴 이야기를 담고 있지만, 그 책을 찾는 사람들은 거기에 자기만의 사연을 덧입혀 세상에 하나뿐인 새로운 작품을 만들어낸다.

이상한 첫사랑

《로리타》
블라디미르 나보코프 지음, 신동란 옮김
모음사, 1987년

책은 음악과 비슷해서 그 안에 한 가지 의미만 있는 게 아니다. 정해진 줄거리가 있는 소설이라고 해도 읽는 사람에 따라, 그리고 그 책을 언제 읽었는지에 따라서 의미는 다른 방향으로 가지를 뻗는다.

내가 일하는 헌책방에 언제나 클래식 음악을 틀어놓는 이유도 그와 같다. 사람은 음악을 들으면서 여러 가지 감상에 젖고, 그것이 자연스레 책과 연결된다고 믿기 때문이다. 책과 음악은 한 장소에서 만나 다시 새로운 의미를 만들어낸다. 나는 우리 책방에 왔던 손님이 이것을 기억해주기를 바란다. 그래서 가게 문을 열면 언제나 음악 재생 버튼을 누르는 일로 일과를 시작한다.

자주는 아니지만, 기대했던 반응을 만나는 일은 늘 즐겁다. 어느 날 오후, 절판된 책을 구해줄 수 있겠느냐며 찾아온 S씨는 클래식 음악을 들을 때마다 이 가게가 생각난다고 고백했다.

"그리고 지금 이 음악은 하이든 피아노 삼중주 맞죠? 작품번호까지는 모르겠지만, 하이든이 맞을 것 같은데요? 보자르 트리오Beaux Arts Trio 연주인가요?"

S씨는 평소에 클래식 음악을 자주 듣는지 스피커에서 흘러나오는 소리만 듣고 작곡가와 연주자까지 정확히 알아맞혔다.

"클래식 음악을 공부하셨나요? 소리만 듣고 연주자까지 아시는 분은 흔치 않아서요."

"클래식을 공부한 건 아니고요, 공부할 때 클래식을 자주 들었습니다. 그런데 여기선 왜 클래식만 들으시나요? 가요 쪽은 관심이 없으세요?"

어릴 때부터 클래식 음악을 좋아했기 때문에 딱히 왜 그런지 생각해본 적은 없지만, 질문을 받고 나니 확실히 내 나름대로의 이유가 있었다.

"일단은 가사가 있는 음악 자체를 별로 좋아하지 않거든요. 같은 이유로 클래식이라고 해도 오페라나 가곡은 잘 안 듣습니다. 가사가 있으면 어쩔 수 없이 그 내용에 주의를 기울이게 되는데, 가요라면 보통은 사랑에 관한 이야기잖아요?"

"사랑 이야기를 싫어하세요?" S씨는 내 대답이 흥미롭다는 듯 눈을 크게 떴다.

"싫어한다기보다, 여태 그런 절절한 사랑을 못 해봐서라고 할까요? 사랑 노래를 들으면 공감이 잘 안 되더라고요. 기악곡이라고 하면 같은 음악을 자주 들어도 여러 의미로 해석할 수 있으니까 좋아합니다."

"그러면 소설책도 연애 이야기는 즐기지 않으시겠군요? 노래야 몇 분만 들으면 한 곡 끝나지만, 책이라고 하면 공감도 안 되는 사랑 이야기를 몇백 쪽씩 읽어야 하니 말이죠."

이야기의 흐름이 어째 좀 수상하다. 이 사람, 설마 '할리퀸 시리즈' 같은 연애소설을 찾아달라고 하는 건 아니겠지? 그러면 곤란한데. 만약 그런 쪽 책이라면 자칭 연애 박사 책 수집가인 L씨에게 연락하면 된다. 할리퀸이나 라이트노벨 전문가이기도 하니까. 하지만 그는 워낙 말이 많은 성격이라 웬만하면 만나고 싶지 않다. 여기까지 생각을 정리한 다음 나는 태연하게 대답했다.

"책이라면 다르죠. 저는 뭐든 다 읽습니다. 찾으시는 책이 혹시 연애소설인가요?"

"그렇게 말해도 되겠지요.《로리타》라는 책입니다." S씨는 자세를 고쳐앉으며 말했다.

"《롤리타》 말씀이신가요? 그 책은 연애소설이 아니죠. 저라면 그걸 글로 풀어 쓴 음악이라고 하겠습니다." 오오, 이건 내가 생각해도 너무 멋진 말인데! 그런데 왜《롤리타》를 찾는 걸까?

"나보코프가 쓴 책 맞죠? 말씀하신《롤리타》는 외설적인 내용 탓에 한때 금서였던 적도 있지만, 지금은 세계적인 베스트셀러인걸요. 절판된 책이 아니라서 서점에 가면 언제든 살 수 있습니다."

"물론 그렇지요.《롤리타》는." 이렇게 말하면서 S씨는 가볍게 미소를 지어 보였다. 그러고는 곧 말을 이었다.

"제가 찾는 건《롤리타》가 아니라《로리타》입니다. 1980년대에 '모음사'라는 출판사에서 펴낸 책이어야 합니다. 그때는 제목이《로리타》였죠."

그러고 보니 예전에 고장 난 시계를 수리해서 파는 N씨가 멋진 표지디자인이라면서 모음사《로리타》를 내게 보여준 적이 있다. 그는 시계보다 책을 더 좋아하는 것 같은데 왜 책 장사를 안 하고 시계만 팔까? 어느 날 내가 그렇게 물었을 때 N씨는 심드렁한 목소리로 "좋아하는 걸 팔면 먹고살기 힘들어요."라고 대답했다. N씨가 아직 그 책을 갖고 있을까?

"그 책이라면 저도 본 적이 있습니다. 표지가 멋진 책이죠. 책 찾는 수수료를 사연으로 받는 건 알고 계시죠? 모음사 《로리타》를 구하고 계신 이유를 들어볼 수 있을까요?"

책방에 와서 자기 이야기를 할 때, 많은 사람이 그렇듯 S씨도 말을 시작하기 전 잠시 숨을 고르면서 생각에 잠긴 표정을 지었다. 나는 서랍 속에서 수첩과 만년필을 꺼냈다.

"어렸을 적부터 저는 공부 잘한다는 소리를 자주 들으며 자랐습니다. 사람들이 명문대학이라고 부르는 학교에 입학했는데도 주변에서 별로 놀라는 기색이 없을 정도였죠. 저 녀석은 당연히 그 대학에 들어가겠지, 하고 믿고 있었나 봐요. 가정 살림이 넉넉하지 못해 2학년 때부터는 과외로 학비를 벌었습니다."

나는 열심히 받아 적으며 한편으론 책을 찾는 데 도움이 될 만한 세세한 부분을 그때그때 질문했다.

"그때가 1980년대, 정확히 몇 년도인지 기억하시나요? 찾고 계신 책의 출판연도를 가늠해보려면 그런 정보가 필요합니다."

"제가 2학년 때였으니까 1985년이네요. 맞아요. 아시안게임이 열리기 전년도였습니다."

"잠깐만요. 그즈음이면 전두환 대통령 때잖아요? 제가 알기로 당시엔 대학생이 과외로 돈을 버는 걸 금지했을 텐데요?"

"바로 그렇습니다." S씨는 멋쩍게 웃으면서 말했다. "하지만 많은 사람이 비밀리에 과외를 하고 과외를 받고 그랬죠. 안 그러면 대학생들이 비싼 하숙비를 어찌 감당하겠어요?"

S씨는 명문대학을 다녔기 때문에 과외로 얻는 수익도 쏠쏠했다. 주머니가 두둑해지면 보고 싶은 책을 맘껏 살 수 있다. 여름방학 때는 과외를 잠시 쉬고 경포대나 해운대로 바다 구경을 다녀올까 하는 계획도 세웠다. 그런데 이 숱한 계획은 과외를 시작한 지 며칠 만에 송두리째 날아가버렸다.

"제가 맡은 첫 과외 대상은, 중학교 2학년 여학생이었습니다. 그리고 이 학생이 마지막이었습니다."

대학생과 열네 살인 중학생. 둘 사이에 무슨 일이 있었던 게 분명하다. 게다가 찾으려는 책은 중년 남자가 어린 여자에게 집착하는 내용이 줄거리인 소설이다. 그러나 우리의 삶이 늘 그렇듯 어떤 일이든 너무 섣부르게 단정 지을 수는 없다. 이야기는 계속 이어졌다.

"예상하셨겠지만, 저는 이 여학생을 좋아하게 되었습니다. 제가 꿈에 그리던 그런 사람이었어요. 그 또래 아이답게 성격이 가볍고 명랑했습니다. 그런데 때론 생각하는 태도가 아주 진지했어요. 가끔은 저보다 더 어른스럽다는 느낌이 들었을 정도니까요. 그즈음 저는 나보코프의 소설을 읽었습니다. 그러나 거기 나오는 험버트와 저는 다릅니다. 물론 그 여학생과 어린 돌로레스도 같지 않고요. 험버트는 뼛속까지 아동성애자 아닙니까? 저는 맹세코 그런 감정이 처음이었습니다."

또 한 가지 S씨가 험버트와 다른 결정적인 부분은, 그가 여학생에게 아무런 행동도 하지 않았다는 점이다. S씨는 과외를 마치고 집으로 돌아오면 밤새도록 자신을 욕하고 훈계하는 한편 《로리타》를 읽으며 험버트를 향한 연민의 정을 느끼는 묘한 감정에 빠져들었다. 그럴수록 여학생과 마주 앉은 자리에서는 더욱 무미건조한 사람처럼 행동했다.

"소설 같은 일은 일어나지 않았습니다. 그래서도 안 되겠지만요. 여학생과의 과외는 1년 동안 계속됐고 그 이후로는 연락을 끊었습니다. 저는 곧 군대에 갔고, 복학해서는 공부를 마쳤습니다. 그게 전부입니다."

"책을 찾으시는 이유는 이것으로 끝인가요?" 나는 쓰고 있던 펜을 멈추고 물었다.

"표면적으로는 그렇지요. 그런데 졸업하고 사회생활을 하면서 곰곰이 생각해보니 지금 즈음이면 그 여학생도 성인이 됐을 것 같더라고요. 돌이켜보면 우리가 처음 만난 게 대학생과 중학생이었으니까 문제가 커 보였던 것이지, 실제로 나이 차이는 열 살도 안 나잖습니까?"

"그래서요? 다시 그 여학생을 수소문이라도 했다는 건가요?" 나는 눈을 동그랗게 떴다.

"그럴 리가요. 거기까지 가면 너무 소설 같은 이야기잖습니까. 그 이후로 너무 오랜 시간이 흘렀기 때문에 여학생을 찾아야겠다는 생각조차 못했는걸요. 몇 년 후 저는 회사에서 맘씨 좋은 여성을 만나 결혼했습니다. 말하자면 그 여학생은 누구에게도 말하지 못한 저의 첫사랑이라고 하겠습니다."

그러나, 정말로 여기서 이야기가 끝이라면 굳이 오래전에 읽었던 책을 찾을 이유는 없을 것 같았다. 《롤리타》 소설이 2부로 구성되어 있듯 두 사람의 관계 역시 어느 지점에서인가 계속 이어져 있을 것만 같은 예감이 들었다.

"정말 그 여학생을 다시 만나지 않았나요?" 나는 S씨의 눈을 똑바로 보면서 말했다. 그는 다시 한 번 엷게 미소 짓더니 그다음 이야기를 들려줬다.

"예리하시군요. 사실 여학생이 제게 편지를 보낸 적이 있습니다. 군대에 다녀온 직후였습니다. 어느 날 학교 과사무실에 제 앞으로 온 편지가 배달됐습니다. 여학생은 이제 고등학교에 진학해서 2학년이 되었고, 그 편지는 아주 다정하면서도 진지한 내용이었습니다. 놀랍게도 과외를 하던 때 이미 저에게서 미묘한 감정의 변화를 읽을 수 있었다고 하더군요. 그러면서 여학생은 자기하고 만나볼 생각이 있느냐고 물었습니다. 그게 불편하다면 다시 과외를 하는 것도 좋다고 했습니다. 하지만 저는 그 편지에 답장을 보내지 않았습니다. 여학생도 더는 제게 연락을 하지 않았습니다."

짧게 정리해서 이야기했지만, S씨는 당시에 편지를 받고 여러 날 고민에 빠졌다. 선택은 그저 이 모든 것을 추억으로 간직하자는 쪽으로 기울었다. 상대는 아직 고등학생이고 곧 대학 입시라는 인생의 커다란 문 앞에 선다. 두 사람의 관계가 좋은 결과를 만들 수도 있지만, 그 반대가 될 거라는 걱정이 더 컸다. 입시를 먼저 겪은 S씨는 지금 여학생이 서 있는 위치가 삶에서 얼마나 중요한 시기인지 잘 알고 있기에 어떤 대답도 할 수 없었다.

살면서 그 일을 아예 잊은 듯 지낸 적도 있지만, 어느 날 갑자기 얼굴에 돋아나는 뾰루지처럼 느닷없이 여학생의 모습이 떠오르는 날도 적지 않았다. 결혼하고 짐을 정리하면서, 갖고 있던 모음사 《로리타》도 처분해버렸다.

"최근 아내와 대화하다가 그 이야기를 했습니다. 지금껏 누구에게도 말한 적이 없었거든요. 이상한 사람이라고 여길지도 모르지만 어쨌든 저에겐 첫사랑 이야기니까요. 아내가 어떻게 받아들일지도 궁금했습니다."

뜻밖에도 S씨의 아내는 아름다운 이야기라며 그의 말을 한참 귀기울여 들어주었다. 그러곤 당시에 읽었던 《로리타》를 다시 찾아 이번엔 자기와 함께 읽어보면 어떻겠냐며 제안했다. 그것이 S씨를 이곳 헌책방까지 오게 한 이유였다.

"혹시나 하는 마음에 요즘 다시 번역된 《롤리타》를 읽어봤는데 예전 그 느낌이 아니더라고요. 그때 읽었던 책이 줄 수 있는 감정의 울림이란, 다른 책에서는 찾을 수 없나 봐요."

여러 가지 생각이 들게 하는 말이었다. 책은 다 같은 책이지만 꼭 만나야 하는 그때의 책이 있다. 그 책은 그냥 소설이 아니라 젊은 날의 추억, 사랑, 고민, 그리고 망설임과 선택을 고스란히 담고 있다. 들을 때마다 매번 다른 감정을 불러일으키는 좋은 음악처럼. 그런 의미로 나는 S씨에게 책이 음악 같다는 말을 한 것이다.

S씨가 돌아가고 난 다음 나는 혼자 남아 우두커니 주위를 둘러봤다. 눈길 닿는 곳마다 책이 가득 쌓여 있고 그 위로 무심하게 음악이 흐른다. 이 책들이 저마다 가지고 있는 갖가지 의미와 아직 알려지지 않은 숱한 사연들을 생각하면 곧 연주회가 시작되는 공연장 맨 앞자리에 앉은 호기심 많은 아이처럼 늘 마음이 설렌다. 이것이 내가 책과 음악을 사랑하는 이유다.

소중한 사람이 선물한 책

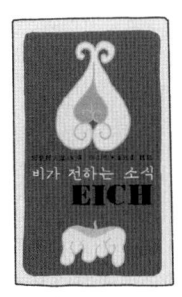

《비가 전하는 소식》
귄터 아이히 지음, 김광규 옮김
민음사, 1975년

세상엔 두 종류의 사람이 있다, 라는 말로 이야기의 첫머리를 떼는 것은 쉽다. 이런 시작은 확실히 진부하긴 하지만 사람들의 흥미를 끌기에 적당한 방법이기 때문이다. 나는 무슨 이야기든 절대로 그렇게 시작하지 않겠노라 다짐했지만, 이걸 어쩌나? 이 글의 첫 시작도 바로 그렇게 시작한 거나 다름없으니. 하지만 나라면 차라리 이렇게 시작하겠다. 동전엔 두 개의 면이 있고 살아가면서 할 수 있는 선택은 늘 앞쪽 아니면 뒤쪽이라고.

사람들은 무슨 일이든 평가하기를 즐기고 자기 나름의 기준을 내세워 무엇이든 몇 가지로 분류하려는 게 기본적인 심리다. 물론 평가하는 게 좋은 것만은 아니다. 하지만 학창시절부터 늘 이런저런 평가를 받으며 지냈기 때문에 다른 대상을 평가하는 게 자연스럽게 굳어진 게 아닐까. 때론 전혀 그럴 필요가 없는 상황에서도 머리가 자동으로 평가 기준을 입력하고 돌아가기도 한다.

어디 보자. 지금 책방 문을 열고 들어온 저 손님은 누구일까? 어떤 사람일까? 큰 키에 잘생긴 얼굴이 먼저 눈에 들어온다. 말끔하면서도 불편해 보이지 않는 수트 차림이다. 저 옷은 분명 기성복이 아니라 어딘가에서 맞춘 것이 틀림없다.

잘 다듬은 턱수염이지만 털이 희끗한 걸로 봐서 나이는 50대 후반? 많이 잡아도 예순다섯 아래일 것 같다. 뭐야, 외국인인가? 이쯤에서 내 추리력의 한계에 부딪힌다. 이상으로 종합해봤을 때 나는 다음과 같이 결론을 내린다. 내 경험상 100퍼센트 확실하다. 저런 차림을 한 사람이라면, 움직일 때마다 삐걱거리는 소리가 나는 헌책방 문을 열고 들어와서 잔뜩 쌓여 있는 오래된 책들을 들출 것 같지는 않다. 그러니까 책 한 권 안 사고 길어봐야 1분 안에 들어왔던 문으로 다시 나갈 확률이 상당히 높다는 얘기다.

나의 천재적인 두뇌로 약 15초 동안 이런 생각을 하고 있을 때 손님은 책방을 둘러보지도 않고 곧장 내가 앉은 자리 쪽으로 뚜벅뚜벅 걸어왔다. 어쩐지 사람을 긴장하게 만드는 걸음걸이다. 걸어오면서 그는 동시에 능숙한 동작으로 한 손을 재킷 안주머니에 넣었다. 뭐지, 이 콜린 퍼스 같은 사나이는? 상당히 숙련된 몸짓인데? 스파이인가? 설마 안주머니에서 총을 꺼내는 건가?

그러나 안주머니에서 나온 것은 다행히 총이 아니라 명함 케이스였다. 사나이는 "K라고 합니다. 미리 약속 못 드리고 와서 죄송합니다."라고 정중한 목소리로 인사하며 내게 명함을 건넸다. K씨는 외모에서 풍기는 느낌과는 많이 다르게 중소기업 총무과 과장이라는 평범한 직함을 가지고 있었다. 이래서 평가를 한다는 건, 특히 사람을 평가한다는 건 좋은 습관이 아니다.

"오래된 책을 한 권 찾고 싶은데요. 책에 관한 사연을 들려드리면 찾아주신다고 해서……."

K씨는 주저하는 듯 말끝을 흐렸지만 목소리 자체는 확신에 찬 단단한 느낌이었다.

"네, 그렇습니다. 하지만 책 찾는 데 시간이 오래 걸릴 수도 있습니다. 몇 년이 걸리기도 하고요."

"괜찮습니다. 제가 성격이 느긋한 편이라 기다리는 건 잘합니다. 20년 동안 한 사람을 기다린 일도 있으니까요."

그는 자기 입으로 말해놓고도 놀랐는지, 돌아가는 턴테이블 위에 있는 바늘을 들어 올린 것처럼 갑자기 말을 멈췄다가 다시 이었다.

"그런 말을 벌써 해버리다니. 이래서는 이야기의 순서가 뒤죽박죽이 되겠네요. 죄송합니다. 어디서부터 말씀드리면 될까요?"

"우선 찾으시는 책 제목을 알려주세요. 저자, 출판연도, 출판사 같은 서지사항을 알고 계신다면 더 좋고요."

나는 말을 하면서 동시에 수첩을 꺼내 받아 적을 준비를 했다.

"책 제목은 《비가 전하는 소식》입니다. 독일 작가 귄터 아이히의 시집이고, 1975년 민음사에서 출판한 책입니다. 제 기억이 맞다면 민음사에서 시리즈로 펴내던 세계시인선 45번일 겁니다."

"오래된 책인데 서지정보까지 자세하게 기억하고 계시네요? 특별히 아끼시던 책이었나요?"

"네, 소중한 책이었죠. 소중한 사람에게 선물받은 책이거든요."

하지만 내게 책을 찾아달라는 의뢰를 하러 온 것을 보면 그 소중한 책을 지금은 가지고 있지 않은 모양이다. 책은 어디로 간 것일까? 그 이야기를 먼저 들어보아야 할까? 아니다. 이 경우엔 '소중한 책'

보다 '소중한 사람'이 먼저다. 소중한 사람이 그 책을 주었기 때문에 평범한 책 한 권이 소중해진 것이기 때문이다. 이름을 불러주었을 때 비로소 그가 내게로 와 꽃이 되었다는 김춘수 시인의 문장처럼.

"그럼, 책이 있기 전에, 선생님께서 말씀하신 그 소중한 분에 관한 이야기부터 듣고 싶습니다."

"네, 말씀드리지요. 하지만 사장님께서 들기에 조금 기분이 나빠지는 부분이 있을지도 모릅니다. 그 점은 미리 양해를 구하겠습니다."

기분이 나빠지는 부분이라니. 그럴 리가 있나. 처음 책방에 들어왔을 때부터 묘한 분위기를 풍기더니 시간이 갈수록 미스터리가 늘어가는 것 같아서 오히려 기분이 좋아지고 있다. 책 찾기는 둘째치고, 이젠 K씨의 이야기를 얼른 듣고 싶어서 현기증이 날 지경이다.

"고등학생이 되었을 때 저는 모든 게 낯설기만 했습니다. 아마 다들 그렇겠지요. 유독 저는 그게 더 심했던 것 같습니다. 학교생활에 좀처럼 적응을 못 했죠. 학기가 시작되고 얼마 지나지 않아 신입생들은 모두 특별활동 부서를 정해야 했습니다. 저는 책 읽고 글 쓰는 것을 좋아해서 문학부에 들어갔습니다. 인기가 없는 부서인지 경쟁자는 많지 않았습니다. 그리고 문학부에서 다른 신입생들과 만나 인사를 나누는 첫 시간에 그 아이를 봤습니다. 왜 그랬는지 설명할 수는 없지만, 이런 경우엔 흔히 그렇지 않습니까. 뭔가 사로잡힌 기분 말이죠. 앞으로 그 아이가 저에게 소중한 사람이 될 거란 확신이 들었습니다."

소심한 성격인 K씨는 그 아이 곁을 맴돌기만 할 뿐, 좀처럼 가까이 다가가지 못했다. 그러나 개의치 않았다. 친해지지 못해도 늘 기분이 들떠 있었다. 정기적으로 돌아오는 부서활동 시간에 얼굴 보며 인사를 나눌 수 있는 것만으로도 학교생활의 긴장이 풀리는 기분이 들었다.

가까워질 수 있는 절호의 기회가 초여름에 열린 교내 백일장 행사 때 찾아왔다. 그날 전교생이 학교 근처 야외로 나가 수필이나 시를 썼는데, 문학부원들은 한곳에 따로 모여 자리를 잡았다. K씨는 우연히 그렇게 된 것처럼 그 아이 옆으로 가서 앉았다. 이름은 신입부원 환영식 때 들어서 알고 있었지만 막상 옆에 앉아 말을 걸려니 목구멍에 뭔가 잔뜩 걸린 것처럼 불편했다.

"뜻밖에도 그 아이가 먼저 인사를 하더군요. 얼마나 기쁘던지요! 그리고 좀 더 일찍 다가가지 못했던 제가 너무 부끄러웠습니다."

명랑한 성격인 M과 키가 큰 K는 그날 이후 급속도로 친해졌다. K씨는 수업이 끝나 집으로 가는 게 아쉬울 정도로 학교를 좋아하게 됐다. 서로 다른 반이었던 둘은 거의 매일 점심시간에 잠깐 만나 운동장 옆에 있는 의자에 앉아 이야기를 나눴고 시험 기간엔 서로의 수업 노트를 비교하면서 공부했다.

이야기를 듣고 있던 나는 문득 장난기가 발동했다.

"이야, 그 정도로 붙어 다녔을 정도면 둘이 사귄다고 전교에 소문이 났겠는데요? 상대 여학생 처지에선 곤란한 일 아닌가요?"

"그런 일은 없었습니다. 게다가 우리 학교는 남녀공학도 아닌데요?"

순간 머리가 멍해졌다. 지금까지 나는 혼자서 완전히 다른 길로 가고 있던 것이다. K씨의 이야기를 들으면서 당연히 고등학생 때 만나 사귄 여학생을 머릿속에 그리고 있었는데 상대는 여학생이 아니었다. 남학생이다. 그러니까 매일 붙어 다닌다고 해도 주변에서 이상하게 보지 않은 것이다. 바보 같으니. 나야말로 완전히 편견에 사로잡힌 사람이다. K씨가 이야기를 시작하면서 기분 나쁜 부분이 있을지도 모른다고 한 게 바로 이 부분이었나 보다.

  일단 친해지는 것에는 성공했지만, K씨에게는 큰 고민이 기다리고 있었다. 상대인 M도 K씨를 많이 좋아하는가 하는 문제다. 대놓고 물어볼 수도 없는 일이었다. 그랬다가는 절교를 당하는 것은 물론 학교 전체가 뒤집힐지도 모를 일이다. 퇴학을 당하거나, 심지어 경찰서에 끌려가는 상상도 자주 했다.

  시간은 흘러 3학년이 되었다. K씨는 계속해서 적당히 감정을 숨긴 채 M과 친분을 유지했다. 그리고 여름방학 때 드디어 운명의 날을 맞았다.

  "아무도 없는 한적한 동네 놀이터 벤치에 앉아서 그날 우리는 새벽까지 얘기를 나눴습니다. 저는 점점 몸이 뜨거워졌고, 뭐라도 되겠지 하는 심정으로 고백했습니다. 아, 저는 또다시 부끄러웠습니다. 왜 좀 더 빨리 고백하지 못했을까요? M도 저도 같은 마음이었습니다. 우린 간절한 감정을 담아 손을 잡았습니다. 그리고 M은 다른 손으로 제 뺨을 만지더니 가볍게 입맞춤을 했습니다. 아주 찰나의 순간이었지만 평생 잊을 수 없는 밤입니다."

  그날 헤어져 각자의 집으로 돌아갈 때 M이 가방 속에서 시집 한 권을 꺼내 K씨에게 선물했다. 그 책이 바로《비가 전하는 소식》이다. 소중한 사람에게 받은 소중한 책. 하지만 K씨는 M에게 줄 게 아무것도 없었다. M은 괜찮다고 했다. 그 책은 선물하려고 가져온 게 아니라 좋아해서 계속 읽고 있던 것이니까 읽어보고 마음에 들면 가지라고 하면서 K씨 손에 시집을 쥐여줬다.

"달의 하얀 빗물통은 다 퍼내어 비었고, 별 없이 잠을 자기는 너무 힘들다……."

이 말을 하고 나서 K씨는 잠깐 생각에 잠겼다가 곧 다시 이었다.

"어때요, 아름다운 시죠? 그날 밤 M은 저에게 그 시집에 나오는 작품 하나를 암송해줬습니다. 저 역시 지금까지 그 시를 잊지 않고 기억합니다. 이렇게 오랜 시간이 지났는데도 말이죠."

둘의 비밀스런 관계는 대학에 가서도 계속됐다. 군대에 다녀왔고, 학교를 졸업한 뒤 K씨는 곧장 취업해서 사회생활을 시작했다. M은 집안 살림이 넉넉했기 때문에 취업에 대한 걱정을 딱히 하지 않는 것 같았다. 대신 M은 작가가 되고 싶어서 신춘문예나 문예지 신인상 공모에 자주 작품을 보냈는데, 이렇다 할 성과는 거두지 못했다.

그즈음 IMF가 몰아닥쳤고 K씨는 직장에서 해고되지 않기 위해 전력으로 일했다. M과의 관계는 조금 멀어진 적도 있긴 했지만, 여전히 사랑이라는 테두리 안에 함께 있다고 믿었다. 하지만 곧 무거운 소식을 전해 들었다. M의 가족이 캐나다로 이민을 간다는 것이었다.

K씨는 이민 자체에 대해서는 큰일이 아니라고 여겼다. 멀리 떨어져 있지만 서로 사랑한다면. 그런데 막기 힘든 문제가 터졌다. 캐나다 이민과는 별개로 M이 자신의 가족에게 K씨와의 관계에 대해서 털어놓은 것이다. 집안은 난리가 났고 M은 집 밖으로 나가지 말라는 얘기까지 들었다. 한동안은 전화를 하거나 가족 이외의 사람을 만나는 것도 금지됐다. 심지어 억지로 정신병원에 끌려갈 뻔한 일도 있었다.

그런 일을 겪은 후 M은 둘 모두의 미래를 위해 관계를 정리하는 게 좋겠다는 소식을 전했다. 그게 마지막이었다. M은 연락처도 남기지 않고 가족과 함께 캐나다로 떠났다. 그로부터 며칠이 지난 후 K씨는 선물로 받았던 시집을 포함해서 갖고 있던 책 대부분을 고물상에 처분했다.

"책을 갖고 있으면 계속 생각이 날 것 같았거든요. 하지만 마음까지 버리지는 않았어요. M이 떠나고 20년이 지났지만, 저는 그가 다시 올 걸 믿고 있어요. 그때까지는 아무래도 그 시집이 필요할 것 같더군요. 그런 소중한 책을 버리다니. 저는 계속 부끄러운 행동만 했어요. 다시 M을 만난다면 부끄럽지 않은 사랑을 할 겁니다."

작은 시집 한 권에 얽힌 사연은 두 사람의 인연만큼이나 애틋했다. 책을 찾는 데 시간이 오래 걸릴지도 모른다고 처음에 말했지만, 이 책만큼은 빨리 찾고 싶어졌다. 다행히 이런 책을 갖고 있을 만한 사람을 알고 있다. 고장 난 중고 시계를 고쳐서 판매하며 절판된 책을 수집하는 N씨가 바로 그다.

N씨는 내 얘기를 듣더니 별것도 아니라는 듯 일주일도 안 돼서 표지 상태가 말끔한 《비가 전하는 소식》 1975년 초판을 찾아서 보내주었다. 과연 그는 어디서 그런 책을 찾아오는 것일까? 몹시 궁금하지만 이쪽 세계의 일이야 어느 정도는 비밀이 있는 법이니 따로 물어본 적은 없다.

찾은 책을 전해주기 위해 K씨를 다시 만났다. 이번에야말로 어떤 편견이나 선입견도 없이 인사하고 그와 악수를 나눴다. K씨는 언젠가 M과 다시 만나게 되면 반드시 둘이 함께 책방에 오겠다는 약속을 하고 돌아갔다. 그 약속이 이뤄지는 날까지 너무 오래 걸리지 않기를, 마음속으로 간절히 응원을 보냈다.

엉킨 인연의 실타래

《그 여인의 고백》
슈테판 츠바이크 지음, 안인길 옮김
범서출판사, 1975년

인생은 잘 포장된 아스팔트처럼 매끈한 길이 아니라고는 하지만, 오늘처럼 일이 잘 안 풀리는 기이한 날도 또 없을 것이다. 인생이라니, 너무 거창한 말로 시작했다. 하지만 나는 굳이 고쳐 말하고 싶지 않다. 이런 날들을 겹겹이 쌓아두고 나중에 뒤돌아보면 그것을 담담하게 인생이라 부를 때도 있을 테니까.

그런데 일이 잘 안 풀린다고 했을 때, 그것은 단지 그 순간에 무엇이 잘못되어 나온 결과는 아니다. 여러 가지 일들이 뒤엉켜 있다가 어떤 사소한 계기를 통해 산사태처럼 무너져 내리는 것이다. 예를 들면 오늘 책방 한쪽에 탑처럼 쌓아둔 거대한 책더미가 와르르 무너진 것처럼 말이다.

책 탑이 있던 곳은(이제 나는 절대로 거기 책을 쌓지 않기로 했으니 과거형으로 쓰겠다) 처음엔 그저 아직 정리하지 못한 책 10여 권을 임시로 놓아두는 장소였다. 정리하는 책보다 새로 입고되는 책이 많아지니까 시간이 갈수록 책더미는 점점 탑의 모양새가 됐다. 나는 나름 견고하게 책을 쌓았고 한편으론 그렇게 쌓아둔 모습이 감각적인 인테리어 같아서 멋있어 보이기까지 했다.

하지만 마냥 거기에 책을 쌓아둔 것만은 아니고 가끔씩 필요할 때면 중간에 있는 책 몇 권을 빼서 참고하거나 판매하는 일도 있었다. 그런 일은 몇 년 동안 아무렇지도 않게 반복됐다. 그리고 바로 오늘, 가벼운 문고본 책 한 권을 책 탑 맨 위에 얹어놓는 순간 일이 터졌다. 워낙 순식간에 일어난 일이라 처음 몇 초 동안 나는 이 모든 일이 비현실적으로 느껴졌다. 거대한 책 탑은 신의 뜻을 거역한 인간의 욕심으로 쌓아올린 바벨탑이라도 되는 양 처참하게 바닥으로 내려앉았고 어떤 방식으로든 처음처럼 다시 쌓는 건 불가능해 보였다.

도대체 어디서부터 잘못된 것일까? 처음에 거기다 책 두어 권을 놓았을 때부터 이 사달은 예견되었던 것일까? 아니면 무더기 중간에서 책을 몇 권 뺐을 때 이 책 탑은 곧 무너질 운명이었을지도 모른다. 바로 몇 초 전, 마지막에 무심하게 올려놓은 작은 책 한 권이 이 거대한 사건의 가장 큰 원인일 가능성도 있다.

나는 카오스 상태로 흩어진 책들을 치우면서, 오늘은 절대 이 사건 하나만으로 끝날 것 같지 않다는 기분이 들었다. 그리고 결국, 날이 어둑어둑해질 무렵 우려했던 일이 생겼다. 오래전 유행했던 노래 가사가 떠올랐다. 왜 슬픈 예감은 틀리지 않는 것일까?

50대 나이 정도로 보이는 남녀 두 명이 함께 책방 문을 열고 들어왔다. 분위기를 보니 두 사람이 부부는 아닌 것 같지만, 꽤 가까운 사이처럼 보였다. 얘기를 듣고 보니 둘은 고등학교 동창으로 오랜 친구라고 했다. 그런데 무슨 이유에서인지 둘은 같은 책을 찾고 있다는 거다. 여기서부터 뭔가 심상치 않은 분위기가 엄습했다.

"그러니까, 두 분 모두 1975년에 출판된 슈테판 츠바이크의 소설 《그 여인의 고백》을 찾으신다는 거죠?"

"네, 그렇습니다. 오래 걸려도 되니까 찾아주시면 감사하겠습니다." 방금 해변에서 휴가를 즐기다 돌아온 듯 가무잡잡한 얼굴에 목소리가 굵은 S씨가 먼저 대답했다. 이어서 옆에 있던 M씨도 작은 핸드백을 책상 위에 올려놓으며 말했다.

"같은 책을 두 권 구하지 않으셔도 돼요. 책은 한 권만 있으면 되거든요. 확인해볼 게 있어서 찾는 거라서요."

"확인해보신다는 게 이 책을 찾으시는 사연인가요?"

두 사람은 잠깐 서로 얼굴을 쳐다보더니 거의 동시에 "네!" 하고 대답했다. 아니, 잠깐. 이건 무슨 분위기지? 두 남녀 앞에 내가 서 있고 뭔가 물어보면 힘차게 "네!"라고 대답하는 상황이라니. 마치 내가 주례 선생님이라도 된 것 같다. 오늘은 특히 정신을 바짝 차려야 할 것 같아서 이상한 상상은 곧 머릿속에서 지워버렸다.

"일단 두 분 모두 앉으시죠. 책을 찾으려면 사연을 제게 들려주셔야 하거든요. 그러니까 이번 경우엔, 괜찮으시다면 책에서 뭘 확인하신다는 것인지 말씀해주셔야 합니다."

나는 이때까지도 이 사건이 얼마나 복잡하게 뒤엉켜 있는 것인지 전혀 알아차리지 못했다. S씨는 가지고 온 서류가방에서 책을 한 권 꺼냈다. 표지를 보니 오래된 책 같은데 평소에 보관을 잘한 듯 헤진 곳 없이 말끔했다. 자세히 보니 그 책은 출판사에서 펴낸 것이 아니라 학생들이 쓴 글을 모아 학교에서 만든 교지였다. S씨는 교지 중간 즈음에 있는 한 곳을 펼쳐 내게 보여줬다.

"여길 한번 봐주시죠. 부끄럽지만 고등학생 때 제가 쓴 글입니다. 허허." S씨는 머리를 긁적거리면서 제목 밑에 있는 자기 이름을 손가락으로 가리켰다.

나는 순간 웃음이 터질 뻔했다. 제목은 '인생이란 무엇인가?'이다. 뭐지, 이 거창한 제목은? 톨스토이에게 영감을 받아 쓴 글인가? 첫 문장은 더 난감했다. "한 여성의 삶을 이해하기 위해서 필요한 것은 카지노 칩 몇 개와 장전된 권총 한 자루면 충분하다." 이런 식이라면 더 읽어나가기 무서울 지경이다. 제목 아래 작은 글씨로 달린 부제목을 보니 이 글은 내게 찾아달라고 부탁한 《그 여인의 고백》을 읽고 쓴 독후감인 모양이다.

"이 독후감이 저희가 책을 찾는 사연이에요." M씨가 말했다.

글은 길지 않았다. 문장력은 좀 떨어졌지만 나름 독후감의 기본적인 구성을 제대로 갖추었다. 처음에 문제를 제기하고 중간 부분은 소설의 줄거리를 요약했다. 그리고 끝에 가서 앞서 제기했던 문제(여기서는 '한 여성의 삶'이 되겠다)를 다시 상기시키며 감상을 정리하는 것으로 마무리 짓는다.

소설의 줄거리는 복잡하지 않다. 무대는 작은 마을에 있는 호텔이다. 여기에 묵고 있는 나이 지긋한 C부인이 화자인 '나'에게 자신이 젊은 시절 겪었던 일을 털어놓는다. C부인은 마흔 살에 남편이 세상을 떠나자 헛헛한 마음에 혼자 여행을 떠난다. 그러다 어느 도시에서 호텔 카지노에 가진 돈을 모두 탕진하고 빈털터리가 된 청년을 만났다. 그에게 남은 것은 권총 한 자루뿐이다. C부인은 청년에게 연민의 정을 느껴 자기 돈으로 노름빚을 다 갚아주고 고향으로 돌아갈 여비까지 넉넉히 챙겨주었다. 다시는 노름판에 끼지 않겠다는 다짐도 받았다. 하지만 청년은 그날 밤, C부인이 준 돈으로 또 카지노를 찾았다. C부인은 청년에게 사랑하는 마음까지 품고 있었으나 카지노에 있는 그의 모습을 발견하고 심한 배신감을 느낀다.

나는 독후감의 마지막 문장을 소리내어 읽었다.

"결국, 이와 같은 끔찍한 결론에 이르게 함으로써 인간의 감정이 얼마나 고통받기 쉬우며, 한편 우리들의 인생이란 겹겹이 쌓인 오해와 아이러니의 연속이라는 것을 작가 슈테판 츠바이크는 보여주고 있다."

첫문장과 아주 훌륭한 대조를 이루는 거창한 끝맺음이었다. 나는 S씨에게 물었다.

"그러니까 C부인은 배신감 때문에 청년이 가지고 있던 권총을 빼앗아 그를 쏘았다는 것이군요?"

"네, 소설은 바로 그렇게 끔찍한 결론으로 끝납니다." S씨가 딱 잘라 말했다. 그때, M씨가 기다렸다는 듯 목소리를 높였다.

"아녜요. 전혀 그렇지 않다니까요!"

이건 또 무슨 상황인 거지? 오늘은 정말 모든 게 뒤죽박죽이 될 모양이었다. 가만히 보고 있으니 두 사람은 이제 내 앞에서 소설 결론을 두고 티격태격 말싸움을 벌이고 있다. 왜 두 사람이 같은 책을 찾아달라고 하는지 알 것 같다.

"그러니까, 책을 구해서 진짜 결론이 어떻게 되는지, 누구 말이 옳은지 밝히고 싶으신 거죠?"

역시 두 사람은 거의 동시에, "네!"라고 대답했다.

이야기를 들어보니 고등학교 2학년 때 M씨는 선생님을 도와 교지 편집하는 일을 했다. 그 교지에 S씨가 쓴 문제의 독후감을 실었고 얼마 전 동창회 모임에서 친구들끼리 있을 때 문제의 독후감 얘기가 나왔다. M씨는 S씨의 독후감을 보았고, 마침 《그 여인의 고백》은 자기도 읽은 책이라 내용을 다 알고 있었다는 거였다.

"마지막 부분 내용이 완전히 틀렸더라고요. C부인은 그때 청년을 죽이지 않고 실망한 채로 도시를 떠났어요. 나중에 세월이 흐른 뒤 청년은 외교관이 되어 우연히 C부인을 만났는데, 그때도 여전히 그는 도박중독에 빠져 있었죠. C부인은 그 모습을 보며 삶의 아이러니를 떠올리게 됐다는 게 소설의 결론이에요. S는 책을 끝까지 읽지 않은 게 분명해요. 하지만 그런 사실을 선생님께 말씀드렸다가는 S가 혼날 것 같아서 당시엔 그냥 넘겼던 거예요."

말하자면, 이제는 둘 다 어른이 되어 누구에게 혼날 일도 없으니 당시에 누가 소설 내용을 오해한 것인지 밝혀보자는 게 책을 찾는 사연인 셈이다. 이제부터 수십 년 된 절판본을 찾아야 하는 사람 처지에선 좀 당혹스러운 것도 사실이지만, 당사자들에겐 이것도 중요한 이유라면 이유겠지. 일단은 사연을 받고 책을 찾아보기로 했다.

게다가 이야기를 듣는 동안 나도 그 소설의 결론이 몹시 궁금해졌다. 과연 책을 제대로 읽은 사람은 둘 중 누구일까? 그보다도, 내가 C부인이라면 자기가 준 돈으로 또다시 노름을 하고 있는 청년을 봤을 때 어떻게 행동했을까? 권총까지는 좀 아닌 것 같고, 간신히 죽지 않을 만큼만 흠씬 두들겨 패주고 싶다.

두 사람의 방문은 그렇게 일단락되었다. 하지만 사건은 이제부터 시작이다. 장난 같았던 그날의 사연이 이렇게 엉켜 있을 줄은 꿈에도 몰랐다.

사연을 들은 날로부터 일주일 정도 지났을 때, 낯익은 남자가 조용히 책방 문을 열고 들어왔다. S씨였다. 그는 넉살 좋게 웃으면서 책은 아직 못 찾았느냐고 물었다.

"아시겠지만 그건 일주일 만에 찾을 수 있는 책이 아닙니다. 출판사도 이미 없어졌으니 여기저기 열심히 수소문을 해봐야지요."

"그렇군요. 사실은 긴히 드릴 말씀이 있어서 찾아왔습니다." S씨는 책방에 다른 손님이 없는 걸 뻔히 알면서도 고개를 돌려 이리저리 두리번거리면서 작게 말했다.

나는 그가 하는 말을 듣고 난 다음 바닥이 꺼질 정도로 한숨을 내쉬었다. 이유인즉, 드릴 말씀이라는 게 아주 황당한 내용이기 때문이다. S씨는 교지에 보낼 독후감을 쓰려고 학교 도서관에 갔다. 《그 여인의 고백》은 아무렇게나 손에 잡히는 대로 고른 책이었다. 그는 운동을 즐기는 성격이고 소질도 있어서 학교 육상부에서 활동했다. 운동이라면 누구나 인정하는 에이스였다. 하지만 책은 썩 좋아하지 않았다. 그런데 같은 학교 문학부에 있는 여학생을 보고 온몸이 뜨거워지도록 마음이 끌렸다. 놀랍게도 그게 바로 M씨였다.

"교지를 만드니까 관심 있는 학생은 글을 내보라고 종례시간에 선생님이 그러시더라고요. 저는 M이 이번 교지 편집을 한다는 걸 알았습니다. 그래서 뭔가 잘 보이고 싶은 마음에 독후감을 써서 보내려고 했죠. 도서관에 가서 제목만 보고 아무 책이나 뽑아 읽었는데 솔직히 소설을 다 읽는 것조차 제겐 버거운 일이었습니다. 마지막 부분은 결국 안 읽었습니다. 그러니까 사장님이 보신 교지의 독후감 끝부분은 제가 맘대로 지어서 쓴 겁니다."

그렇게 말하면서 S씨는 한 가지 부탁을 했다. 만약에 책을 찾게 되면 M씨에게는 말하지 말고 자신에게만 알려달라는 것이다. 그는 아직도 M씨를 좋아하고 있는데, 이번 일로 독후감을 엉터리로 썼다는 게 밝혀지면 앞으로 M씨를 어떻게 보겠느냐며 내게 사정했다.

내가 부탁을 들어주지 않으면 그는 당장 손바닥을 싹싹 비비며 바닥에 무릎이라도 꿇을 기세였다. 하는 수 없이 나는 책을 구하면 S씨에게만 따로 연락하기로 약속했다.

여기서 이야기가 끝이라면 얼마나 좋을까! 인생의 실타래는 여전히 꽁꽁 묶여 있었다. S씨가 책방에 다녀가고 나서 또 며칠이 지난 다음 이번엔 M씨가 내게 찾아왔다. 도대체 이 사람들은 나하고 무슨 장난을 하는 것일까, 하는 생각마저 들었다.

물론 나는 S씨가 얼마 전에 여기 다녀갔다는 얘기를 하지 않았다. M씨는 내게 부탁이 있다며 수줍어하는 목소리로 이야기를 시작했다. 그런데 또다시 황당하게도, M씨의 부탁 역시 S씨의 것과 똑같았다. 책을 찾게 되면 S씨에게는 비밀로 하고 자기한테만 연락을 달라는 것이었다. 도대체 몇 번을 더 황당한 일을 겪어야만 이 사건이 끝날까?

"저는 그때 교지 편집을 맡았다고 말씀드렸는데, 사실 그런 일은 하지 않았어요. 문학부에서 활동한 건 맞는데, 교지 편집은 제가 아니라 다른 친구가 했거든요. 교지가 나온 다음 S가 쓴 독후감을 봤어요. 그리고 저도 똑같은 책을 도서관에서 빌려 읽었어요."

M씨는 육상부에서 활동하는 S씨에게 호감을 느끼고 있었다. 어른스러운 굵은 목소리와 햇볕에 탄 멋진 피부를 멀리서 보며 어떻게 하면 저 애한테 자기 마음을 전할 수 있을지 고민했다. 그러다 학교에서 우연히 S씨를 마주쳤을 때 자기도 모르게 순간적으로 거짓말을 했다.

"이번에 교지 편집을 했고 S의 독후감을 읽었는데 아주 잘 쓴 것 같아서 선생님께 추천했다고 그랬죠. 그 얘길 했더니 S는 활짝 웃으면서 기뻐하더라고요. 저도 기뻤어요. 그렇게 오랫동안 S하고 대화했던 건 처음이니까요. 우린 같은 책을 읽었으니까 소설 얘기를 더 하고 싶었는데 S는 수줍어서 그랬는지 급히 교실로 돌아갔어요. 하지만 어차피 저도 책 얘기를 길게 하고 싶지는 않았어요. 책을 빌리기는 했는데 기말고사 기간이 다가와서 자세히 못 보고 대강 읽었거든요."

어쩌면 S씨도 자기가 소설 결말 부분을 제대로 안 읽었다는 걸 M씨에게 들키고 싶지 않았기 때문에 책 얘기를 더 하지 않고 도망치듯 교실로 돌아간 것인지도 모른다. M씨 역시 마찬가지로 여전히 S씨를 좋아하고 있기에, 그때 교지 편집을 했다는 거짓말이 들통나는 게 싫어서 책을 찾으면 자기한테만 따로 연락을 달라고 내게 부탁을 하러 온 것이다. 이제 두 사람의 사정을 다 알게 된 나는 정말이지 이 일을 어떻게 마무리 지어야 할지 고민이었다.

몇 달 후, 부탁받은 《그 여인의 고백》을 찾았다. 그 책에는 표제작인 《그 여인의 고백》과 함께 츠바이크의 다른 소설 《불안》도 들어가 있었다. 두 작품 다 사랑에 빠진 여성의 행동과 그에 따른 심리상태의 변화를 치밀하게 추적한 흥미로운 소설이다. 《그 여인의 고백》은 중편 정도 분량으로 길지 않아서 두어 시간 집중하니 다 읽을 수 있었다.

소설을 다 읽은 다음, 책장을 덮으며 나는 허탈한 웃음을 지을 수밖에 없었다. 두 사람이 내게 말한 소설의 결말이 다 틀렸기 때문이다. 청년이 권총 한 자루를 가지고 있었다는 것은 맞다. C부인이 그것을 주의 깊게 본 것도 사실이지만, 그녀는 청년을 쏘지 않았다. 그런가 하면 청년이 훗날 외교관이 되어 우연히 C부인과 만났다는 M씨의 말도 책 내용과 다르다. 청년은 C부인이 배신감을 느끼고 떠나고 난 뒤 어느 날 자신이 갖고 있던 권총으로 스스로 목숨을 끊었다. 그의 자살 이야기를 전해준 사람은 소설의 또 다른 등장인물인 어떤 외교관이다. M씨는 책을 대강 읽었기 때문에 청년과 외교관을 같은 인물로 착각했던 것일지도 모르겠다.

자, 중요한 문제가 남았다. 이제 나는 누구에게 먼저 연락을 해야 할까? M씨를 좋아하는 S씨? 아니면 S씨를 좋아하는 M씨에게? 곤란한 갈림길이다. 이건 동전 던지기 따위로 결정할 일도 아니다.

고민 끝에 나는 두 사람 모두에게 각각 연락해서 부탁받았던 말을 그대로 해줬다. 그러나 마지막에 단서를 하나 붙였다. 책을 찾으러 책방에 올 때, 두 사람이 같이 오라는 거였다.

"두 분 다 이제 고등학생이 아니잖아요? 좋아하는 마음이 있다면 터놓고 얘기해보는 건 어떨까요? 오래전에 지나간 일이고 나쁜 의도로 했던 거짓말도 아니니까 서로 이해할 수 있겠지요. 책을 찾았으니까 이번엔 정말로 두 분이 같은 책을 읽고 진지하게 이야기 나눠보세요."

그리고 얼마 후, 정말로 두 사람이 함께 책방에 왔다. 둘 다 웃는 얼굴이었다. 나는 찾은 책을 종이봉투에 넣어 앞에 내밀었다. M씨는 두 볼이 발그레해지더니 웃으면서 팔꿈치로 S씨를 툭툭 쳤다. S씨는 여기 처음 왔을 때처럼 머리를 긁적이더니 곧 봉투를 열어 안에 든 책을 꺼냈다.

"이 책 맞네요. 표지가 기억나요. 이번엔 꼭 끝까지 제대로 읽어보겠습니다."

"책은 한 권뿐이지만 M님도 같이 읽으실 건가요? 두 분이 함께 천천히 읽어주시면 저도 기쁘겠습니다."

"그럼요. 이젠 시험 기간을 탓할 수도 없으니까요. 잘 읽어볼게요. 고맙습니다."

두 사람이 돌아간 다음, 나는 혼자 의자에 앉아 후련한 마음으로 작게 숨을 내쉬었다. 엉켜 있던 인생의 실타래 한쪽에서 작은 끄트머리를 발견한 것 같아 오랜만에 개운한 기분이 들었다. 살다 보면 또 실타래가 엉키거나 쌓아올린 책 탑이 무너지는 때가 있겠지만, 그 역시 우리 인생의 한 부분이 아니겠나. 엉키면 풀고 무너지면 또 쌓고 하는 동안, 누군가 옆에 함께 걸으며 따스하게 손잡아 줄 사람이 있다면, 그 길이 결코 힘든 기억만으로 남지는 않을 것이다.

장난스런 초대

《꼬마 니콜라: 개구장이들의 휴식 시간》
르네 고시니 지음, 장 자크 상페 그림
민희식 옮김, 거암, 1982년

어릴 때부터 친하게 지낸 두 남녀가 자라서 결혼까지 하게 됐다는 이야기를 몇 번 들은 적이 있다. 생각해보니 들은 게 아니라 책에서 읽은 것 같다. 그러니까 나는 실제로 그런 부부는 없을 거라고 믿어왔다. 옛날엔 친한 부모들끼리 나중에 자식이 크면 결혼시키기로 미리 약속하는 일도 있었다는데, 지금이라면 거의 실현 불가능에 가까운 이야기라고 해야 하지 않을까?

그런데 바로 그런 두 사람이 지금 내 앞에 앉아 있다. 나는 마치 존재하지 않는다고 믿어온 검은 백조를 실제로 본 것처럼 흥미진진한 자세로 이들의 말을 귀담아들었다. 두 사람은 어렸을 때 읽은 책 한 권을 찾으려고 얼마 전 내게 연락해왔다. 어릴 때 읽은 책이야 저마다 사연이 있기 마련이지만 부부가 함께 같은 책을 찾는다는 게 우선 내 호기심을 자극했다.

남자는 키가 작고 수줍음이 많은 성격이다. 여자는 이와 반대로 큰 키에 호리호리한 체격이고 목소리가 시원시원하다. 딱히 굽이 높은 구두를 신고 있지 않은데도 책방 문을 열고 들어오는 두 사람 키가 거의 한 뼘 정도 차이 나는 걸 보고 나는 약간 우스운 상상을 했다. 두 사람은 마치 호흡이 잘 맞는 개그 콤비처럼 외모와 성격이 전혀 다른데도 같이 있으니 어울림이 좋아 보였다.

"그러니까……." 남자는 습관처럼 자꾸 말끄트머리를 흐렸다. "책 제목은 정확히 기억이 안 납니다. 그래도 책을 찾을 수 있나요?"

나는 여전히 머릿속으로는 재밌는 상상을 하면서 대답했다.

"자세히 기억나지 않더라도 특정 단어나 지은이, 출판사를 알고 계시면 말씀해주세요. 아니면 책 내용이라도 대강 알려주시면 제가 방법을 찾아보겠습니다."

"아마 책 제목에, 쉬는 시간? 휴식 시간? 노는 시간? 뭐, 어쨌든 그런 비슷한 의미의 단어가 들어갔던 거로 기억합니다. 아, 그리고 또……."

이때 여자가 가만있기 답답하다는 듯 말을 끊고 들어왔다.

"꼬마 니콜라 시리즈 중 하나예요. 상페 그림이 있는 책 말이죠. 저희가 초등학교 다닐 때 봤던 책이니까 1980년대 초에 출판되었을 거예요. 출판사는 잘 모르겠어요."

그 말을 듣고 나는 비장의 무기라도 꺼내는 듯 내 책상 위에 있는 태블릿 컴퓨터를 가지고 왔다. 이런 경우 국립중앙도서관 웹사이트에 접속해서 도서 데이터베이스를 검색해보면 손님이 무슨 책을 찾는지 의외로 쉽게 알 수 있다. '니콜라', '상페'라는 단어로 검색하니 순식간에 결과가 나왔다.

"제가 생각했던 대로네요." 나는 태블릿에 나온 검색 결과를 두 사람 앞에 보여주며 말했다. "거암출판사라는 곳에서 초기 니콜라 시리즈를 번역했어요. 이 출판사는 트리나 폴러스의 《꽃들에게 희망을》하고 셸 실버스타인의 《아낌없이 주는 나무》를 번역했거든요. 엄청난 베스트셀러가 됐죠. 그리고 여기 목록을 보시면 1982년에 니콜라 시리즈가 있어요. 제목이 《개구장이들의 휴식 시간》이니까 찾으시는 책이 바로 이 책일 것 같은데요?"

말을 듣고 있던 두 사람이 동시에 눈을 동그랗게 떴다. 마술을 처음 보는 초등학생처럼 남자는 입까지 벌리고 있다. 장난기가 발동한 나는 좀 더 묘기를 부려보기로 했다.

"그리고, 책 표지는 노란색 아닌가요?"

이번에는 여자 쪽도 입이 벌어졌다.

"와아, 정말 대단하시네요. 사장님은 말만 듣고 모든 걸 다 알아내는 셜록 홈스 같아요. 어떻게 그걸 아셨어요? 실은 제가 그 책에 대해서 확실히 기억하고 있는 것이라곤 표지가 노란색이라는 점 하나뿐이거든요."

남자의 말에 나는 장난스러운 표정으로 한쪽 눈을 찡그리며 손가락으로 관자놀이를 가리켰다. "그야 다 저만의 방법이 있지요. 사람들은 기억력에 의존하지만 저는 이 머릿속의 회색 뇌세포를 사용한답니다."

그러자 여자 손님이 갑자기 큰소리로 푸하하 웃음을 터뜨렸다.

"그 '회색 뇌세포'는 혹시 벨기에 출신 탐정 푸아로의 명대사 아닌가요? 제가 어릴 적부터 애거서 크리스티 추리소설의 열렬한 팬이거든요, 히히."

"알고 계셨나요? 하하. 이거 다 들통나버렸네요. 사실 표지 색깔은 저도 몰랐습니다. 1980년대에 출판된 어린이책이라고 하면 사용하는 색이 몇 가지 안 되니까요. 인쇄기술도 지금에 비하면 형편이 어려웠잖아요. 《꽃들에게 희망을》같은 경우 나비 이야기니까 표지가 노란색이죠. 《아낌없이 주는 나무》는 주인공이 나무니까 초록색. 그렇게 직관적으로 색을 썼어요. 제목이나 내용에서 색을 유추하기 모호한 경우는 보통 노란색이라고 생각하면 얼추 맞더라고요. 지금은 딱히 그렇지 않지만 오래전엔 '어린이는 노란색'이라는 등식 같은 게 있었잖아요? 니콜라 책도 그렇게 유추해본 겁니다."

여전히 놀란 얼굴을 한 채로 남자 손님이 머리를 긁적이면서 말했다. "그래도 대단하시네요. 저는 여태 똑똑하다는 말을 전혀 들어보지 못하고 커서 그런지 사장님 같은 분을 만나면 어쩐지 존경스럽습니다. 그건 그렇고……."

이번에도 남자는 말을 끝내지 못하고 얼버무렸다. 무슨 말을 하려고 했는지 알고 있는 것처럼 여자 쪽에서 대신 말을 이었다.

"책 얘기만 하고 저희 소개를 아직 못했네요. 저는 L이고 이쪽은 C예요. 어릴 때부터 한동네에서 살았고 초등학교, 중학교까지 같은 학교에 다녔어요. 조금 늦은 나이이긴 하지만 얼마 전에 결혼했답니다."

정말 간결하고 군더더기 없는 인생 요약이다. L씨는 성격처럼 경쾌한 목소리로 막힘없이 결혼까지의 과정을 설명했다. C씨가 가만히 듣고 있더니 짧게 한마디 거들었다.

"저희 둘 다 나이가 있으니 2세 계획은 빨리 잡았습니다. 아내는 지금 임신 4주 차입니다."

"그러시군요. 축하드립니다. 책은 태어날 아기를 위한 것인가요?"

L씨가 환하게 웃으며 대답했다.

"그 책은 저희 두 사람의 초등학생 시절 추억의 한 부분이기도 하거든요. 아기가 태어나면 읽어주고 싶어요. 엄마 아빠의 어릴 때 이야기를 들으면 정말 재미있어할 거예요."

"어릴 때 읽은 책에는 추억이 깃들어 있죠. 그런데 어떤 사연이 있길래 이렇게 오래된 책을 찾아서 읽어주고 싶은지 정말 궁금하네요. 괜찮으시다면 지금부터 이야기를 들려주시겠습니까?"

나는 받아 적을 준비를 하면서 눈과 귀는 두 사람에게 집중했다. 이야기를 먼저 시작한 것은 C씨였다.

"저부터 시작해야 할 것 같네요. 저는 어릴 때부터 수줍음이 많은 성격이었습니다. 그런 탓에 주변엔 친구도 별로 없었지요. 저희가 초등학교 다닐 때만 하더라도 한 반에 아이들이 70명씩 있었거든요. 친구도 없이 외따로 앉아 있다가 집으로 돌아오면 뭔가 허탈한 기분이 들었어요. 저도 친구들과 재미있게 놀고 싶고 여자애들한테 인기 많은 아이가 되고 싶었어요. 하지만 어떻게 하면 그렇게 될 수 있을지 몰랐어요. 초등학교 4학년이 됐을 때, 고학년이 됐으니까 저는 드디어 뭔가 해야겠다는 다짐을 했어요."

조용한 성격에 책 읽기를 즐겼던 C씨는 부모님과 함께 서점에 갔다가 문제의 니콜라 책을 발견했다. 표지엔 C씨와 비슷한 또래로 보이는 아이들이 신나게 놀고 있는 그림이 있었다. 부모님께 그 책을 사달라고 해서 집으로 와 읽어보니 생각했던 것 이상으로 재미있었다. 자기처럼 약간 수줍은 성격이지만 때론 당돌한 면도 있고, 가끔은 사고를 치는 문제가 있지만 같은 반 아이들에게 인기 있는 주인공 니콜라가 멋있어 보였다.

"저는 명랑하고 인기 많은 니콜라를 닮고 싶었습니다. 하지만 어떻게 하면 니콜라처럼 멋지게 행동할 수 있을지는 몰랐죠. 그래서 한가지 꾀를 냈습니다. 책에 나오는 니콜라의 행동이나 말투를 그대로 따라 하는 거였죠. 책에 보면 친구 두 명이 싸우려고 하는 장면이 나오는데, 그 중간에 니콜라가 들어가서 '좋아, 싸워봐. 내가 심판을 봐주지. 정정당당하게 싸우려면 유능한 심판이 필요한 법이니까!'라고 말해요. 니콜라의 말투와 몸짓을 상상해서 거울을 보며 연습했어요. 실제로 학교에서 그런 식으로 행동하니까 금세 아이들이 저와 친해졌어요. 우쭐해진 저는 더욱 대담하게 니콜라를 흉내 냈죠. 다른 아이들은 니콜라를 절대로 모를 테니까 저는 아주 신이 났어요."

여기까지 말한 다음 C씨는 말을 끊더니 옆에 앉은 L씨를 쳐다봤다. 그러고는 "여기서부터는 당신이 이어줘야 할 것 같은데?"라고 했다. L씨는 기다렸다는 듯이 싱글벙글 웃으면서 다음 이야기를 풀어 놨다.

"저는 C하고 같은 반이었어요. 우린 같은 동네에서 태어나 살았고 부모님끼리도 서로 잘 알고 지냈으니 누구보다 C의 성격을 잘 알았죠. 사실 그런 C를 저는 몰래 좋아하고 있었어요. 그런데 어느 날 갑자기 C의 성격이 몰라보게 변한 거예요. 처음엔 어떻게 된 일인지 짐작도 못 했어요. 그런데 한 반년 즈음 지나니까 알겠더라고요. 어떻게 알았냐고요? 우연인지 필연인지 모르지만, 저도《개구장이들의 휴식 시간》이라는 책을 읽었거든요. C의 행동은 거기 나오는 니콜라와 친구들을 완전히 빼다 박은 거예요. 의심의 여지가 없었어요. 여자애들이 얼마나 눈치가 빠른데요. 후훗. 그래서 저도 한 가지 꾀를 냈죠."

그 꾀라는 것은 다름이 아니라 책에 나오는 한 가지 에피소드를 똑같이 재현해보는 계획이었다. L씨는 그 계획과 왜 그런 일을 벌이는지에 대해서 부모님에게 설명하고 적극적인 지지를 얻어내는 데 성공했다. 심지어는 C씨 몰래 그의 부모님에게까지 계획을 알려서 작전을 더욱 완벽하게 만들었다. L씨는 그때의 기억을 머릿속에 떠올리고 있는지 장난꾸러기 같은 말투로 그 계획을 설명했다.

"추리소설 속에서 완전범죄를 계획하는 범인처럼 저는 치밀하게, 게다가 자연스럽게 일을 벌였어요. 마침 늦가을에 제 생일이 있었거든요. 책을 보면 마리 에드비주라는 여학생이 생일 파티에 니콜라를 초대하는 에피소드가 나와요. 니콜라는 여자애 생일파티에 가고 싶지 않았지만, 부모님이 보내서 하는 수 없이 선물로 소꿉놀이 세트를 포장해서 마리 에드비주네 집으로 가죠. 그런데 가보니 니콜라 말고도 초대받은 애들이 더 있었어요. 문제가 뭐냐면, 초대받은 사람 중에 남자애는 니콜라 혼자뿐이었다는 거죠. 니콜라는 도대체 어떻게 행동해야 할지 몰라 줄곧 우물쭈물하다가 집으로 돌아와요. 저는 이 에피소드를 실제로 만들어보려고 한 거예요."

나는 이 얘기를 혼자만 듣고 있다는 게 아까울 정도로 어느새 완전히 집중하고 있었다. 과연 이 생일파티는 어떻게 될까? 니콜라를 흉내 내는 C씨도 당연히 같은 책에 나오는 마리 에드비주의 생일파티 에피소드를 읽었을 게 분명하다. 그런데 책에 있는 일이 실제로 벌어졌을 때 그가 어찌 행동했을지 너무도 궁금했다. L씨는 빨리 다음 이야기를 듣고 싶어 조바심을 내는 내 표정을 살피면서 말을 이었다.

"저는 C에게 손으로 직접 쓰고 그린 멋진 생일파티 초대장을 줬어요. 초대장 받은 친구는 모두 열 명인데 당연히 남자는 한 사람뿐이었죠. 책과 똑같은 이야기가 되도록 C의 부모님에게는 니콜라처럼 소꿉놀이 세트를 포장해서 선물로 들려 보내라고 부탁했어요. 이제 무대와 배우는 다 준비됐고 드디어 막이 올라갔어요. 그런데 시작과 동시에 제가 예상하지 못한 변수가 생겼어요."

이야기를 듣고 있던 C씨가 옆에서 키득거리며 웃기 시작했다. 아무래도 그 변수는 다름 아닌 C씨였던 것 같다. 내가 고개를 돌려 C씨를 쳐다보자 그는 마치 탐정 앞에서 범죄를 고백하는 사람처럼 어깨를 한번 들썩이더니 차분한 목소리로 말했다. 하지만 입꼬리는 계속 웃고 있었다.

"정말 당황했습니다. 지금까지는 제가 아이들 몰래 니콜라를 흉내 내면서 의기양양했거든요. 그런데 책 속에 나오는 에피소드를 그대로 제가 겪어야 한다니! 꽃무늬 포장지로 감싼 선물을 손에 들고 여자애 생일파티에 가는 모습은 상상만 해도 창피했어요. 게다가 정말 책에서처럼 남자애가 저 혼자뿐이라면, 어휴, 그 상황은 정말이지 생각하기도 싫었어요. 문을 열고 들어가자마자 다리가 풀려 주저앉고 말 겁니다. 그래서 저는 고민 끝에 우리 반에서 꽤 인기 있는 남자애 한 명과 같이 가기로 한 거예요. 걔는 물론 초대장을 안 받았지만 제가 워낙 사정하니까 같이 가주겠다고 하더라고요."

초대받지 않은 친구를 데려온 C씨 때문에 생일파티는 시작부터 꽤 어색한 분위기였고, 그런 상태로 끝났다. 그날 즐거웠던 사람은 아무도 없었다. C씨는 집으로 돌아와서 엉엉 울었고 모든 걸 자신이 망친 것 같아 너무도 부끄러웠다.

"왜냐하면, 저도 L을 좋아하고 있었거든요. 사실 처음에 니콜라 흉내를 내려던 이유도 L에게 잘 보이고 싶었기 때문입니다. 생일파티에 초대받은 게 부담스러웠지만, 한편 저에게는 다시 못 올 기회라고 여겼습니다. 잘 노는 친구를 데려가 분위기를 즐겁게 만들면 L에게 점수를 딸 수 있다고 믿었던 제가 바보였죠. 저는 돌아와서 방에 틀어박혀 머리를 쥐어뜯으며 울었습니다. 내 인생은 초등학교 4학년 가을에, 이렇게나 일찍 끝나는구나 싶었습니다. 그렇게 얼마나 지났을까, 방문이 열리는가 싶어서 뒤돌아보니 거기 L이 있었습니다. 너무 놀라서 눈물도 쏙 들어갔습니다."

C씨의 부모님이 울면서 들어온 아들을 보고 놀라 L씨의 부모님에게 연락했고, C씨가 방에서 울고 있다는 걸 L씨도 알게 됐다. L씨는 고민할 것 없이 부모님과 함께 C씨의 집으로 찾아갔다. 그리고 방에 둘만 남았을 때, 두 사람의 부모님들이 앞으로 적어도 십수 년 정도는 까맣게 모를 비밀스러운 일이 시작됐다.

L씨가 차분한 목소리로 말했다.

"방문을 닫은 다음, 작은 소리로 C에게 왜 우느냐고 물었어요. C는 자기가 제 생일파티를 다 망쳐서 운다고 했어요. 그렇게 말하는 C가 어찌나 귀여워 보이던지요. 하지만 저는 웃지 않고 단호하게 물었어요. '사실 너, 나 좋아하지?'라고. 그랬더니 C가 갑자기 또 우는 거예요. 저는 조금 더 가까이 가서 왜 또 우느냐고 물었어요. 울지 말고 말해보라고 했어요. 방에는 우리 둘뿐이고 작게 말하면 밖에선 들리지 않을 거라고 했어요. 왜 그렇게 말했냐면, 저는 C가 뭐라고 할지 이미 짐작하고 있었거든요. C는 우물쭈물하더니, '응, 좋아해.'라고 했어요. 저는 '나도 너 좋아해. 그러니까 울지마.'라면서 살짝 웃었어요. C는 놀란 눈으로 저를 보고만 있었어요. 저는 방문을 열고 나가면서 '선물 고마워!' 하며 손을 흔들었어요."

이야기를 마치고 L씨는 고개를 돌려 C씨를 쳐다봤다. C씨도 L씨를 보고 있었다. 나는 흐뭇한 웃음을 지었다. 그러고 보니 나란히 앉은 두 사람의 손은 어느 사이엔가 꼭 맞잡은 상태였다. 나는 수첩을 덮으면서 크게 숨을 내쉬었다.

"정말 멋진 사랑 이야기네요. 이렇게 아름다운 사랑을 오래 간직하신 두 분이니까, 태어날 아기도 아주 예쁠 것 같습니다. 책을 꼭 찾아보겠습니다. 이야기 들려주셔서 감사합니다."

그렇게 말은 했지만, 너무 오래된 책이라 찾는 게 쉬운 일은 아니었다. 결국 그 책은 아기가 태어나고도 한참이나 지난 뒤에야 전해 줄 수 있었다. 아기를 안고 책방에 다시 온 둘의 모습은 세상에서 가장 행복한 사람처럼 보였다.

책을 받아든 C씨는 아직 그게 뭔지도 모를 아기에게 책을 보여주었다. 아기는 그 안에 무슨 내용이 들었는지, 게다가 그 사연까지 다 아는 것처럼 표지를 보자마자 까르르까르르 웃으며 손을 뻗어 책을 잡으려 했다. 그 모습을 보면서 우리는 모두 다 같이 아기를 따라 큰 소리로 웃었다. 책방은 한순간 개구쟁이 초등학생들이 모인 교실처럼 떠들썩한 웃음소리로 가득해졌다.

40년 만의 완독

《모눈종이 위의 생》
조선작 지음
신작사, 1981년

책 한 권을 40년 만에 다 읽은 사람이 있다. 종교 경전이 아니다. 그것은 한때 흔하게 사람들 손에 들려 있던 대중소설이다. 몇십 년 전에는 유명했지만, 지금도 그 책을 기억하는 사람은 별로 없다. 그러나 어떤 사람에겐 아주 소중한 책이다.

사연을 들려주면 그에 얽힌 책을 찾아준다는 이야기를 듣고 우리 책방에 방문한 J씨는 누가 보더라도 특별히 인상에 남는 얼굴은 아니었다. 하지만 키가 아주 크고 호리호리한 체격이라 다음에 다시 만난다면 생김새보다는 '키다리 아저씨' 같은 이미지로 기억될 만한 사람이었다. 요즘은 중고등학생 중에도 농구선수처럼 키가 큰 아이들이 적지 않은데, 그가 젊은 시절엔 이 정도로 큰 사람이 흔치 않았을 테니 더 눈에 띄었을 것 같다.

"덕분에 학교 다닐 때 제가 무슨 실수를 해도 선배들이 '괜찮아, 너만 할 땐 다 그래.'라는 말을 못 했죠. 하하."

키 크고 싱겁지 않은 사람 없다더니, J씨는 마치 개그 소재를 미리 준비라도 하고 온 듯 처음부터 우스갯소리를 했다. 성격이 유쾌한 사람 같아서 대화를 시작하기 전부터 나도 마음이 편했다.

　나는 얼마 전 J씨가 보낸 이메일을 받았다. 그는 꼭 찾고 싶은 책이 있어서 시간 날 때면 틈틈이 여러 헌책방을 돌며 찾아봤지만, 매번 헛걸음이었다고 고백했다. 그러던 중 내가 하는 일을 소문을 통해 알게 됐고 찾는 책에 얽힌 사연이 있으니 괜찮다면 들어보시겠느냐며 정중히 의견을 물었다. 우리는 곧 만날 약속을 잡았다. 그는 거의 정확한 시간에 책방 문을 열고 들어왔다. 첫 만남의 서먹한 분위기가 풀리자 J씨는 아내 '영자' 씨 이야기를 꺼냈다.

　"꽤 촌스러운 이름이죠? 저도 처음엔 그랬는데 자꾸 부르니까 정이 들더라고요. 우리는 1982년 겨울에 맞선을 보고 다음 해 여름 결혼했습니다. 그해 겨울은 이상하게 눈보다 비가 많았어요. 선을 보기로 한 날도 비가 왔어요. 우리는 평창동에 있는 한 호텔 로비 커피숍에서 만나기로 했습니다."

　맞선 자리를 주선해준 분이 J씨에게 영자 씨 사진을 먼저 보여줬는데 너무 아름다워서 선을 보기 며칠 전부터 밤에 잠을 못 잘 정도로 설레었다고 한다. 이 만남을 꼭 성공시키고 싶은 마음이 간절했지만, 연애라면 학생 때부터 숙맥이라 그게 가장 큰 걸림돌이었다.

　"제가 딱히 모난 성격은 아닌데, 이성 앞에만 서면 몸이 굳고 입이 잘 안 떨어지더라고요. 학창시절에도 몰래 좋아한 여자애가 몇 명 있었습니다. 하지만 말 한 번 걸어보지 못하고 매번 짝사랑으로 끝났습니다. 문제는 여성이 내 앞에 있으면 무슨 대화를 하느냐였어요. 남자 녀석들이라면 시시껄렁한 이야기도 할 수 있잖아요? 그런데 여자라면, 게다가 마음속으로 좋아하고 있는 사람이라면 좀 더 멋진 대화를 해야 한다고 생각했습니다. 생각이라면 많이 했죠. 하지만 막상 여학생이 제 앞에 있으면 머릿속을 지우개로 박박 지운 것처럼 아무것도 기억나지 않았습니다. 어른이 되어서도 사정은 나아지지 않았습니다."

고민하던 끝에 J씨는 학창시절부터 '연애 박사'라는 별명으로 통하는 친구에게 조언을 얻기로 했다.

"그 친구가 말하길, 처음에 책 이야기를 하면 어쨌든 호감을 살 수 있다고 그러더군요. 상대 이름이 영자라고 하니까 잘됐다고 하면서 《영자의 전성시대》 이야기로 분위기를 부드럽게 해보라고 그랬습니다. 그건 책이 아니라 영화 아니냐고 제가 물었더니 친구는 사실 그 영화가 조선작이라는 작가의 소설을 원작으로 해서 만든 거라고 알려줬어요. 녀석은 마치 자기가 선을 보러 나가는 것처럼 들떠서는 저에게 이런저런 조언들을 많이 해줬지요. 처음에 책 얘기를 해서 상대에게 호감을 얻은 뒤엔 반드시 독서와 음악감상이 평소 즐기는 취미라는 식으로 말을 이어가라고 그러더군요. 하지만 저는 사실 책과 음악 둘 다 좋아하지 않았습니다. 녀석은 걱정할 것 없다며 제 어깨를 두드렸어요. 그러면서 '처음 만난 자리에선 일단 호감을 사는 게 중요해. 최대한 멋지게 보이고, 다른 건 나중에 생각해.'라고 말했습니다. 친구는 마침 얼마 전 조선작의 신작 소설이 새로 나왔으니 《영자의 전성시대》에 이어서 그 이야기도 하면 좋겠다고 했어요."

속성 연애 특강을 마친 J씨는 그래도 마음이 놓이지 않아 먼저 결혼한 친구들에게까지 연락해서 맞선 성공 노하우를 알려달라고 사정했다. 그러나 돌아온 대답은 하나같이 특별한 방법이 없다는 것이었다.

"모든 게 다 인연이고 운명이니까 너무 겁먹지 말고 맞선을 보라고 하더라고요. 하지만 어찌 그럴 수 있겠습니까? 아직 만나려면 며칠이나 더 기다려야 하고 어떤 사람인지도 몰랐지만, 사진 속의 영자 씨 얼굴이 자꾸만 떠오르는걸요."

"어쩌면 그렇게 설레는 마음이 운명 아니었을까요?"

내가 그렇게 말하자 J씨는 "그럴지도 모르겠습니다." 하면서 가볍게 웃었다.

"지나고 나니까 그게 인연이고 운명이었다는 걸 알겠더라고요. 그전에는 절대로 알 수가 없어요. 결혼한 친구들이 다들 왜 그렇게 말했는지, 그것도 제가 결혼을 하고 나서야 비로소 이해가 됐습니다. 모르는 거예요. 절대 알 수가 없습니다. 그게 사람 인연인가 봅니다. 왜 세상일은 겪은 후에 알 수밖에 없는 걸까요? 미리 안다면 마음의 준비라도 할 텐데. 어차피 그 일은……."

J씨는 뭔가 말하려고 하다가 멈추더니 생각을 정리하는 듯 잠시 고개를 돌려 다른 곳을 봤다. 그는 무슨 생각을 하고 있던 것일까? 한참 말이 없던 그는 "죄송합니다. 제가 어디까지 얘기했지요?"라고 내게 물었다. 나는 그가 맞선을 보기 전 걱정스러운 마음에 친구로부터 연애 특강을 받았다고 대답했다.

"아! 그 친구 얘기를 했었죠. 대단해요, 그 녀석. 학교에서 소문이 자자한 타고난 연애 박사인데 정작 본인은 아직도 제 짝을 못 만났다니까요. 아무튼, 며칠이 지난 다음 그 친구에게 다시 연락이 왔습니다. 자기가 먼저 조선작의 새로 나온 소설을 읽어봤다는 겁니다. 저는, '왜 그걸 네가 읽냐? 네가 맞선 보냐?'라면서 우스개 섞어 핀잔을 줬습니다. 친구는 다름이 아니라 그 소설 앞부분 이야기 배경이 북악에 있는 'P호텔'이라는 걸 제게 알려주려고 연락한 겁니다. 제가 영자 씨를 만나게 될 실제 맞선 장소는 'O호텔'이지만 어쨌든 소설 속 배경도 평창동 북악터널 근처 호텔이라 그것도 인연이라면 인연 아니겠냐고 하면서 큰소리로 웃었습니다."

곧장 J씨도 서점에 나가 친구가 알려준 대로 조선작의 신작 《모눈종이 위의 생》을 샀다. 하지만 J씨는 아무래도 책과 친하지 않은 성격이라 깨알 같은 글자가 가득한 장편소설을 다 읽을 엄두가 나지 않았다. 맞선 날짜까지 일주일이 남았지만, 책 읽기 진도는 더디기만 했다. 결국 J씨는 북악의 호텔이 나오는 앞부분만 간신히 살핀 다음 맞선 자리에 나갔다.

"솔직히 소설 내용은 썩 유쾌하지 않았습니다. 주인공의 아버지가 이혼했던가, 그랬는데 어머니가 끝까지 그걸 받아들이지 않고 아버지를 몰래 스토킹한다는 이야기였거든요. 재미있었으면 좀 더 읽었을 겁니다. 그리고 그런 책을 맞선 보는 데서 화제로 삼는다는 것도 이상했고요. 그래서 뒷부분은 아예 안 읽었습니다."

"책도 끝까지 안 읽고 가셨으면 맞선 자리에선 무슨 이야기를 하셨나요?"

나는 마치 내 부모님의 맞선 이야기를 듣는 것처럼 앞으로의 내용이 궁금해졌다. 영자 씨와 결혼을 했기 때문에 결과적으로 그때의 맞선은 성공한 거다. J씨는 어떻게 한 걸까?

"글쎄요." J씨는 멋쩍게 웃으며 말했다. "저도 딱히 무슨 방도가 있던 건 아닙니다. 어쩔 수 없이 저도 친구들이 제게 했던 말을 반복할 수밖에 없네요. 하지만 정말 그렇더군요. 그저 인연이었다고 생각할

밖에요. 어차피 준비한 게 없으니까 그냥 솔직해지자는 심정뿐이었습니다. 다 솔직하게 말했습니다. 사진을 보고 너무 아름다워서 밤잠을 설친 것부터 시작해서 친구에게 연애 특강을 받은 것까지 얘기했습니다. 차라리 그렇게 밝히고 나니까 마음이 편해지더군요."
"그날 책 얘기는 아예 안 하신 건가요?"
"조선작 책 얘기를 하긴 했죠. 그런데 제가 책 읽기를 너무 싫어해서 그 소설을 끝까지 안 읽었다는 말은 차마 못 했습니다. 제가 생각해도 참 한심해 보였거든요. 책 한 권도 끝까지 못 읽는 남자라니, 좀 그렇잖습니까? 하지만 책 얘기가 아니더라도 우리는 말이 잘 통했습니다. 처음 만났지만 마치 오래 알고 지낸 사이처럼 편했습니다. 영자 씨는 제 운명이었습니다. 감히 그렇게 말씀드리고 싶습니다."
"말 그대로 인연이 곧 연인이 된 거로군요."
어느덧 J씨와 나도 이야기를 나누는 사이에 마음이 조금씩 더 편해지는 걸 느꼈다. J씨는 아내 영자 씨에 관한 이야기를 계속 풀어냈다. 누군가에게는 그저 평범한 한 사람이겠지만 J씨에게만큼은 영자 씨처럼 멋있고 사랑스러운 이가 또 없었다. 너무 많은 얘기를 듣다 보니 나도 영자 씨를 처음부터 알고 지낸 사람인 것처럼 가깝게 느껴졌다.

두 사람은 얼마 지나지 않아 큰 문제 없이 결혼했다. 그렇게 시작한 결혼생활은 참으로 행복했다. 2년 전 영자 씨가 먼저 세상을 떠나기 전까지는 말이다. 느닷없이 홀로 남겨진 J씨는 한동안 방황하며 아픔에 시달렸다.

"병이 있었어요. 10년 전 즈음 몸에 자그맣게 암이 생겼는데, 낫고 재발하기를 여러 번 반복했습니다. 결국은 이겨낼 줄 알았는데, 그 역시 운명이었나 봅니다. 다만 그 운명에 고마운 건, 아내가 마지막에 아주 고통스럽지 않게 떠났다는 겁니다. 처음 봤을 때 그 모습 그대로, 세상을 떠나는 그 순간까지 아름다웠습니다. 많이 허전하더군요. 마치 제 몸의 절반이 한순간 없어진 것처럼 하루하루 사는 게 부자연스러웠습니다. 하지만 제가 이렇게 힘들어하는 건 아내가 바라는 모습이 아니겠지요? 그렇게 마음을 다잡고는 뭐라도 의미 있는 일을 찾아보기로 했습니다."

J씨가 떠올린 의미 있는 일이란 책을 읽는 것이었다. 그냥 책이 아니라 40년 전에 읽은 조선작의 《모눈종이 위의 생》을 다시 읽어야겠다고 다짐했다. 그 책을 읽으면 예전으로 돌아가 영자 씨를 마음에 품을 수 있을 것 같았다.

"맞선 보던 날 생각이 납니다. 아내는 책을 좋아해서 제가 조선작 소설 이야기를 하니까 반가워하더군요. 그 책도 이미 읽었다고 했어요. 덕분에 우린 그날 이야기가 더 잘 통했죠. 아내는 소설 후반부에 등장인물이 노래를 부르는 장면이 나온다고 했습니다. 그 노래 가사가 맘에 든다고 했는데 저는 책을 앞부분만 읽었기 때문에 노래를 몰랐습니다. 그래서 그냥 저도 그 부분을 좋아한다면서 웃으며 어물쩍 넘어갔지요. 결혼하고 나선 그 책을 아예 잊고 살았습니다. 하지만 아내가 떠나고 나니 문득 그 소설이 자주 생각나 그립더군요. 이유는 모르겠습니다. 심지어 저는 책을 다 읽지도 않았는데 말이죠."

J씨가 책을 찾는 사연은 그렇게 마무리됐다. 아내를 향한 마음이 담긴 애틋한 이야기라 책을 빨리 찾아서 전해주고 싶었지만, 늘 그렇듯 오래된 책을 찾는 건 말처럼 쉬운 일이 아니다. 하지만 나도 역시 그 소설의 내용이 궁금했기에 다른 때보다 더 적극적으로 찾아보

기로 했다.

  나는 어릴 때 성북구 정릉에 살았는데 거기서 북악터널만 지나면 평창동이 나온다. 때때로 그 길을 지나 세검정과 자하문터널 너머까지 걸어 다녔던 기억이 있다. 나는 그 길로 집에서 광화문에 있는 큰 서점까지 걸어 다녔다. 그때 북악터널 근처에 있던 호텔을 본 적이 있다. 지금은 지역 개발로 사라졌지만 내 기억엔 아직 그 이름이 남아 있다. 올림피아 호텔. J씨가 미래의 아내를 처음 만난 곳이 바로 거기였으리라.

  몇 달이 지난 다음 J씨가 의뢰한 책을 찾을 수 있었다. 손님이 부탁한 책이지만 내 어릴 적 추억 속 장소인 북악 호텔이 등장하는 첫 부분을 얼른 읽어보고 싶었기에 책을 발견했을 때 무척 설렜다.

  책을 읽어보니 역시나 J씨가 했던 말대로 그리 유쾌한 내용은 아니었다. 하지만 그건 첫 부분일 뿐이고, 그 뒤로 이어지는 줄거리는 역시 조선작답게 글에서 깊이와 힘이 느껴졌다. 그리고 마지막 부분에 이르러 문제의 그 노래가 나왔다. 주인공이 택시를 타고 가다 우연히 라디오에서 흘러나오는 노래를 듣는 장면인데, 책에는 가사만 적혀 있을 뿐인데도 마치 먼 곳에서 멜로디가 들리는 듯 아름다운 시였다.

  내 연락을 받고 다시 책방에 방문한 J씨에게 책을 드렸을 때, 그는 얼른 책 뒤쪽을 넘겨 노래가 나오는 장면을 찾았다. J씨의 눈가가 벌써 벌겋게 달아올랐다. 책장을 넘기는 손가락이 떨리고 있었다. 그 모습을 보며 나도 괜히 눈시울이 뜨거워졌다.

  "우리는 서로 모순의 별들. 한동안 우리의 길을 잃은들 어떠랴. 우리가 아니면 누가 서로 이름 부르며 우리를 찾겠는가……."

J씨는 천천히 소리 내어 읽었다. 그리고 자신보다 한참이나 어린 책방 주인에게 허리를 깊이 숙여 인사를 한 다음 책을 끝까지 읽을 수 있게 도와줘서 고맙다고 말했다.

　하룻밤 만에도 다 읽을 수 있는 소설이다. 하지만 J씨는 그 책을 마저 읽는 데 40년이라는 시간이 필요했다. 어떤 책은 마지막 장을 덮을 때까지 그렇게 오랜 시간이 걸리기도 한다. 하지만 괜찮다. J씨는 소설이 아닌 아름다운 아내 영자 씨를 마음으로 만나게 된 것이니까. 그 마음 오래 간직하고, 훗날 둘이 만나는 날 따뜻하게 안아주기를 바란다. 그때는 마침내 두 사람이 한목소리로 같은 노래를 부를 수 있을 것이다.

사랑이란 이름의 광폭

《풀잎은 노래한다》
도리스 레싱 지음, 이태동 옮김
벽호, 1993년

책방 문을 열고 들어온 C씨는 밝은 풀색 원피스를 입고 있었다. 키는 150센티미터 정도 될까? 제법 큰 챙이 달린 모자를 쓰고 있어서 얼굴이며 체구 전체가 실제보다 더 작게 보였다. 어릴 적 텔레비전에서 봤던 애니메이션 캐릭터가 떠오르는 모습이었다.

  C씨는 인사와 함께 내게 사진엽서 두 장을 선물로 줬다. 바다가 배경인 멋진 풍경이었다. 첫 번째 사진은 바다 끝과 하늘이 구분되지 않을 정도로 잔잔한 바다 위에 작은 배 한 척이 홀로 떠 있는 장면이다. 다른 사진은 소박한 항구 풍경인데, 배에 적힌 글씨가 한글인 걸로 봐서 우리나라 어느 곳인 것 같다.

  "고맙습니다. 멋진 사진이네요. 직접 찍으셨나요?"

  "역시 사진처럼 보이기는 하죠." C씨는 웃으면서 대답했다. "실은 그림이랍니다. 제가 그림 그리는 일을 하거든요."

  나는 깜짝 놀라 다시 한 번 엽서를 확인했다. 말을 듣고 자세히 살펴보니 정말로 그림이었다. 사진과는 미묘한 질감의 차이가 있었다. 하지만 그 차이가 워낙 미미해서 누군가 말해주지 않는다면 처음부터 그림이라고 생각할 사람은 별로 없을 만큼 훌륭한 솜씨였다.

"'하이퍼리얼리즘'이에요. 흔히 극사실주의 그림이라고 부르죠. 이 정도로 정교하게 그리려면 작업시간이 거의 석 달 정도 걸려요." C씨가 말했다.

그림 한 점에 석 달이라니. 놀랍기도 했지만, 그보다 궁금증이 더 컸다.

"그런데, 저는 이해가 잘 안 되네요. 제 눈이 이상한 게 아니라, 이 작품은 누가 봐도 사진처럼 보일 것 같은데요. 그렇다면 그냥 사진을 찍으면 되지 않나요? 사진이라면 셔터 한 번으로 충분할 텐데요."

살면서 분명히 여러 번 들어봤을 이 무례한 질문에 C씨는 차분한 목소리로 이유를 설명했다.

"이유는 단순해요. 사진은 찍는 것, 그리고 그림은 그리는 거잖아요?" C씨는 손가락으로 셔터를 누르는 동작과 붓질하는 동작을 차례로 보여줬다. 내가 "물론, 그렇죠."라고 하자 그녀는 말을 이었다.

"이 그림이 제아무리 사진과 거의 비슷한 디테일을 가졌다고 해도 그림은 그림이에요. 순간을 잡아내는 사진과 달라요. 그림은 어떤 순간을 화폭에 담기 위해 오랜 시간이 걸리기 때문에 빛과 색은 물론 이야기까지 담아야 해요. 그게 제 작업이에요. 풍경에 이야기를 담는 것."

"이야기가 담긴 그림이라……. 솔직히 저는 감이 잘 안 오는걸요?" 나는 고개를 갸웃거렸다.

"어쩌면 제가 찾으려고 하는 책이 그 대답이 될 수도 있겠네요. 그림에 이야기를 담는 이유 말이죠."

　C씨는 이야기를 시작하기 전, 물을 한 잔 부탁했다. 나는 엽서 두 장을 탁자 위에 나란히 올려놓았다. C씨는 손가락으로 천천히 그림을 만지면서 그곳이 강화도라고 말했다.

　"하지만 저는 강화도하고는 아무런 인연이 없어요. 태어나 자란 곳도 강원도거든요. 어쩌면 산에서 지내다 보니 자연스럽게 바다를 동경하게 된 게 아닐까 싶기도 해요. 바다를 좋아했어요. 미술대학을 다녔는데, 그때 그린 것도 대부분 바다와 관련 있는 거였어요. 하지만 구체적으로 바다의 무엇을 그리고 싶은지는 아직 몰랐죠. 고민하던 끝에 일본으로 유학을 가기로 결심했어요. 처음부터 다시 시작한다는 마음가짐으로 그림을 연구했죠. 제가 우리나라에 다시 돌아온 건 1995년이에요. 거의 10년 만이었죠. 바로 옆 나라에 다녀왔을 뿐인데, 돌아와보니 많이 어색하더라고요. 적응할 시간이 필요했어요."

　C씨는 말을 하면서 자주 물을 마셨다. 여전히 긴 이야기가 남아 있는 것처럼 보였다. 나는 빠른 속도로 그녀가 하는 말을 수첩에 받아 적었다.

　"바다 근처에 작업실을 만들고 거기서 그림을 그릴 수 있으면 좋겠다고 생각했어요. 돌아와서 처음 1년 정도는 여러 곳을 돌아다니면서 적당한 장소를 찾아봤죠. 당시엔 괜찮은 곳을 발견하면 그림이 아닌 사진 작업을 해도 상관없다는 마음이었어요. 여전히 제 작업에 대한 확실한 방향이 서지 않은 시기였거든요. 최종 후보지는 제주도와 강화도였어요. 제주도가 꽤 좋았죠. 하지만 두 가지 이유로 제주도는 포기했어요. 첫째는, 앞으로 제주도가 점점 더 관광객들로 붐빌 것 같은 예감이 들었어요. 저는 고즈넉한 분위기를 원하는데, 제주도가 얼마나 오래 그런 느낌을 지켜낼 수 있을지 의문이었죠. 둘째는, 이건 좀 현실적인 문제이기도 한데요, 김영갑이라고 하는 훌륭한 사진작가가 이미 제주도에서 활동하고 있었거든요. 그래서 강화도에 작업실을 차리기로 마음먹었어요. 그 전에, 강화도가 어떤 곳인지 진지하게 알아보고 싶어서 동막해변에서 조금 떨어져 있는 호젓한 마을에 방을 하나 세내서 석 달 동안 지내보기로 했죠.《풀잎은 노래한다》는 그때 친구들이 강화도에서 지낼 때 무료함을 달래라며 제게 선물해준 책이랍니다."

그때까지 C씨는 도리스 레싱이 누구인지 전혀 알지 못했다. 다만 책 제목만큼은 마음에 들었다. 짐이라곤 옷 몇 벌과 스케치 도구가 전부였던 그녀는 점심때 강화도에 도착해 방 청소를 마치고 나니 아무것도 할 일이 없었다. 정말로 그럴까 생각만 했었는데, 영원히 멈춰 있는 것 같은 먼바다를 보고 있으니 해가 질 무렵엔 벌써 무료함이 밀려왔다. C씨는 문득 가방 속에 있던 책을 기억했다. 소설은 첫 부분부터 별로 마음에 들지 않았다.

"제목만 봤을 때는 뭔가 서정적인 내용이지 않을까 짐작했거든요. 그런데 첫 페이지부터 살인 이야기였어요. 남아프리카의 작은 농장이 배경인데 그곳을 운영하던 여주인이 흑인 노예에게 살해당한 사건이었죠. 그녀의 남편은 어째서인지 모르겠지만 정신이 나간 상태였고, 사람을 죽인 흑인 노예는 도망치지도 않고 사건 장소 근처에 있다가 경찰이 오자 곧바로 자수했어요. 인적 드문 바닷가 마을에서 여자 혼자 지내게 된 첫날에 읽을 만한 내용은 아니었어요. 그래서 조금 읽다가 말았어요."

다음 날부터 C씨는 본격적으로 근처를 산책하면서 그림 그리기

적당한 장소를 찾았다. 가끔 마주치는 동네 사람들과도 인사하며 얼굴을 익혔다. 그런 일을 2주 정도 계속하다 보니 어느덧 마을이 조금씩 익숙해지기 시작했다. 작은 곳이라 생각했는데 다녀보니 집들이 꽤 있었다. 하지만 그 집들 대부분은 버려진 지 오래되어 풀이 지붕까지 뒤덮고 있는 흉한 모습이었다. C씨는 그런 집들도 작은 스케치북에 옮겨 그렸다.

그러다 조금 이상한 집 하나를 발견했다. 흔한 폐가 중 하나라고 생각하며 스케치를 남긴 집 중 하나인데, 어느 날 지나며 보니 며칠 전과 비교해 집을 덮고 있는 풀의 모양이 살짝 바뀐 것이다. 처음엔 바다에서 불어오는 강한 바람 때문에 풀 모양이 조금 달라졌겠지 하며 대수롭지 않게 여겼다. 하지만 한 달 정도 계속 관찰해본 결과 분명히 바람 때문은 아니었다.

오싹한 기분이 들어 그 집을 지날 때마다 몸이 떨렸다. 하지만 예술가 특유의 호기심 또한 점점 커졌다. 어느 날 오후, C씨는 풀이 우거진 그 집으로 들어가 안쪽을 살펴보기로 했다. 곧 그녀는 놀라운 광경을 목격했다. 그 집에는 사람이 살고 있었다.

"할머니였어요. 멀리서 인사를 하니 귀가 어두우신지 처음엔 제가 옆에 있는 줄도 모르시더라고요. 조금 더 다가가서 뵈니까 뜻밖에도 환하게 웃으며 저를 반겨주셨어요. 저도 불안한 마음이 사라졌죠. 할머니는 강화도에서 나고 자라셨대요. 어린 나이에 결혼하고 지금 이 집으로 이사 온 다음엔 계속 여기서 사셨고요. 활동하기 힘든 나이가 됐지만 움직이지 않으면 더 아프시다며 조금씩 집 주변에 있는 풀과 나무를 정리하고 계셨던 거예요. 하지만 풀이 자라는 속도가 할머니보다 빠르니 일을 해도 늘 제자리였어요. 이런저런 얘기를 나뉘보니 아주 정겨운 분이셨어요. 내친김에 다음 날부터 할머니를 도와 집 주변 정리를 하면서 말동무가 되어드리기로 했죠. 어차피 저도 무료했던 참이었으니까 잘됐죠."

이야기하는 중간에 C씨는 공책에다가 할머니가 사는 집을 그려서 내게 보여줬다. 작은 방 두 개와 부엌이 있고, 화장실이 마당 한쪽에 따로 있는 전형적인 농가였다. 두 사람은 힘을 합쳐 주변 풀밭을 정리했고 벽을 기어올라 지붕까지 올라간 지저분한 넝쿨도 걷어냈다. 젊은 사람이 힘을 보태니 며칠 만에 집이 말끔해졌다. 마당을 덮었던 잡초를 골라내니 한쪽에 작게나마 텃밭을 만들 수 있겠다는 생각도 들었다. 정리를 마치고 나니 마음이 후련해졌다. 그런데 진짜 이야기는 지금부터 시작된다.

"그즈음에 저는 할머니하고 식사도 함께 차려 먹을 만큼 가까운 사이가 됐어요. 할머니는 여태 강화도 밖으로 나가본 적이 거의 없다고 그러셨는데, 기억력은 꽤 좋으셔서 살면서 겪은 여러 이야기를 재미있게 들려주셨어요. 그러다 아주 흥미로운 사건을 듣게 됐죠. 할머니는 젊은 시절, 남편과 함께 이 집에 살고 있을 때 어떤 남자에게 칼부림을 당한 일이 있으시다는 거예요. 그는 다름 아닌 이 집에서 부부를 도와 농사일을 돕던 젊은이였어요. 저는 깜짝 놀랐어요. 왜 놀랐는지 아시겠어요?"

말을 끊고 물을 한 모금 마신 뒤, C씨는 의자를 당겨 앉으면서 내게 물었다. 나는 금방 대답하기는 어려워서 "글쎄요. 어쨌든 칼부림은 큰일이니까······."라며 얼버무리다가 갑자기 뭔가 머리카락이 쭈뼛하는 느낌이 들어 눈을 크게 떴다.

"그러고 보니 책이네요. 도리스 레싱!"

"맞아요!" C씨는 손가락 하나를 펴서 들어 보이며 말했다.

"그 얘기를 더 해달라고 그랬는데 할머니는 그게 좀 복잡한 사연이 있는 거라 내일 해주겠다고 하셨어요. 저는 그날 집으로 돌아가서 가방 속에 있던 《풀잎은 노래한다》를 다시 꺼냈어요. 책 내용은 살인 사건이 먼저 나오고, 왜 그런 일이 벌어졌는지 추적하는 게 줄거리였어요. 그 소설은 인종 차별과 계급의 문제, 그리고 사랑 이야기가 뒤섞여 뒤로 갈수록 복잡해졌어요. 결국 그 뒤엉킨 감정이 폭발해 살인까지 이르게 됐죠."

"할머니의 경우는 어땠나요?"

"놀랍게도 소설과 비슷한 부분이 많았어요. 심지어 칼부림 사건이 일어나기 얼마 전에 남편이 정신을 놓아버린 것도 똑같아요. 사건 직후 범인이 스스로 경찰서에 가서 자수를 한 부분도 역시 책 내용과 같죠. 저는 이게 어떤 운명적인 인연이 아닐까 하고 곰곰이 생각했어요. 그리고 얼른 다음 날이 오기를 기다렸어요. 점심때 즈음 그 집에 가보니 할머니가 마루에 나와 앉아 계셨어요."

C씨가 할머니에게 들은 이야기는 대강 다음과 같다.

어린 나이에 이 마을로 시집오게 된 할머니는 집안일과 밭일까지 도맡아 해야 하는 힘든 시절을 보냈다. 남편이 같이 일한다고는 하지만 그의 도움은 크지 않았다. 남자는 바깥일을 더 많이 해야 한다면서 고된 농사일을 거의 다 아내에게 떠넘긴 것이다.

그즈음 외지에서 온 젊은 남자가 이 마을에서 살게 됐다. 그는 건강해 보였지만 달리 하는 일 없이 동네를 어슬렁거릴 뿐이었다. 어쩌면 정신적으로 조금 문제가 있는 사람이 아닐까, 하며 마을 사람들은 그를 경계했다. 아니면 도시에서 죄를 짓고 난 뒤 숨을 곳을 찾아 이곳으로 온 것일지도 모른다.

  하지만 젊은 남자는 몇 달 동안 지내며 딱히 문제를 일으키지 않았다. 말수는 적었지만 심성이 착해 보였고, 마을 농사일이 바쁘면 스스로 나서 돕기도 했다. 그는 정해진 직업이 없었기 때문에 사람들은 자연스럽게 일손이 모자랄 때면 그를 불러 일을 시키고 돈이나 음식을 줬다. 할머니도 그에게 자주 일을 맡겼다. 젊은 남자는 일을 잘해 마을 사람들에게 조금씩 신뢰를 쌓아갔다.

  그렇게 1년 즈음 지났을 때, 할머니의 남편이 조금씩 이상해지기 시작했다. 왜 그런지 캐물었더니, 아내가 외지에서 온 젊은 남자와 바람을 피운다는 소문을 들었다는 거다. 하지만 그 소문을 누가 언제 무슨 이유로 퍼뜨렸는지는 알 수 없었다. 마을 사람들도 하나같이 젊은 남자가 그럴 리 없다고 말했다. 하는 수 없이 할머니는 그 뒤로 젊은 남자에게 일을 맡기지 않았다.

  그러나 남편의 의심증은 사라지지 않았다. 오히려 상태가 더 심각해졌다. 남편은 아내가 젊은 남자와 몰래 만나고 있으며 조만간 둘이 섬 밖으로 도망갈 것이라고 믿게 되었다. 남편은 밤에 자다가 갑자기 일어나서 동네 골목을 돌아다니며 아내가 바람이 났다며 떠들고 다니기도 했다. 보다 못해 마을 사람들이 나와서 말려야 했을 정도였다.

  바로 그즈음에 사건이 터졌다. 무더운 여름 오후, 할머니가 혼자서 밭일을 하고 있을 때였다. 저 멀리서 젊은 남자가 다가오는 게 보였다. 할머니는 그를 부른 일이 없어서 이상하다고 생각했다. 드디어 그가 할머니가 있는 곳까지 다가왔다. 남자는 아무 말도 하지 않고 허리춤에 감추고 있던 부엌칼을 꺼내 휘둘렀다. 워낙 순식간에 일어난 일이라 할머니는 무슨 일인지도 모른 채 그만 정신을 잃고 말았다. 젊은 남자는 그길로 곧장 파출소에 가서 자수했다.

"그 남자가 자수를 빨리 한 게 그나마 다행이었다고 하더라고요. 밭 한가운데 쓰러져 있던 할머니는 피를 많이 흘렸기 때문에 사람들이 조금만 늦게 왔어도 생명이 위태로울 수 있었대요. 그렇게 말하면서 할머니는 윗옷을 살짝 들어 올려 제게 상처를 보여줬어요. 그때 다쳤던 흔적이 옆구리부터 왼쪽 가슴 부근까지 이어져 있었어요. 끔찍했죠. 그 사건이 있고 나서 남편은 완전히 실성해서 사람을 못 알아볼 정도까지 되었다고 해요."

"그것 참 미스터리네요. 왜 그런 짓을 했을까요? 이유가 뭐였나요?"

C씨는 고개를 가로저으면서 대답했다.

"당시엔 누구도 그 이유를 알 수 없었대요. 젊은 남자도 알고 보니 지능이 조금 낮은 장애인이라 경찰서에서 제대로 사건 경위에 대해서 말하지도 못했대요. 계속 횡설수설했다고 하더라고요. 결국 그 사람은 감옥이 아니라 장애인 시설로 보내졌다고 들었어요. 사건의 진실이 밝혀진 때는 그로부터 30년이나 지난 뒤였어요. 그사이에 남편은 바다에 몸을 던져 스스로 목숨을 끊었어요."

나는 눈을 크게 뜨고 물었다.

"진상이 밝혀진 건가요? 그런데 왜 30년이나 걸린 거죠?"

"진실은 아주 뜻밖이었어요. 그건……." C씨는 말을 잠시 멈추고 무언가 생각하더니 곧 다시 이야기를 시작했다. "그건 마치 해 질 녘 서해를 닮은 그림처럼 한없이 쓸쓸한 이야기였어요."

남편이 죽고 한참 시간이 지난 다음, 할머니는 젊은 남자가 생각나서 시설로 찾아갔다. 무어라도 대답을 듣고 싶었다. 하지만 그는 묵묵부답이었다. 할머니는 1년에 몇 번씩 그를 면회했다. 그러면서 조금씩이나마 이야기를 끌어내기 위해 노력했다. 마침내 그는 병을 얻어 오래 살지 못할 형편이 돼서야 할머니에게 진실을 털어놓았다.

젊은 남자는 사실 할머니를 좋아하고 있었다. 그러나 남편이 있는 걸 알았기에 그 마음을 드러내 보이지는 못했다. 어느 날, 의처증이 심해진 남편이 길에서 만난 젊은 남자에게 왜 자기 아내와 바람을 피우느냐고 따져 물었다. 절대 아니라고, 아무 일도 없었다고 했지만 그의 말은 받아들여지지 않았다. 남편은 심하게 술에 취해 있었다. 그때 남편이 뜻밖의 제안을 했다. 정말로 바람을 피우는 게 아니라면 아내한테 칼부림을 할 수 있겠느냐는 거였다. 그렇게 말하면서 낄낄대며 웃었다. 젊은 남자는 벌벌 떨면서 그리하겠다고 약속했다.

"이젠 젊은 남자라고 부르기 어려울 정도로 나이가 많은 남자의 고백은 그렇게 끝났어요. 그 비밀을 혼자서 30년 동안 지니고 있던 거죠. 칼부림을 하면 할머니가 남편에게 괴롭힘을 당하지 않을 거라고 믿었대요. 그리고 몇 달 후 남자는 세상을 떠났어요. 할머니는 정성껏 장례를 치르고 화장한 다음 뼛가루를 바다에 뿌려줬다고 했어요."

C씨는 이야기를 마치고 난 다음 한동안 말이 없었다. 나는 다시 책 이야기를 꺼냈다.

"들려주신 이야기가 정말로 《풀잎은 노래한다》와 많이 닮았네요. 그런 이유로 다시 그 책을 읽어보고 싶어지신 건가요?"

C씨는 컵에 담긴 물을 마지막으로 마신 다음 말했다.

"강화도에서 그렇게 석 달을 지내고 난 다음에도 저는 자주 할머니를 찾아뵙곤 했어요. 이런저런 이야기를 듣는 것만으로도 참 즐거 웠어요. 할머니는 작년에 돌아가셨어요. 가족이 아무도 오지 않아서 장례는 간소하게나마 제가 대신 모셨어요. 그리고 할머니께서 사시던 집을 수리해서 이제부터는 거기 머물면서 제 작업을 이어가려고 해요. 그림을 어떻게 그려야 할지 방향을 잡는 게 쉽지 않았는데, 할머니의 도움이 컸어요. 저는 그림에 이야기를 담으려고 해요. 할머니가 들려주신 강화도 이야기, 바다 이야기, 사람들 이야기, 그리고 사랑과 미움에 관한 이야기도 그림에 담을 생각이에요. 그런 의미에서 다시 그 책을 읽어보려고요. 시간은 오래 걸려도 괜찮아요. 찾으시면 강화도로 한번 놀러 오세요. 저희 동네는 바닷바람이 센 편이라 해가 질 무렵이면 정말로 풀잎이 흔들리면서 노래하는 소리를 들을 수 있답니다."

가볍게 웃는 C씨의 얼굴이 잔잔한 바다처럼 편안해 보였다. 나는 그녀가 준 엽서 속 그림을 다시 살펴봤다. 자세히 보니 먼바다 앞쪽으로 가느다란 형체가 늘어서 있었다. 해안가에 아무렇게나 자란 풀들이었다. 무슨 풀인지도 모를 그 수많은 초록색 잎들이 바람에 흔들리며 저마다 간직하고 있는 이야기를 작은 소리로 재잘거리는 것 같은 기분이 들었다.

사람의 이야기란 얼마나 사소하면서 깊은가. 나는 C씨가 왜 이토록 잔잔한 서해를 좋아하게 됐는지 조금은 알 것 같았다. 바다는 오늘도 알려지지 못한 많은 이야기를 간직한 채 조용히 찰랑거리고 있을 것이다. 그 곁에서, 모든 비밀을 알고 있는 풀잎은 그들의 언어로 가만히 노래한다.

2부

잃어버린 책을 찾아서

— 가족 편

나만 빼고
다 괜찮은 이혼

《미완의 고백》
앙드레 지드 지음, 정해수 옮김
덕수출판사, 1959년

손님은 자신을 'A'라고 소개했다. 나는 늘 그렇듯 수첩을 펼치고 'A, 여성, 40대 후반'이라고 빠르게 적었다. 그러고 나선 한참 동안 우리는 말이 없었다. 펜을 잡은 내 손도 그대로 멈췄다. 어색한 기분이 들었는지 A씨가 먼저 말을 꺼냈다.

"그리고 또 뭐가 필요할까요?"

"책을 찾으면 연락할 수 있도록 휴대전화 번호를 알려주세요. 그리고……."

A씨는 마치 세상을 살면서 해야 할 말의 개수를 미리 정해놓기라도 한 것처럼 처음부터 짧고 단순한 대답만 했다. 휴대전화 번호를 알려달라니까 딱 그것만 말하고는 입을 굳게 닫았다.

"그리고 찾고 싶은 책 제목을 말씀해주셔야죠."

"아, 그렇군요. 정신을 어디에 두고 사는지, 원.《미완의 고백》이라는 책이에요."

여기서 다시 얼마간 침묵이 이어졌다. 이번엔 내가 먼저 말을 이었다.

"다른 건 없나요? 예를 들면 출판사라든지, 출판연도, 작가 이름 같은. 제목만 아는 책이라면 찾는 건 더 어려워집니다."

A씨는 약간 부끄러워하는 목소리로 미안하다고 말했다. 그녀는 책을 쓴 사람이 《좁은 문》의 작가 '앙드레 지드'이며 펴낸 곳은 '덕수출판사'라는 단서를 알려줬다. 언제 출판된 책인지는 모르지만, 상당히 오래된 책이라는 것만은 확실하다고 했다.

"오래된 책이라는 걸 어떻게 확신하시나요?"

"제가 책을 썩 좋아하는 편은 아니지만, 부모님 서재에 있는 책 중에서도 유독 낡아 보였거든요. 읽어보지는 않았어요. 하지만 잠깐 훑어봤을 때 종이가 누렇고 냄새도 조금 나서 꽤 오래된 책이라고 생각했어요. 고등학생 때 기억이긴 하지만 확실해요. 그 책이 거기 있던 다른 책보다 낡았어요."

사실 나는 책 제목과 앙드레 지드라는 이름을 들었을 때 그게 어떤 책인지 조금은 짐작을 했다. 앙드레 지드는 《여인들의 학교》라는 책에서 허세에 가득 차고 아무렇지도 않게 뻔뻔한 행동을 하는 남자 로베에르와 결혼한 여성 에블린느의 삶을 독자들에게 소개했다. 그 책이 호응이 좋아 곧이어 로베에르 입장에서 에블린느의 이야기를 반박한 책 《로베에르》도 썼다.

두 사람 사이엔 '주느비에브'라고 하는 딸이 있는데, 지드는 《여인들의 학교》와 《로베에르》를 발표하고 꽤 시간이 흐른 후 주느비에브가 주인공이 되어 부모를 바라보는 관점을 보여주는 작품 《주느비에브》를 발표했다. 흥미로운 책이지만 앞선 두 소설에 비하면 호응이 좋지 않아 대중에게 많이 알려지지는 않았다. 우리말 번역본도 찾아보기 힘들다. 《미완의 고백》은 《주느비에브》를 우리말로 옮긴 책이고 내가 알기로 이 책은 1960년대 아니면 1950년대 후반에 번역된 책이 가장 오래된 판본이다.

"'덕수'라고 하면 지금으로부터 거의 반세기 전에 있었던 출판사네요."

나는 순간적으로, 아니, 거의 습관적으로 내가 덕수고등학교를 졸업했기 때문에 덕수출판사라는 이름을 기억하고 있다는 우스갯소리를 하려다가 간신히 참았다. 이런 식이라면 책을 찾는 손님의 이야기보다 내 얘기를 더 많이 하게 될 가능성이 높다는 걸 나는 숱한 경험을 통해 이미 알고 있지 않은가! 제발 입을 닫고 귀는 열도록 해라. 아차, 자칫하면 이 말까지 입 밖으로 나올 뻔했다. 늘 조심, 또 조심하자.

"생각했던 것보다 오래된 책이었군요? 저희 부모님은 왜 그런 책을 가지고 있던 걸까요?"

"그건 지금부터 제가 여쭤봐야 할 질문 같은데요? 부모님이 읽으신 책이라면 당사자인 두 분이 더 잘 알겠지요. 물어본 적이 없으신가요?"

여기서 잠시 또 침묵이 흘렀다. A씨는 하고 싶은 이야기를 머릿속으로 정리하고 있는 것 같았다. 이윽고 A씨가 이야기를 시작했다.

"부모님은 제가 성인이 됐을 때 이혼하셨어요. 두 분이 살면서 특별히 불화가 있었다고 생각이 들지는 않아요. 서로 원만하게 합의했고 아름다운 이별이었죠. 저만 빼고요."

A씨는 말끝을 흐렸다. 그 뒤에 뭔가 사연이 더 있는 게 분명했다.

나는 두 분이 헤어진 일 때문에 마음이 많이 아프셨을 것 같다고 짧게 말을 덧붙였다.

"저는 두 분 모두 아주 괘씸하고 이기적인 인간이라고 단정 지었어요. 제가 고등학생이 됐을 때 처음으로 이혼 얘기를 하셨거든요. 너무도 담담하게 그런 얘기를 꺼내서 저는 아직 어린 나이였지만 좀 당황스러웠어요. 이혼 이유가 더 충격적이었죠. 두 분 다 공부에 미련이 남아 있는데 각자 연구하고 싶은 방향이 달라서 그랬다는 게 이해가 되세요?"

사랑도 많은 사연이 있듯이 이혼에도 갖가지 이유가 있기 마련이다. 하지만 자신들의 공부에 관한 열망 때문에 자식마저 저버릴 수 있나? 금방 수긍하기 어려운 이혼 사유였다. A씨의 부모님은 이혼에 대해서 오랫동안 고민하고 있었던 것 같다. 딸이 성년이 되면 계획을 실천에 옮기고 대학을 졸업할 때까지 어느 정도 경제적인 지원을 해주겠다는 설명도 그때 들었다는 것이다.

그러나 아무리 그런 계획을 잘 알아듣게 말해준다고 해도, 여태 부모를 의지하며 살아온 자녀에게 이혼 선언은 캄캄한 동굴 속을 앞으로 혼자 걸어가야 한다고 말하는 것처럼 들렸다. 무엇보다 그런 말을 너무도 담담하게 하는 모습에 딸은 완전히 질려버렸다.

"그런데 말씀을 듣고 보니 상당히 흥미롭네요. 찾고 계신 책 내용도 이혼한 부부의 딸이 작가인 앙드레 지드에게 보내는 편지 형식이거든요."

"정말요? 저는 그 책을 딱 한 번, 게다가 대충 넘겨봤을 뿐이에요. 무슨 내용인지는 몰랐어요."

나는 앙드레 지드가 쓴 《여인들의 학교》와 《로베에르》의 줄거리를 간단히 설명하고 《미완의 고백》이 바로 그 두 책의 후속편이라는 걸 알려줬다. 하지만 《미완의 고백》은 나도 제대로 읽어본 적이 없다. 그저 그런 내용이라는 것만 들어서 알고 있을 뿐이었다.

"워낙 오래전에 나온 책이니까요. 저도 그 책 실물은 본 적이 없습니다. 지드의 소설 중에서는 잘 알려진 작품도 아니어서 찾으려면 시간이 좀 걸리겠습니다. 그런데 왜 그 책을 찾으시는 거죠? 무슨 내용인지도 모르는 책이잖아요?"

"바로 그 이유 때문이에요. 무슨 책인지 궁금하거든요. 말씀을 듣고 보니 더 읽어보고 싶어졌어요. 그날 저는 부모님께 이야기를 듣고 서재에 혼자 남아 멍하니 있다가 별생각 없이 거기 있는 책들을 몇 권 빼서 조금씩 읽어봤어요. 《미완의 고백》은 유독 낡은 책이라 이상한 기분이 들었어요. 책을 훑어보니 여기저기 귀퉁이가 접혀 있고 본문에 밑줄도 많이 있었죠. 두 분 중 누구인지 모르겠지만 그 책을 자주 봤던 것 같아요. 밑줄 그은 부분 중에 특별히 기억에 남는 문장이 있어요."

A씨는 수첩을 꺼내서 그 문장을 보여줬다. 거기엔 다음과 같은 글이 정갈하게 적혀 있었다. '존경할 가치가 없는 부모에 대해 존경을 강요당한다는 것보다 더 아이들의 성격을 그르치는 일은 없다고 나는 생각합니다.'

A씨는 책 속에서 그 문장을 만났을 때 너무나도 자기 생각과 똑같아서 깜짝 놀라 몸이 얼어붙는 느낌을 받았다. 주위를 둘러보니 마치 운명처럼 책상 위에 빈 종이와 연필이 있었고 곧 그 문장을 옮겨 적었다. A씨는 훗날 수첩에 똑같은 문장을 다시 적어놓고 매정하게 자신을 버리고 떠난 부모님을 원망하는 마음이 들 때마다 펼쳐보았

다. 그럴 때면 앙드레 지드라는 대작가가 자기와 같은 생각을 하고, 내 편이 되어주는 것 같은 기분이 들어 마음이 풀렸다.

"말씀대로라면 고등학교 1학년 때 부모님의 이혼 계획을 들었고 실제로 이혼하신 건 대학에 들어가고 나서인 거죠? 그러면 그사이 몇 년 동안 부모님께 그 책에 대해 뭔가 물어보거나 한 일은 없었나요?"

"전혀요." A씨는 더 생각해볼 필요도 없다는 듯 차가운 말투로 대답했다.

"이혼하실 때까지 부모님하고 거의 대화를 안 했어요. 저는 무척 화가 났는데 두 분은 아무렇지도 않게 생활하고 계셨거든요. 오히려 전보다 웃는 날이 더 많았던 것 같기도 해요. 아니면 제가 그렇게 느꼈을 수도 있지만요."

A씨가 들려준 이야기는 여기까지다. 부모님이 이혼하고 나서도 종종 연락은 주고받았지만, 공부를 위해서 어머니가 독일로, 아버지는 미국으로 각자 떠난 이후로는 가볍게 안부를 묻는 연락조차 뜸해졌다. 그런 상태로 무심하게도 십수 년의 시간이 흘렀다. 나에겐 이들 셋을 가느다랗게 이어주는 끈인 오래된 책 한 권을 찾는 임무가 남았다.

제아무리 애틋한 사연이 있는 책이라고 하더라도 수십 년 전에 소량만 출판된 책을 찾아내는 건 쉬운 일이 아니다. 알고 지내는 헌책방 사장님들과 혼자서 활동하는 책 수집가들에게 따로 부탁도 해놨지만, 책은 좀처럼 나오지 않았다.

책을 구하게 된 것은 사연을 들은 날로부터 거의 2년이 지난 후였다. 이 정도로 시간이 지난 다음 연락을 하면 더는 그 책이 필요 없다는 대답이 돌아오는 게 다반사다. 고맙게도 A씨는 책을 기다려주었다.

입수한 책의 서지를 보니 출판연도가 단기 4292년이다. 서력으로는 1959년. 덕수출판사에서 펴낸 초판이다. 오래된 책이지만 비싸게 거래되는 것은 아니기에 A씨에게는 우편으로 보내드렸다. 하지만 이 책을 먼저 읽는 기쁨은 책을 찾은 사람의 특혜라고 할 수 있다. 낡아서 바스러질 것 같은 본문 종이를 조심스럽게 넘기며 주느비에브의 이야기에 귀를 기울였다.

읽어보니 왜 이 책이 지금 '여인들의 학교 3부작' 같은 이름으로 나오지 않는지 조금은 알 것 같았다. 주느비에브는 이혼한 어머니와 아버지 둘 모두를 비판적으로 바라보고 있지만, 이야기의 줄거리는 한창 사춘기인 주인공 자신의 연애 이야기다. 그런데 이게 좀 충격적인 내용이다.

미성년자인 주느비에브는 부모님과도 친분이 있던 다른 가정의 유부남을 좋아해서 그의 아이를 갖고 싶다는 고백을 한다. 단, 결혼하고 싶은 마음은 없다. 그런데 이 유부남은 알고 보니 주느비에브와 같은 학교에 다니는 동급생 친구를 남몰래 좋아하고 있었다. 여기서 끝이 아니다. 주느비에브의 어머니인 에블린느 역시 이 유부남과 사랑하는 사이였다. 좋게 말하면 대단히 파격적인 내용이고, 요즘 말로 하자면 '막장드라마' 수준이다. 《여인들의 학교》와 《로베에르》가 하나로 엮인 책은 있지만, 거기에 《미완의 고백》까지 더해 3부작으로 만들지 않은 이유도 어쩐지 알 만하다.

내가 읽은 감상과는 별개로, 2년 동안이나 기다렸다가 책을 받은 A씨가 그 소설을 어떻게 생각할는지도 궁금했다. 그 책을 읽고 부모님을 대하는 마음이 그전보다 더 얼어붙는 것은 아닐지 조금 걱정스러웠다.

다행히 A씨는 주느비에느의 연애 이야기보다는 그녀가 부모님과 같이 살던 시절을 회상하는 장면에 더욱 주의를 기울인 것 같다. 책을 보내고 반년 정도 흘렀을 때 A씨는 전화로 기분 좋은 소식을 전했다. 바쁜 일상에 쫓겨 지내다 보니 나는 그때 들었던 사연들이 까마득한 과거처럼 느껴졌는데 A씨는 책을 읽고 난 다음 부모님을 직접 만나 대화해보고 싶은 마음이 비로소 생겼다는 것이다.

"제가 주느비에느의 마음과 똑같다고 말씀드릴 수는 없겠지만, 그보다도 부모님이 이 책을 어떻게 읽었는지 궁금하더라고요. 고등학생 때 하지 못했던 이야기를 인제 와서 하려니 좀 서먹한 기분도 들지만, 잘할 수 있겠죠?"

A씨에게는 이제 즐거운 고민거리가 생겼다. 독일로 가서 어머니를 먼저 만날 것인지, 태평양을 건너 아버지가 계신 미국으로 향하는 비행기 표를 살 것인지 선택해야 한다.

"어려울 것 있나요? 동전 던지기로 한번 해보시죠?"

동전 던지기는 우유부단한 내가 자주 쓰는 방법이다.

"좋은 방법이네요. 그러면 동전 앞쪽을 독일로 할까요, 아니면 미국으로 할까요?"

A씨도 나 못지않게 선택을 잘하지 못하는 성격인가 보다. 하지만 그런 것 정도는 스스로 알아서 하시라고요. 아직도 찾지 못해 수첩에 쌓여 있는 사연 있는 책들 목록을 바라보고 있자면 저도 골치가 아프답니다.

책캐구우초오교오

《켈케골의 종교사상》
H. V. 마틴 지음, 홍동근 옮김
성암문화사, 1960년

본명보다는 '로쟈'라는 인터넷 활동명으로 더 잘 알려진 서평가 이현우 씨는 책 강의를 할 때 개인적인 이야기를 거의 하지 않는다. 몇 해 전, 나는 그의 강의를 들은 적이 있다. 두 달 동안의 일정으로 《변신》으로 유명한 프란츠 카프카가 쓴 여러 작품을 다루는 특강이었다. 로쟈는 소문대로 강의안에서 한 치도 벗어나지 않는 수업을 이어나갔다. 언젠가 책에서 읽은 프랑스 철학자 롤랑 바르트가 연상됐다. 바르트는 강의할 때 워낙 철저하게 사전 준비를 하다 보니 직접 작성한 강의 노트에 별다른 가공을 하지 않아도 그대로 단행본으로 출판할 수 있을 정도였다고 한다. 그처럼 로쟈의 강의는 매우 건조한 면이 있었으나, 한편으론 완벽한 건축물 같다는 느낌을 받았다.

그런 로쟈와 함께 한번은 점심 식사를 같이 한 일이 있다. 다른 수강생 몇 명과 함께였지만, 나는 그때 조금의 빈틈도 없을 것만 같던 로쟈에게서 인간적인 매력을 느꼈다. 밥을 먹던 중 한 사람이 로쟈에게 평소에 책을 얼마나 사느냐고 물었다. 여기서 중요한 점은 이거다. '얼마나 읽느냐'가 아닌 '얼마나 사느냐'라는 것. 로쟈는 책을 읽고 쓰는 게 직업이니 당연히 많이 산다고 대답했다. 그러면서 이런 말을 덧붙였다.

"집에 분명히 있는 책인 걸 아는데도 사는 일이 있습니다. 그 이유는 두 가집니다. 첫째는, 집 어딘가에 책이 있다고 기억으로는 확신하지만 어디에 있는지 알 수 없는 경우입니다. 두 번째는 더 우스운 경우입니다. 책을 갖고 있고 그게 어디에 있는지도 정확히 알고 있지만, 워낙 꺼내기 어려운 곳에 있어서 차라리 그 책을 다시 사는 겁니다. 물론 이 경우는 책값이 저렴하다는 단서가 있어야겠지요."

집에 책이 많다 보니 여기저기 제법 쌓여 있는 모양이다. 바닥은 물론이고 책상 위, 의자에도 책을 쌓아서 앉을 자리조차 없이 해놓고 사는 사람을 여럿 봤다. 로쟈도 그와 다르지 않으리라. 그 속 어딘가에 작은 책 한 권이 들어 있다면, 책을 꺼내기 위해(로쟈는 이때 '발굴'이라는 말을 썼다) 몇 시간에 걸쳐 그 모든 책더미를 들어내는 수고로움을 겪기보다 만 원 정도 돈을 쓰는 게 더 나은 거라는 얘기다.

이 말을 듣고 거기 모인 수강생들은 떠들썩하게 웃었다. 모든 일에 철두철미할 것 같은 로쟈에게 그런 느슨한 구석이 있을 줄이야. 책이 가득 쌓인 무더기 앞에서 망연자실한 표정으로 허리에 손을 짚고 서 있는 로쟈라니. 그가 강의 때 자주 쓰는 말처럼 '난센스' 같은 장면이 머릿속에 떠올라 나도 웃었다. 하지만, 날마다 이어지는 강의에 몸과 마음이 다 지쳐 있을 걸 생각하면, 차라리 그런 방법을 택하는 것도 이해가 됐다.

집에 책을 켜켜이 쌓아놓고 사는 사람이라면 로쟈의 말이 결코 난

센스로 들리지는 않을 것이다. 나도 마찬가지다. 그래서 그때 다른 사람들처럼 크게 웃을 수 없었다. 일하고 있는 헌책방에 책이 많아지면서 분명히 가지고 있는 책을 여러 날 동안 찾지 못하는 일이 많아졌다. 내가 관리하는 책이니 다른 사람에게 대신 찾아달라고 할 수도 없는 노릇이다. 내 책을 내가 못 찾으면 누가 또 찾을 수 있단 말인가? 누가 그런 일을 주인 대신 할 수 있을까?

그러나 기묘한 사건을 들고 나를 찾아온 C씨를 만나고 난 뒤 세상은 정말 다양한 일로 가득하다는 걸 알았다. 20대 중반의 나이에 가벼운 원피스 차림으로 책방에 방문한 C씨는 알 수 없는 책을 찾아달라며 이야기를 시작했다. 책은 책이되, 무슨 책인지 알지 못하는 책이라는 거다. 책을 찾으며 곤란한 경우를 여러 번 겪었지만, 이번에야말로 역대급일 것 같다는 예감이 들었다. 로쟈의 경우와 비슷하지만 이건 한편으론 완전히 다른 문제다. 무슨 책을 찾는지 모른다면 더 근본적인 물음, 즉 왜 책을 찾느냐 하는 것에서부터 막혀버리기 때문이다.

"찾으시는 책에 아무런 단서가 없나요? 책 제목이나, 저자, 출판사, 아니면 표지 디자인이라도. 제가 에드거 케이시 같은 초능력자가 아닌 이상에야 뭐든 단서가 될 만한 게 있어야 일을 시작할 수 있습니다."

"도움이 될는지 알 수 없지만, 한 가지는 있어요." 그녀는 스마트폰을 내게 보여줬다.

침대에 기대어 있는 한 노인을 촬영한 동영상이었다. 길이는 30초 정도로 길지 않았다. "자, 지금부터 주의 깊게 잘 봐주세요." 하면서 C씨는 화면의 재생 버튼을 눌렀다.

"책……. 캐……. 구우……. 초오교오……. 책……. 캐……. 구우……. 초오교오……."

영상 속 노인은 눈을 반쯤 뜨고 있었는데(혹은 반쯤 감고 있는 걸지도 모른다), 눈동자의 초점은 명확하지 않았다. 노인은 알아들을 수 없는 말을 계속 반복했다. C씨는 노인이 말하는 게 책 제목이라고 했다. 그 책을 찾아달라는 거다. 나는 몸을 한껏 구부려 영상을 두세 번 더 돌려본 다음 의자 등받이에 기대앉아 한숨을 쉬었다.

"정말로 이 어르신이 말씀하시는 게 책 제목이 맞습니까? 저는 전혀 모르겠는데요?"

"책 제목이 맞을 거라고 확신해요. 매번 이렇게 제목을 말씀해주시면 저나 저희 어머니께서 병원으로 책을 가져다드렸거든요. 저는 직장에 다니고 있어서 보통은 어머니가 가시지만요."

영상 속 노인은 C씨의 할아버지로, 치매 진단을 받아 몇 년 전부터 요양병원에서 지내고 있다. 처음 2, 3년 정도는 증상이 지금처럼 심하지 않아서 원하는 책 제목을 정확히 말할 수 있었다. 하지만 이제는 의사소통이 쉽지 않은 상태에 이르렀다. 그런데도 노인은 늘 책을 원했고, 읽지는 않더라도 그걸 가지고 있을 때 몸 상태가 한결 편해 보였다.

"할아버지는 평생 교육자로 사셨어요. 책을 엄청나게 좋아하셨죠. 책을 많이 수집하셨어요. 하지만 저는 할아버지를 좋아하지 않았어요. 성격이 밝은 분이 아니었거든요. 게다가 저를 보면 붙잡아놓고 늘 책 얘기만 하시니까요. 그래서 명절 때 집에 가면 일부러 할아버지 가까이 가지 않으려고 했어요. 이제 돌아가실 날이 얼마 남지 않은 것 같아요. 어쩌면 지금 찾으시는 이 책이 마지막 책이 될지도 몰라요. 그래서 이렇게 사장님을 뵈러 온 거예요. 무슨 책이든 다 찾아 주신다는 소문을 들었거든요."

나는 얼굴을 찌푸렸다. 도대체 누가 그런 소문을 내는 걸까? 소문은 또 다른 소문을 만들고 말에 말이 붙어 결국은 눈덩이처럼 커진다. 하지만 이런 사연이 있다면 단박에 못 하겠다고 거절하기도 어렵다. 나는 되도록 완곡하게 돌려 말해 거절 의사를 밝히기로 했다.

"하지만, 정말 모르겠는걸요. 영상을 몇 번이나 봐도 전혀 감이 안 옵니다. 게다가 알 수도 없는 책을 어디 가서 찾아야 할까요? 이건 완전히 불가능한 미션입니다. 톰 크루즈라도 못 할 거예요."

"아참, 제가 말을 아직 안 했군요. 책이 어디 있는지는 고민할 필요 없어요. 할아버지가 말씀하신 책은 언제나 할아버지 서재에 있거든요. 거기서 찾으면 돼요. 지금까지 계속 그래왔어요."

이럴 수가. 이런 식이라면 거절할 빌미도 없다. 하지만, 책이 있는 곳을 안다면 직접 찾는 게 훨씬 빠를 텐데 왜 나에게 부탁을 하러 온 것일까? 답은 의외로 간단했다. 서재에 책이 너무 많기 때문이다. 서재에 있는 책은 대략 2만 권 이상. C씨는 그 많은 책을 다 살펴볼 엄두가 나지 않는다고 고백했다. 서재의 주인이 건강했던 때는 책 제목과 함께 그 책이 있는 위치까지도 알려줬기 때문에 어렵지 않게 찾을 수 있었다. 하지만 이번엔 완전히 수수께끼다. 2만 권 속에 숨어 있는 한 권이라니. 2만 권! 그 정도면 우리 헌책방에 진열해놓은 판매용 책보다 많은 숫자다. 그러나 희망은 있다. 책 제목만 안다면 어쨌든 시작은 할 수 있다. 우리는 영상을 다시 몇 번이고 돌려봤다. 나는 이어폰을 귀에 꽂고 눈을 감은 채 온 신경을 집중했다. 하지만 결론은 쉽게 나지 않았다.

"책……. 캐……. 구우……. 초오교오……. " 영상 속 노인은 이 말을 계속 반복했다.

"우선 첫 번째 음절은 명확히 '책'이라는 단어로 들리는군요." 나는 C씨를 보며 말했다.

"그건 저도 동의해요. 다음부터는 정말 모르겠어요."

"어쩌면 첫음절이 '책'이 아닐 가능성도 있죠. 어르신께서 말씀하시는 것 전부가 하나의 책 제목일지도 모르고, 아니면 작가 이름일 수도 있겠네요."

우리는 영상에서 흘러나오는 소리와 조금이라도 발음이 비슷한 책과 작가 이름을 마구 늘어놓았다. 첫음절이 'ㅋ', 'ㅊ', 'ㅌ' 같은 거센소리 자음으로 시작되기에 '채만식', '카프카', '타고르' 같은 작가의 책일 가능성이 있다. 이날 우리는 몇 시간 동안 영상을 계속 반복해 보면서 작가 이름 10여 명, 책은 20권 정도를 추렸다. 할아버지가 찾는 책이 이것들 중에 있길 기대하면서 C씨는 집으로 돌아갔다.

며칠 후 C씨에게 다시 연락이 왔다. 아쉽게도 우리가 고른 책은 모두 예상을 빗나갔다. 서재에서 찾은 20여 권의 책을 C씨의 어머니가 모두 들고 병원을 찾았으나 할아버지는 특별한 반응이 없었다.

고민 끝에 그녀는 이번엔 내가 서재에 직접 가서 책을 찾아줄 수 있겠느냐고 부탁했다. 나는 흔쾌히 수락했다. 2만 권의 장서가 있는 개인 서재는 어떤 느낌일지 일단 궁금했다. 책을 못 찾을 수도 있지만, 어쨌든 멋진 구경을 하는 것만으로도 충분히 소득이 있을 거라고 판단했다.

다음 날 나는 C씨가 알려준 주소지로 찾아갔다. 노인의 서재는 성북동에 있는 2층짜리 단독주택이었다. 오래전에 지어진 건물처럼 보였지만 여전히 관리하는 사람이 따로 있는지 문을 열고 들어가자 넓고 말끔하게 정비된 정원이 먼저 내 눈을 사로잡았다. C씨는 현관 앞에 나와 문을 열고 기다리고 있었다.

안내를 받아 집 안으로 들어가니 상상했던 것 이상으로 내부가 넓어서 또 한 번 놀랐다. 거실과 식당이 따로 분리되어 있고 음식을 조리하는 부엌도 꽤 커서 내겐 마치 고급 식당처럼 보였다.

서재는 거실에서 한쪽으로 나 있는 복도를 따라가니 건물 끝부분에 자리하고 있었다. C씨는 문을 열고 내가 먼저 들어가도록 옆으로 조금 비켜섰다. 서재에 발을 들여놓은 순간, 나는 몸에 소름이 돋을 정도로 놀랐다. 개인 서재라고 하면 작은 방 하나에 책이 가득 찬 모양 정도로 상상하고 있었다. 그런데 노인의 서재는 그 이상이었다. 이곳은 책을 보관하기 위해 따로 방을 설계한 게 분명했다. 내가 눈을 휘둥그렇게 뜨고 입을 반쯤 벌리고 있으니 C씨가 가볍게 웃으며 말했다.

"원래는 지금 문을 열고 들어온 이 방 하나만 서재였어요." C씨는 묵직해 보이는 책상 위를 손바닥으로 쓰다듬었다. "여기에 책을 가득 올려놓고 공부하시던 할아버지 모습이 눈에 선해요. 그런데 점점 책이 많아져서 보시다시피 옆에 있던 방의 벽을 허물고 공간을 늘려야 했죠. 그리고 얼마 지나지 않아 또 다른 방도 서재로 만들었어요. 결과적으로 이렇게 방 세 개가 연결된 재미있는 구조가 됐죠."

C씨의 말대로 첫 번째 방에는 커다란 책상과 길이 잘 든 가죽 의자가 있고 거기서 이어진 다른 쪽 공간에는 온전히 책만 가득했다. 책장은 한눈에 보기에도 정리가 잘 되어 있어서 바로 오늘 아침까지도 누군가 여기서 책을 읽고 있었던 것만 같은 인상을 주었다.

"할아버지께서 이 방에 오지 못한 것도 벌써 5년이나 됐네요. 청소는 계속 하고 있었지만, 책은 일절 건드리지 않았어요. 할아버지께서 마지막으로 정리해놓은 그대로라고 보시면 돼요. 건강하실 때는 거의 매일 서재에 계셨거든요. 여기서 뭔가 찾을 수 있을까요?"

"글쎄요. 한번 둘러봐야지요. 어르신께서 직접 책 정리를 하셨다면 뭐라도 단서가 될 만한 게 있을 겁니다."

C씨는 "그럼, 천천히 보시고 마치면 제가 다시 서재로 올게요."라고 한 뒤 조용히 문밖으로 나갔다. 두꺼운 문을 닫으니 서재는 마치 라디오 부스처럼 고요했다. 어디서부터 어떻게 봐야 할지 솔직히 엄두가 나질 않았다. C씨는 책이 2만 권 정도라고 했지만, 내가 보기엔 방 하나에 족히 만 권은 되는 것 같았다. 첫 번째 방은 소파와 책상이 있어서 상대적으로 책이 적어 보였다. 두 번째와 세 번째 방에는 도서관처럼 레일이 설치된 책장이 있으니 세 방을 합친 전체 공간엔 어림잡아 3만 권 이상의 장서가 있는 셈이다.

천천히 책장을 살피며 한 사람이 평생에 걸쳐 모은 책을 눈에 담았다. 과연 노인은 무슨 책을 찾고 싶은 걸까? 어쩌면 그 책은 그가 마지막으로 손에 쥐고 싶은 책일 수도 있다. 영상 속 노인의 눈빛에서 나는 그걸 느꼈다. 삶의 마지막을 가장 아끼는 책과 함께하고 싶다는 간절함이 내게 전해졌다. 그건 나의 오해이며 과도한 의미부여일 수도 있다. 하지만 나는 이 거대한 장서들을 마주하면서 한 번도 실제로 만나보지 못한 한 노인의 인생을 경험하는 듯한 감동을 전해 받았다.

서재를 둘러본 뒤, 그 방에 나름의 규칙이 있음을 어렴풋이 알게 됐다. 언뜻 보기에 아무런 기준 없이 책을 배치한 것 같지만, 만약 그랬다면 이 정도로 서재가 깔끔하지는 않을 거라고 판단했다. 기준 없이 아무렇게나 책을 쌓아둔 서재는 청소를 잘해도 창고처럼 보인다. 내 생각에 각 방은 하나의 커다란 주제를 갖고 있다. 책상이 놓인 첫 번째 방에는 사뮈엘 베케트의 희곡과 원서, 평론들이 한쪽에 몰려 있었다. 사르트르와 카뮈도 첫 번째 방에 있었다. 나는 이 방의 주제를 '부조리'로 정했다. 두 번째 방에는 여러 판본으로 수집한 세르반테스의 《돈키호테》와 케베도의 작품이 특히 눈에 들어왔다. 《돈키호테》는 꽤 오래된 가죽 장정 고서가 몇 권 보였다. 젊은 시절 외국을 여행하며 수집한 것이리라. 우리나라에서 펴낸 움베르토 에코의 작품도 거의 전부 갖추고 있는 듯했다. 이 방의 주제는 '유머'다. 세 번째 방은 두 번째 방과 비교하면 비교적 현대 작품들이 많았는데, 노벨문학상 수상자인 토마스 만의 독일어판 전집을 갖추고 있는 게 가장 먼저 보였다. 오에 겐자부로 일본어판 전집도 있었다. 나는 이 방을 '아이러니'라고 이름붙였다.

나는 이렇게 각 방의 주제를 정하면서 머릿속으로는 계속해서 영상에서 봤던 노인의 목소리를 떠올렸다. "책······. 캐······. 구우······. 초오교오······." 과연 그는 무엇을 원하고 있는 걸까? 대체 어떤 책을 그리도 간절히 찾는 걸까?

몇 시간 동안 서재를 살핀 나는 갑자기 피곤해져서 첫 번째 방에 놓인 가죽 의자에 앉았다. 너무 편해서 앉자마자 잠이 들 것만 같았다. 책상도 고급 자재를 써서 만들었는지 숨을 크게 들이마시자 은은한 나무 향기가 났다. 나는 의자에 깊숙이 몸을 기대고 생각에 잠겼다. 귓가에 계속해서 노인의 메마른 목소리가 들리는 듯했다. 그대로 눈을 감으니 노인이 지금 이 방에 함께 있는 것 같아서 기분이 서늘해졌다. 그 순간, 한 생각이 떠올랐다. 어쩌면 이게 맞을 수도 있겠구나 하는 확신이 들었다.

20~30분 정도 의자에 앉아 있다가 일어나서 나는 책장으로 발걸음을 옮겼다. 내가 생각한 게 맞기를 바라면서. 아니, 틀리더라도 내 감정이 노인에게 전달되기를 바라는 마음으로 책장에서 낡은 책 한 권을 꺼냈다.

"《켈케골의 종교사상》이라. 재밌는 제목이네요." 책을 받아든 C씨가 가볍게 웃으며 말했다.

"오래된 책이라서요. 지금은 '키에르케고르'라고 표기합니다. 위대한 종교학자인데 이 책은 키에르케고르의 평전입니다."

"켈케골, 키에르케고르. 과연 할아버지께서 말씀하시려던 책 제목 같기도 하네요. 내일 병원에 가서 이걸 한번 보여드려 볼게요. 갑갑한 서재를 둘러보시느라 고생하셨죠? 고맙습니다."

"별말씀을요. 저야말로 이렇게 멋진 서재를 구경할 수 있어서 뜻깊은 경험이었습니다."

바로 다음 날 오후 늦게 C씨에게 연락이 왔다. 할아버지가 책을 보고 좋아하셨다는 반가운 소식이었다. 전화기 너머로 들리는 C씨의 목소리는 꽤 밝게 느껴졌다.

"책을 보고 웃으시더라고요. 어머니 말로는, 다른 책을 보여드렸을 때는 별로 반응이 없으셨다고 했거든요. 정말 감사드려요."

그 말을 들으니 나도 기분이 즐거워졌다. 하지만 아직 확인할 것이 하나 더 남았다.

"혹시 이번에는 C님께서 직접 책을 가져다드린 건가요?"

"네, 어제 사장님께서 말씀하신 대로 이번에는 어머니가 아니라 제가 직접 책을 할아버지께 드렸어요. 그런데, 왜 꼭 제가 직접 가야 한다고 말씀하셨나요?"

"이유가 있긴 있었죠. 그보다, 책을 보여드렸더니 어르신께서 특별히 다른 행동을 하지는 않으셨나요?"

"많이 좋아하셨어요. 웃으시면서 한참이나 제 손을 꼭 붙들고 계셨어요."

"그렇군요. 얘기를 들으니 어쩌면 제가 생각한 두 가지 가능성 중에서 두 번째 경우가 맞을지도 모른다는 믿음이 더 커지네요."

C씨는 잠시 말이 없더니 다시금 진지한 목소리가 되어서 내게 물었다.

"두 가지 가능성이라니요?"

"첫 번째는 어르신께서 찾으시는 책이 정확히 《켈케골의 종교사상》인 경우입니다. 두 번째는, 이건 그냥 저의 추측일 뿐이지만요, 영상에서 반복해서 말씀하시던 게 작가 이름이나 책 제목이 아닌 경우입니다. 우리가 완전히 잘못 짚은 거죠."

"작가도 책도 아니라면 대체 무얼까요?"

"제 생각엔 채고은 님, 그러니까 어르신의 손녀 이름을 부르신 게 아닌가 싶어요."

"제… 이름을요?"

"서재에 있는 의자에 앉았을 때 갑자기 그런 생각이 들었습니다. 어르신께서 가장 아끼는 것은 책이 아니라 하나뿐인 손녀딸 채고은 님이 아닐까, 저는 그렇게 추측했습니다. 저 혼자만의 망상일 수도 있지만, 그런 기분이 강하게 들었거든요."

C씨는 또 한참 아무 말이 없었다. 나는 괜한 말을 한 게 아닌가 싶

은 생각이 들어서 부끄러웠다. 그저 책에 관한 얘기만으로도 적당히 즐겁게 이번 일을 마무리할 수 있었을 텐데. 얼마 후 C씨는 웃음기 있는 목소리로 내게 말했다.

"저는 사장님이 말씀하신 두 가지 가능성이 모두 일리가 있다고 생각해요. 할아버지는 종교에도 꽤 깊은 관심을 두고 계셨거든요. 키에르케고르의 책을 보고 반가우셨을 거예요. 그리고 저도 오랜만에 찾아뵌 거니까요. 할아버지의 진심은 잘 모르지만, 앞으론 좀 더 자주 인사드리러 가야겠다는 마음이 들어요. 여러모로 고맙습니다, 사장님."

전화를 끊고 나니 뭔가 홀가분한 기분이 되어서 마음이 한결 가벼워졌다. 그리고 수만 권의 책으로 가득한 서재를 넋 놓고 바라보던 내 모습이 문득 떠올라 또 가슴이 두근거렸다. 인생의 흔적이 느껴지는 아름다운 서재였다.

그리고 한 노인이 종교만큼이나 소중하게 여긴 손녀의 모습도 여전히 눈에 선하게 그려진다. 인생의 마지막에 이르러, 아름다운 한 사람을 향한 애틋한 마음은 수만 권의 책으로 가득 찬 서재와 바꿀 만큼 소중했던 것이 아닐까. 그것이 인생의 아이러니일까? 그러고 보니 키에르케고르의 책을 찾은 곳도 내가 '아이러니의 방'이라고 이름 붙였던 곳에 있는 책장 구석 즈음이다.

모든 책은 인생과 마찬가지로 아이러니하다. 그 이유는 다름이 아니라 책을 쓴 사람의 갖가지 인생 이야기가 거기 오롯이 담겨 있기 때문이다.

작은 단서라도 좋습니다

《바보들의 나라, 켈름》
아이작 바셰비스 싱어 지음, 황명걸 옮김
두레, 1979년

서점을 운영하면서 추억이 깃들어 있는 책을 찾아주고 사례비 대신 그 책에 얽힌 사연을 받는 특별한 일을 시작한 것도 벌써 10여 년이 흘렀다. 책을 찾는 이유와 거기에 얽힌 이야기는 사람마다 다르다. 때론 별것 아닌 이유로 몇 년 동안 책을 찾아다니는 사람이 있는가 하면 가슴이 뭉클해지는 한 사람의 인생을 책 속에서 만나기도 한다. 사례비라는 간단한 이름으로 받기 어려울 정도로 소중한 이야기들도 많다.

어디에 있는지도 모르는 절판된 책 한 권을 찾는 일은 물론 쉽지 않다. 그러나 언젠가 이 세상에 존재했던 책이라면 어떻게든 찾을 수 있다는 믿음이 있다. 모든 책에는 제목, 저자, 출판사, 펴낸 날짜 등이 적힌 서지정보라는 게 있기에 그 내용만 알면 일단은 일을 시작할 수 있다.

그런데 간혹 서지정보를 알 수 없는 책을 찾아달라고 하는 손님이 있다. 무슨 책을 찾는지 본인도 정확히 알지 못하는 경우다. 모르는 책을 어떻게 찾을 수 있을까? 그보다 먼저, 자기도 모르는 책인데 왜 그걸 찾으려고 하는 걸까? 하지만 그런 경우는 분명히 있다. 몇 년 전 서점에 찾아왔던 중년의 한 여성 손님처럼 말이다.

K씨는 현재 평범한 회사원으로 어릴 때 아버지가 읽어보라고 권해줬던 책을 찾고 있었다. 나는 수첩을 꺼내놓고 책 제목과 출판사를 알려달라고 했다.

"그런데, 사장님. 그게 말이죠······." K씨는 우물쭈물하며 말끝을 흐렸다.

"일단은 제목하고 저자, 출판사를 알면 어떤 책인지 찾아볼 수 있습니다. 무슨 문제가 있으신가요?"

내가 그렇게 묻자 K씨는 갑자기 한숨을 내쉰 다음 말했다.

"실은, 책 제목을 저도 모르거든요."

"오래된 책이라면 책 제목이 기억 안 나는 경우도 가끔 있죠. 그러면 저자나 출판사라도 말씀해주시면 제가 유추해보겠습니다."

"죄송한데요, 전혀 기억 나는 게 없어요. 제가 그 책을 읽은 게 1970년대니까, 아마 그즈음에 출판된 책일 거예요. 다른 건 모르겠어요."

나는 다음 말을 잇지 못하고 K씨의 얼굴을 물끄러미 쳐다봤다. 사소한 거라도 좋으니까 그 책에 대한 어떤 거라도 기억해보라고 했다. 하지만 그녀는 책 크기, 표지 그림 등 아무것도 뚜렷이 기억나지 않는다고 했다. 대체 어쩌라는 건지. 내가 에드거 케이시 같은 심령술사가 아닌 이상에야 손님의 의식세계에까지 들어가서 어떤 책인지 알아볼 수도 없는 노릇이다. K씨는 대체 내게 뭘 바라는 건지 알 수 없었다. 이렇게 마주 보고 둘이 앉아 분신사바 같은 거라도 해서 책을 찾아주길 바라는 건 아니겠지? 그런 건 이제 워낙 흔한 소재라 드라마에서도 안 나옵니다, 손님. 나는 속으로 그렇게 중얼거렸다.

둘 다 아무 말 없이 얼마나 시간이 지났을까. K씨가 먼저 입을 열었다.

"하지만, 사장님은 무슨 책이든 찾아주신다고 해서 이렇게 부탁드리는 거예요."

"그렇다고는 하지만, 뭘 찾아야 하는지도 모르는데 어떻게 찾겠습니까? 책과 관련해서 정말 아무것도 기억나는 게 없나요? 그렇다면 그 책을 왜 찾으시려고 하는지, 저는 그게 더 궁금하네요."

아무래도 작전을 바꾸는 게 좋을 것 같다. 기억이 흐릿한 책을 찾을 때는 그 책을 읽었을 때의 추억을 말하도록 이끄는 것도 좋은 방법이다. 딱히 책 얘기가 아니더라도 그즈음에 있었던 기억에 남는 사건이나 친구들 얘기를 하다 보면 갑자기 잊고 있던 책의 이미지가 떠오르는 일이 있다. 나는 K씨에게 그 책을 어떻게 알게 됐는지 알려달라고 했다. 다행히 그녀는 책 이외의 일들에 대해선 제법 구체적인 기억이 있었다.

"그 책은 제가 어렸을 때, 아빠가 읽어보라며 주신 책이에요. 그런데 저는 책을 별로 좋아하지 않았거든요. 그날은 제 생일도 아니었고, 특별한 일도 없었어요. 아빠가 왜 책을 제게 선물해주셨는지 모르겠어요. 어쨌든 저는 그 책을 받고는 그냥 책꽂이에 넣어두고 읽지도 않았어요."

"그래도 아버지께서 주신 건데 조금도 읽어보지 않으신 건가요? 보통은 그냥 훑어보기라도 하잖아요?"

"물론 조금 살펴보긴 했어요. 며칠이 지나서요. 제가 정말 책을 안 좋아했다니까요. 한 일주일쯤 지난 다음 아빠가 그 책 읽어봤냐고 물어보셨어요. 저는 책을 펼쳐보지도 않았지만 어쩐지 미안한 마음에 '어, 좀 재미있네.' 하면서 어물쩍 대답했어요. 아빠는 그 책이 어른이 되어서 봐도 좋은 내용이니까 재미있게 읽어보라고 하셨어요."

이야기를 들어보니 아무래도 이번 일은 책방 주인이 아니라 탐정을 섭외해야 해결할 수 있을 것 같은 기분이 들었다. 하긴, 책을 찾는 것과 탐정의 일이 아주 다르지는 않다. 사소한 부분에 귀를 기울이고, 정보를 수집한 다음, 퍼즐을 맞추는 게 기본이다. 방금 K씨가 들려준 말에도 제법 큰 퍼즐 조각 하나가 있다. 나는 정말 탐정이라도 되는 것처럼 눈을 가늘게 뜨고 말했다.

"방금 아주 중요한 단서가 나왔네요. '어른이 되어서 봐도 좋은 내용'이라는 아버지 말씀. 즉, 그 책 내용이 단순히 어린이용은 아니라는 겁니다. '어른을 위한 동화' 같은 책일 수 있다는 거죠.《갈매기의 꿈》,《아낌없이 주는 나무》, 그리고《어린 왕자》같은 부류의 책이라고 추측해볼 수 있다는 겁니다. 이 정도만 돼도 우리가 찾아야 할 책의 범위가 많이 줄어드는 거예요. 달리 또 기억나는 게 있다면 말씀해주세요. 뭐라도 다 좋습니다."

내가 한 말을 듣더니 K씨는 "정말 대단하신데요?"라면서 손뼉을 짝짝 쳤다. 그러곤 뭔가 더 기억해내려 애쓰는 듯 얼굴을 찌푸렸다. 마침내 그녀는 뭔가 대단한 걸 떠올린 듯 손바닥으로 탁자를 탁, 하고 쳤다.

"아빠한테 미안한 마음도 있고 그래서 나중에 그 책을 조금 읽었어요. 읽었다기보다는 그냥 봤다고 해야 하겠지만요. 그림책이라고 하기엔 글자가 많았어요. 그림은 모두 흑백이었고요. 이상한 사람들이 이상한 마을에 모여 사는 이상한 이야기인데, 짧은 이야기가 이어진 단편 모음집이었던 것 같아요. 음, 내용은 전혀 기억이 안 나지만 어떤 에피소드에 개하고 고양이가 나왔어요. 배경은 농장이고. 아니면 그냥 들판인가? 어쨌든 거기 등장하는 인물 이름 중에 '얀'이라는 사람이 있었어요."

모든 노력을 다 기울였지만 안타깝게도 K씨가 기억하는 것은 여기까지였다. 몇 차례 질문과 대답이 더 오갔지만 쓸만한 정보는 나오지 않았다. 여기서 더 무언가를 끌어내려면 최면요법 같은 거라도 해야 할 판이었다. K씨가 초등학생 때 이 책을 아버지에게 받았다고 했으니 1970년대 중후반에 출판된 어떤 책일 가능성 외에 다른 단서는 책을 찾는 데 전혀 도움이 되지 않았다.

이번에는 정말로 탐정이 되어야 할 차례다. 작은 단서들을 가지고 추리를 한 다음 퍼즐 조각을 맞춰나가는 것이다. 하지만 유명한 탐정 중에서 혼자 일하는 사람은 별로 없다. 홈스에게는 왓슨이, 푸아로 곁에는 헤이스팅스가 있다. 이 사건을 함께 풀기에 안성맞춤인 사람이 금방 머릿속에 떠올랐다. 고장 난 시계를 수리해서 팔며 절판된 책을 수집하는 N씨가 바로 그다. 나는 찾기 힘든 책이 있을 때 가끔 N씨가 일하는 사무실에 찾아가 대화를 나누곤 한다. 그러면 신기하게도 눈앞에 있는 안개가 걷히고 길이 드러난다. 하지만 이번에도 그럴 수 있을까?

"먼저 '얀'이라는 이름에서부터 시작하는 게 좋겠네요. 그렇지 않나요?" N씨는 작업용 앞치마에 묻은 먼지를 손으로 툭툭 털어내며 말했다.

"그렇죠. 지금 단계에선 우리가 참조할 수 있는 확실한 단서라곤 그것 하나뿐이니까요. 얀은 과연 누굴까요?"

그러고서 우리 둘은 한동안 말없이 생각에 잠겼다. 좁은 작업실엔 시계 초침이 움직이는 소리로 가득했다. 나는 벽에 걸려 있는 시계들을 천천히 둘러봤다. 그러다 이상한 점 하나를 발견했다. 거의 모든 시계의 시간이 제각각이었다. 지금 시간과 정확히 맞는 건 한 개도 없었다. 전시해놓은 시계들이 다들 이 모양이면 방문한 손님이 N씨의 실력을 신뢰할 수 있을까? 나는 왜 시간을 제대로 맞춰놓지 않느냐고 물었다. N씨는 대수롭지 않다는 듯 대답했다.

"시계 고치는 일을 하다 보니 매일 보는 게 시계잖아요? 사무실에 앉아 있는데 벽에 있는 모든 시계의 시간이 똑같으면 어쩐지 강박적인 느낌이 들더라고요. 그래서 시간을 일부러 조금씩 다르게 맞춰놓은 거예요."

"아, 그렇군요. 뭐, 어쨌든 시간은 다 틀리지만, 시계 자체는 정상 작동하는 거니까요. 판매할 때 제대로 된 시간으로 맞춰서 손님에게 주면 되는 거군요."

N씨는 내 말을 듣고는 "그렇죠. 시간은 틀려도 시계는 정확하니까요. 모든 시계가 다 같은 시간을 가리키고 있을 필요는 없죠."라고 대답했다. 그리고 곧 뭔가 더 할 말이 있는 것처럼 입을 벌린 채 굳은 표정이 됐다. 그 순간 나도 뭔가가 번쩍하면서 머릿속을 스치고 지나갔다. 우리 둘은 거의 동시에 "아!" 하고 소리를 냈다. N씨가 먼저 말했다.

"얀이라는 이름이 반드시 사람을 가리키는 게 아닐 수도 있잖아요?"

내가 떠올린 부분도 바로 그 지점이었다. 얀이 사람이 아니라면 개나 고양이 이름일 가능성이 있다. 그리고 얀이 동물 이름이라면 그 책의 배경이 되는 국가를 예상할 수 있다. 우리나라에서 '철수'나 '영희'를 동물 이름에 잘 쓰지 않는 것처럼 나라마다 동물에 흔히 쓰이는 이름이 있다. 원작 책이 출판된 나라를 특정할 수 있다면, 책 찾는 수고를 몇 배는 줄일 수 있다. 시간을 다르게 맞춰놓은 시계처럼, 단서의 위치를 바꾸니 퍼즐 조각은 빠르게 맞춰지기 시작했다. 우리는 곧 '얀'이라는 이름으로 그 책이 슬라브 국가 어딘가에서 출판된 것이라고 추리했다. 모든 추리가 정답을 향해 있는 것은 아니겠지만, 어쨌든 책을 찾는 범위를 줄일 수 있다는 것만으로도 큰 소득이다.

이야기를 마치고 사무실을 나설 때 N씨가 허탈한 표정으로 내게 말했다.

"슬라브라고는 하지만 러시아, 체코, 폴란드……. 범위가 결코 좁은 건 아니네요. 어린이책이라고 하니《한국 근대 서양 문학 이입사 연구》같은 책을 찾아봐도 안 나오겠죠."

"틈날 때마다 도서관에 가서 찾아보는 수밖에요. 그래도 오늘 여기 온 보람이 있네요."

그날 이후 나는 정말로 틈날 때마다 도서관에 가서 동화책을 뒤졌다. 1970년대라고는 하지만 책을 펴낸 종수가 워낙 많다 보니 전체를 다 확인할 수는 없고 내 나름 기준을 정해 훑어보기로 했다. 우선 그 책은 스테디셀러일 가능성이 있다. 30대 후반 나이의 아버지가 책을 잘 읽지 않는 딸에게 선물할 정도라면 널리 알려진 재미있는 책일 거라는 게 내 생각이다. 그리고 우리나라의 당시 시대적 특성을 고려해본다면 책의 내용은 조지 오웰의《동물농장》처럼 사회

풍자 쪽이 아닐까? 어린 자녀가 어른이 되어 읽어도 좋다고 했으니 당연히 그럴듯한 추리다.

마침내 그 책을 찾은 건 도서관을 드나든 지 거의 1년 만이었다. 책의 정체는 폴란드 태생의 노벨문학상 수상 작가 아이작 바셰비스 싱어의 《바보들의 나라, 켈름》이었다. 그 책에 개와 고양이가 나오는 이야기가 있고 그중 고양이 이름이 '얀'인 걸 확인했다. 내 예상이 많이 빗나가지 않아 다행이었다. 《켈름》은 세계적인 스테디셀러이고 지금도 새로운 판본으로 서점에서 구할 수 있다. 그로부터 몇 개월을 더 수고한 끝에 나는 1979년에 두레출판사에서 펴낸 《켈름》 초판을 구해서 K씨에게 전해줄 수 있었다.

K씨가 거의 2년 만에 다시 책방에 왔을 때, 나는 왜 알지도 못하는 책을 찾고 있는지 그 사연을 물었다.

"결국, 저는 아빠가 주신 그 책을 읽지 않았어요. 그러다 고등학생 때 아빠가 병으로 돌아가셨어요. 너무 갑작스러운 일이라 저는 슬퍼할 겨를도 없었어요. 그 후로 우리 집은 자주 이사를 했고 그런 와중에 아빠에게 받은 책이 어디론가 사라졌어요. 그게 너무 후회되더라고요. 한 번이라도 읽어봤다면 제가 아빠를 더 아름다운 사람으로 기억할 수 있었을까요? 하지만 그 책은 도저히 찾을 수 없었어요. 무슨 수로 알지도 못하는 책을 찾을 수 있었겠어요?"

이제 아버지가 돌아가셨을 때보다 나이가 더 많은 K씨는 낡은 책을 받아들고 가만히 쓰다듬었다. 그녀는 잠시 후 내게 물었다.

"그런데, 무슨 수로 알지도 못하는 이 책을 찾으셨어요? 정말 신기해요."

나는 《켈름》을 종이봉투에 넣어 K씨에게 건네며 대답했다.

"책은 제가 찾았지만, 이 책이 나타날 마음이 없었다면 저는 지금도 어느 도서관 책 무더기 사이에서 헤매고 있었을 겁니다."

"책이 자기 스스로 나타나줘야 한다는 말씀인가요?"

"제 경험상 그렇습니다. 책은, 그 책을 만날 사람과 연결되어 있다는 느낌을 자주 받습니다. 책은 사람의 마음을 알고 있는 것 같아요. 그 간절한 마음을 알아보고 마침내 모습을 드러내는 거라고 할까요? 이번 경우엔 K님의 마음이 책과 통했나 봅니다. 그러니 이 책을 오래 간직해주세요. 이번엔 꼭 읽어보시고요."

K씨는 당연히 이번에는 꼭 읽어보겠다고 몇 번이나 다짐했다. 어찌 생각하면 아버지가 남긴 단 하나의 유품이기에 소중히 간직하겠다는 말도 보탰다. 책을 찾는 데 거의 2년이나 걸렸지만 기뻐하는 K씨의 모습을 보니 마음이 뿌듯했다.

책과 사람은 연결되어 있다. 그 끈이 보이지 않을 뿐. 둘은 마음으로 이어져 있기에 제아무리 억지로 몸을 움직인다고 해서 금방 만날 수 있는 건 아니다. 오직 마음으로 간절히 바라는 사람에게 책은 살며시 다가와 제 어깨를 내어준다.

근육맨

《철학입문》
로날드 J. 글로썹 지음, 이치범 옮김
이론과실천, 1986년

문화체육관광부가 2019년에 조사한 우리나라 성인 독서 실태 통계를 보면, 한 사람이 1년에 평균 여섯 권 정도 책을 읽는다. 여섯 권이라! 이건 그야말로 평균값이기 때문에 모든 사람이 각각 1년에 여섯 권씩 읽는다는 얘기가 아니다. 예를 들어, 나는 책 다루는 일을 하고 있기에 달마다 거의 서른 권 가깝게 책을 읽는다. 아마 나보다 많이 읽는 사람도 적지 않을 것이다. 반대로 말하자면 책을 거의 읽지 않는 사람도 꽤 있다는 말이다. 같은 통계자료에 의하면 성인의 48퍼센트는 1년에 책을 한 권도 읽지 않는 것으로 조사됐다. 북적거리는 마트에서 마주치는 알 수 없는 사람 중 절반이 책을 전혀 읽지 않고 살아가는 것이다.

하지만 나는 그들 중 누가 책을 읽지 않는 사람인지 골라낼 수 없다. 이마에 '독서 안 함'이라고 써 붙이고 다니는 게 아닌 이상 누가 책을 안 읽는 사람인지 어찌 알 수 있단 말인가? 그러나 미안하게도 왠지 모르게 그렇게 보이는 사람이 있다. 나는 오랫동안 책 읽기와 관련해 그런 편견을 가지고 살았다. 바로 지금 내 앞에 앉아 있는 O씨 같은 사람을 볼 때, 나는 그를 도저히 책하고 연결할 수 없다는 막연한 고정관념이 있었다는 걸 고백한다.

O씨가 책방 문을 열고 들어왔을 때, 나는 당연히 그가 가게를 잘못 알고 왔을 거라고 믿었다. 간혹 그런 사람이 있다. 이유는 알 수 없지만, 우리 책방이 화장실인 줄 알고 문을 여는 사람도 있으니까. 뭐 그런 경우는 이제 익숙해졌다. 손님은 문 사이로 고개만 내밀고는 "어? 죄송합니다. 화장실인 줄 알았습니다." 하면서 문을 닫으려고 한다. 나는 잘못 걸려온 전화를 받을 때처럼 심드렁한 목소리로 "보시다시피 여긴 화장실이 아닙니다."라고 말한다. 화장실이 아닌 건 문을 연 사람이 더 잘 알겠지만, 나는 굳이 다시 한 번 강조하면서 불편한 심기를 드러내곤 한다.

문을 열고 들어온 사람은 마치 프로레슬러처럼 덩치가 컸다. 울퉁불퉁한 근육은 또 어떻고! 옷을 다 갖춰 입고 있는데도 눈을 어디에다 둬야 할지 몰라 당혹스러웠다. 설마 이 사람은 여기가 헬스장인 줄 알고 들어온 건 아니겠지? O씨는 성큼성큼 걸어와 내 앞에 서더니 자기 이름을 말한 다음 책을 찾고 있는데 도와줄 수 있겠냐고 물었다. 걸걸한 목소리에 생김새도 제법 거친 느낌이라 나는 조금 무서웠다. 말만 부탁이지 내 처지에서 그 당시 분위기는 거의 협박을 받는 거나 마찬가지였다. 나는 단호하게 대답했지만 O씨가 듣기엔 주눅이 든 목소리였을 것이다.

"무슨 책을 찾으시는지 모르겠지만, 미리 연락을 주셨으면 제가 찾을 수 있는 책인지 말씀드렸을 텐데요."

"미리 연락드려야 하는지 몰랐습니다. 죄송합니다. 하지만 제 동생이 여기에 가보라고 했거든요. 무슨 책이든 찾아주는 책방 주인이 있다면서."

이렇게 나오니까 나는 갑자기 우쭐한 기분이 됐다. 사람 마음이란 참 묘하다. 조금 전까지만 해도 앞에 있는 사람한테 어쩌면 한 대 맞을지도 모른다는 상상을 하면서 가슴을 졸였는데 지금은 또 이렇게 깃털처럼 가벼운 마음이 되다니.

"뭐, 그런 얘기를 종종 듣기는 합니다. 하지만 저도 사람이니까요, 모든 책을 다 찾기는 어렵습니다."

"동생이 그러던데요? 책이라고 하면, 어디엔가 있다면, 어떻게든 찾아준다고요. 저를 꼭 도와주셔야 합니다. 왜냐하면 방금 사장님께 말씀드린 동생이 저한테 한 말을 알아듣기까지도 꽤 오랜 시간이 걸렸으니까요."

나는 책상 앞에 있는 의자를 꺼내 O씨에게 권했다. 그가 한 말을 들으니 아무래도 뭔가 복잡한 사연이 얽힌 이야기가 시작될 것만 같은 예감이 들었다. O씨는 자리에 앉아 말을 이었다.

"책 찾는 사연을 들려주면 그 책을 찾아주신다고 들었습니다. 그런데 너무 개인적인 사연이라서요. 그래도 괜찮나요?"

"책을 찾는 사연이야 보통은 개인적인 이야기죠. 뭐든 괜찮습니다. 편하게 말씀해보세요."

O씨는 내 말을 듣더니 바지 주머니에서 종이를 한 장 꺼냈다. 팔근육이 워낙 커서 그런 단순한 동작도 움직임이 꽤 불편해 보였다. 그는 두 번 접은 종이를 펼쳐서 내 앞에 놓았다. 글씨 같기는 한데 의미를 알기 힘든, 어쩌면 아주 어린 아기가 색연필을 손에 쥐고 그

린 첫 번째 그림이라고 해도 괜찮을 추상적인 끄적거림이 종이 위에 있었다.

"이게 뭔가요?"

내가 묻자 O씨는 맥빠진 목소리로 "저도 그걸 알고 싶네요. 혹시 사장님이라면 이게 뭔지 알아보실 수 있을까 해서 가져온 겁니다."라고 말했다. 내가 고개를 가로저으니 그는 다시 말을 이었다.

"제가 찾는 책은 로날드 J. 글로썹이라는 작가가 쓴 《철학입문》입니다. 그리고 지금 보여드린 종이는 제 동생이 쓴 건데 무슨 의미인지 저도 모르겠습니다."

"동생분께서 이걸 쓰셨다고요?" 나는 다시 종이를 살펴봤다. 여전히 외계인이 쓴 미지의 문자 같았다. O씨가 나를 보며 말했다.

"제 생각엔 아마도 책 제목이나, 뭐 그런 게 아닐까 싶습니다. 대학에서 교양과목으로 철학을 가르친 시간강사였거든요. 《철학입문》이라는 책도 동생이 가르쳐준 겁니다. 저는 평소 책을 잘 안 읽는 편인데, 그 책만큼은 읽어보라고 했습니다. 동생이 지금 이렇게 되기 전에 말이죠."

"죄송한데, '지금 이렇게 됐다'라는 게 무슨 뜻인가요?"

알 수 없는 글자가 적힌 종이부터 시간강사 동생, 근육질인 형, 그리고 동생의 지금 상황까지. 도무지 이 대화는 처음부터 갈피를 잡지 못하고 있었다.

"아, 미안합니다. 이야기의 순서가 뒤바뀐 것 같네요. 동생 얘기부터 해야 했었는데. 제가 늘 이렇습니다. 뒤죽박죽이죠. 동생도 저의 이런 성격을 견디기 힘들었을 겁니다. 시간강사로 일하던 제 동생은 반년 전 즈음 뇌졸중으로 쓰러졌습니다. 다행히 의식은 찾았지만, 여전히 사람들하고 의사소통이 쉽지 않은 상태예요. 저나 부모님도 동생이 하는 말을 거의 알아듣지 못합니다. 어렵사리 손목을 움직여서 종이에 글씨를 쓰는데, 그나마 할 수 있는 대화가 이 정돕니다."

O씨는 책상 위에 있는 종이를 집어 천천히 원래 있던 대로 접으며 말했다.

"잠시만요. 그 종이 다시 보여주시겠어요?"

O씨의 말을 듣고 난 뒤, 나는 어쩐지 종이에 쓰인 글씨를 알아볼 수 있을 것만 같은 기분이 들었다. '철학'이라는 단어를 중심에 두고 글씨를 보니 과연 익숙한 단어가 종이 위로 홀로그램처럼 떠올랐다.

"여기 첫 번째 글씨는 숫자 '6'이나 알파벳 'b'라고 생각했는데, 잘 보면 한글 자음인 'ㅂ' 같습니다. 그 옆에 있는 건 아래로 살짝 꺾인 작대기 모양이고요. 그리고 다시 오른쪽으로 가면 'ㅌ', 그 옆엔 'ㄹ'이고, 'ㄹ' 옆의 이 모양은 첫 번째 글씨인 'ㅂ'과 함께 있는 작대기 모양하고 비슷해요. 동생분께서 손의 감각을 거의 잃은 상태에서 이 글씨를 썼다면, 제 생각에 앞쪽 처음 배열은 '버트런드'입니다. 그렇다면 그 옆은 '러셀'이고요. 여기 오른쪽에 치우친 건 글자가 아니라 꺾쇠 기호라고 볼 수 있겠군요. 책 제목을 표시할 때 흔히 쓰는 기호 말이죠. 이게 책 제목이라면《서양철학사》라는 글씨일 겁니다. 확실해요."

정신없이 설명을 마친 다음 고개를 드니 O씨가 나를 이상한 눈으로 물끄러미 보고 있었다. 나는 민망해서 괜히 "음음" 소리를 내고는 종이를 다시 O씨에게 건넸다.

"뭐, 제 생각엔 그렇다는 겁니다. 정확하지 않을 수도 있지만요."

O씨는 종이를 받아 다시 살펴보고는 쩌렁쩌렁 울리도록 목소리를

높이며 말했다.

"정말 대단하십니다! 사장님 말씀을 듣고 다시 보니 그렇게 보이네요. 버트런드, 뭐라고 하셨죠? 도대체 어떻게 아신 겁니까?"

"버트런드 러셀요. 동생분 전공 분야가 철학이라고 하신 게 힌트였습니다. 철학자 이름이나 철학책 제목이라고 생각했거든요. 영국인 철학자 버트런드 러셀은 노벨문학상을 받았을 정도로 뛰어난 작가이기도 합니다. 그리고 그가 쓴 가장 유명한 철학책이 바로《서양철학사》거든요."

O씨는 고개를 끄덕이며 말했다.

"아아, 버트런드 러셀. 그게 사람 이름이었군요. 아는 만큼 보인다는 게 바로 이런 경우를 두고 하는 말이네요. 저는 동생과 달리 책이나 공부에 관해서는 문외한 수준이거든요. 어릴 때부터 운동만 좋아했어요. 도무지 책상 앞에 가만히 앉아 있지를 못하는 성격이었습니다. 보시다시피 지금도 크게 다르지는 않고요."

O씨는 가볍게 웃으면서 손바닥으로 자기 가슴을 툭툭 쳤다. 대화를 나누면서 나도 어느 사이엔가 긴장이 풀려 마음이 편안해졌다.

"자, 그러면《철학입문》을 찾으시는 사연도 들어볼 수 있을까요?"

"말씀드렸듯이 좀 개인적인 이야기입니다." O씨는 두 손을 가만히 무릎 위에 올려놓고 이야기를 시작했다.

"동생과 저는 두 살 터울인데, 어릴 때부터 혹시 부모가 다른 사람이 아닐까 싶을 정도로 성격이며 발육상태가 달랐습니다. 저는 늘 밖으로 돌아다니며 친구들과 어울렸고, 동생은 방에서 혼자 책 읽는 걸 좋아했죠. 그 녀석은 몸도 허약해서 약을 달고 살았습니다. 저는 반대로 건강 체질이고요. 공부를 잘해 좋은 대학에 진학한 동생과 달리 저는 운동에만 전념했습니다. 우리 둘의 인생은 처음부터 아예 다른 길로 가도록 정해진 것 같았습니다. 동생이 박사과정을 밟고 있을 때, 저는 체육관에 취직해 헬스 트레이너가 됐죠. 지금은 독립해서 작은 체육관을 운영하고 있습니다."

"동생분은 학위를 받고 곧장 강사가 되신 건가요?"

"처음부터 시간강사는 아니었습니다." O씨는 가만히 앉아서 이야기하는 게 어색한지 말을 하면서 어깨와 목을 조금씩 움직였다.

"나름 괜찮은 대학에서 조교수로 시작했습니다. 드디어 이 녀석의 삶도 잘 풀리는가 싶었지요. 그런데 동생은 너무 고지식했어요. 같은 학교 선배 교수가 연구비를 받아 조금씩 뒤로 빼돌리는 걸 보고 학교에 그 사실을 알린 겁니다. 학교의 반응은 의외였죠. 교수가 연구비 일부를 사사롭게 쓰는 건 관행이기 때문에 문제 될 것 없다는 거였습니다. 이 일로 동생은 학교에서 퇴출당했고 다른 학교에서 일하는 것도 힘들어졌습니다. 동생은 얼마 뒤 입시학원에 취직했습니다. 하지만 체질적으로 몸이 허약한 녀석이라 강도 높은 학원 업무를 따라가기엔 역부족이었죠. 보다 못한 저는 제가 일하는 체육관에 사무직 자리 하나가 비었으니 와서 일해보면 어떻겠냐고 제안했어요. 동생은 거절했습니다. 그때부터 우리는 사이가 조금씩 틀어졌습니다."

동생은 계속해서 공부하고 싶어 했고 O씨는 그깟 공부를 해서 무얼 하냐며 언성을 높였다. 두 사람은 워낙 다른 길을 걸어가고 있었기에 제대로 말이 통할 리 없었다. O씨는 화를 참지 못해 어느 날 동생이 쓰는 방에 들어가 책장에 있는 책을 바닥에 내팽개쳤다. 동생은 그런 형의 행동에 어찌지도 못하고 바닥에 엎드려 널브러진 책을 끌어안고 서럽게 울었다.

"그 녀석은 책을 쓰고 있다고 그랬습니다. 저는 처음 듣는 얘기였죠. 철학에 관한 자기 생각을 정리해보겠다는 거예요. 그 책 쓰기를 마치면 제가 시키는 대로 하겠다고 그랬습니다. 동생이 울면서 부여잡고 있던 건 그 원고 뭉치였습니다. 그때 동생이 제게 책을 한 권 줬습니다. 《철학입문》이라는 책인데, 손이 많이 타서 겉이 꽤 낡아 있었습니다. 그거라도 읽어보라고 하더군요. 나쁜 마음으로 한 행동은 아니었을 텐데, 다혈질인 저는 저를 놀리는 거로 받아들여서 책을 움켜잡고 찢어버렸습니다. 그 일이 있는 후 우리는 오래 서로 만나지 못했습니다."

O씨는 동생이 어느 대학에서 시간강사로 일하고 있다는 소식을 들었다. 그는 시간강사가 어떤 일인지 몰랐다. 대학에서 일하고 있으니 학원보다 편하고 돈도 많이 벌고 있을 거라고만 짐작했다. 나중에 알고 보니 시간강사는 O씨가 생각한 그것만큼 안정된 일이 아니었다. 체육관에서 일을 돕는 아르바이트 학생보다도 돈벌이가 적다는 걸 알고 경악했다. 하지만 그런 사실을 안 건 동생이 과로와 스트레스가 겹쳐 뇌졸중으로 쓰러진 다음이었다.

"다행히 의식을 찾았지만, 대화하는 건 쉽지 않은 상태입니다. 제가 동생을 그런 지경으로 몰아간 것 같아서 너무나도 마음이 아팠습니다. 제가 뭘 할 수 있을지 찾아봤죠. 그러다 문득 예전에 동생이 쓰고 있던 책 원고가 떠올랐습니다. 그때 원고 마무리 작업을 하고 있다고 했으니 제가 동생을 도와 책을 완성시킬 수 있을지도 모르겠다는 생각을 했습니다."

막연한 희망을 품고 동생의 책 원고를 다시 찾았을 때, O씨는 또다시 벽에 부딪히고 말았다. 철학에 관한 책이라 원고를 봐도 도무지 무슨 말인지 전혀 알 수가 없었다. O씨는 원고를 동생에게 가져가 자기 생각을 말했다. 일그러진 표정이었지만 동생의 눈빛에는 고마운 마음이 담겨 있었다. 그때 종이에 써준 글씨가 '버트런드 러셀, 《서양철학사》'였다.

"아마도 제 생각엔, 철학 개론서를 읽어보면 동생분의 원고에 나오는 용어와 문장을 이해하는 데 도움이 될 거라고 여겼던 게 아닐까요?"

"사장님 말씀을 듣고 보니 정말 그런 것 같습니다. 저 역시 그런 이유로 제가 찢어서 없애버린 《철학입문》을 찾고 있었습니다. 서점에 가면 살 수 있을 줄 알았는데 오래된 책이라 없더군요. 부끄럽게도 '절판'이라는 말도 그제야 알았습니다."

O씨는 고개를 숙이고 동생이 쓴 글씨가 담긴 종이를 어루만졌다. 나도 그에게 뭔가 도움이 될 만한 게 없을까 가만히 생각해봤다.

"《철학입문》은 제가 찾아보겠습니다. 동생분 말씀처럼, 어딘가에 있다면 어떻게든 찾을 수 있겠지요. 실은 그게 버트런드 러셀이 말한 철학의 방법이기도 합니다."

"그게 무슨 말씀인가요?" O씨는 눈을 몇 번 끔뻑거렸다. "철학은 인생의 답을 찾는 학문 아닌가요? 버트런드 러셀은 그 답을 찾은 건가요?"

"아뇨. 인생의 답은 마치 우주에 있는 외계문명을 찾는 것과 비슷합니다. 엄청나게 많을 수도 있지만, 없을 수도 있으니까요. 그래서 철학은 답을 찾는 게 아니라 그걸 찾아가는 과정이라고 러셀은 말하고 있습니다. 동생분이 힘겹게 찾으려고 했던 것도 답이 아니라 거기로 향해 가는 길일 겁니다."

나는 자리에서 일어나 철학책을 모아 둔 책장으로 갔다.

"우리 책방에 마침 러셀의 《서양철학사》가 한 권 있습니다. 유명한 책이라 새책을 다루는 서점에서도 살 수 있겠지만, 우리 책방에 와주셨으니 제가 이 책은 선물로 드리겠습니다. 어렵지 않은 책이니 《철학입문》을 찾기 전까지 한번 읽어보세요."

O씨는 내가 건넨 책을 받아들고는 고맙다며 허리를 숙여 인사했다. 그는 책을 한 손에 들더니 마치 운동을 하듯 팔을 위아래로 천천히 움직였다.

"이거 엄청 두껍고 무게감이 있네요. 제가 읽으려면 시간이 좀 걸리겠어요. 읽다가 지루하면 이렇게 덤벨 대신 쓸 수도 있으니 일거양득이네요. 하하."

나는 책을 종이봉투에 담아주려고 했다. 하지만 O씨는 운동 삼아 그냥 손에 들고 가겠다며 큰 손으로 두꺼운 책을 움켜쥐었다. 책방 문을 열며 나가는 그의 넓고 듬직한 등을 보고 있으니, 조만간 동생이 찾으려고 했던 그 길을 잘 이해할 수 있을 거라는 믿음이 생겼다. 그들이 함께 만날 삶의 진실이 어떤 모양인지 나는 모른다. 하지만 어디엔가 있다면, 어떻게든 찾을 수 있을 거다. 형제는 다정하게 손을 맞잡고 삶이 만들어놓은 그들만의 길 위를 걷고 있다.

아들의 여자친구가 내준 숙제

《세상을 어둡게 보는 법》
에밀 시오랑 지음, 김정숙 옮김
이땅, 1992년

나는 어릴 때부터 사고방식이 부정적이라는 말을 자주 들었다. 조금씩 고쳐나가려고 하고 있지만, 이게 본래 내 성격이라 마음먹는다고 해서 쉽사리 달라지지 않는다. 그런데 이 성격이 내가 헌책방에서 일하기 전, IT회사에 다닐 때는 여러모로 도움이 됐다.

직장생활을 잘하려면 되도록 긍정적인 마인드를 가져야 하지 않느냐고 말할 사람도 있겠지만, 내가 종사했던 컴퓨터 프로그래머라는 직종은 업무 특성상 오히려 그 반대로 생각하는 게 일할 때 편하고 결과도 좋다.

야근을 자주 하는 프로그래머들 사이에는 이런 말이 있다. "프로그램에 오류가 있으면 그걸 고치기 위해 야근하고, 오류가 없으면 있을지도 모르는 오류를 찾기 위해 야근한다." 여기서 뒤에 있는 문장은 모순이다. 없는 오류를 찾아야 할 이유는 없기 때문이다. 그러나 엄청나게 복잡한 프로그램을 만들다 보면 그런 모순을 자주 만난

다. 분명히 오류가 있지만, 일단은 프로그램이 잘 돌아가는 일 말이다. 그래서 프로그래머들은 그 오류를 '소프트웨어 버그', 줄여서 '버그'라고 한다.

말 그대로 그 오류는 거대한 프로그램에 비하면 작은 벌레처럼 사소해서 처음엔 프로그램을 실행할 때 문제가 없다. 집 안에 바퀴벌레 몇 마리 정도 같이 살아도 당장 큰 지장이 없는 것처럼 말이다. 하지만 컴퓨터 속 벌레가 언제 문제를 일으킬지 알 수 없다. 내일, 혹은 일주일이나 몇 달 후에 갑자기 큰 문제가 터지기도 한다. 이런 일에 비하면 차라리 처음부터 오류가 있어서 실행이 안 되는 편이 속 편하다. 그냥 그 부분을 고치면 되니까.

그래서 프로그래머들은 부정적인 생각을 기본으로 갖고 있다. 열심히 만든 프로그램이지만 마지막으로 엔터키를 눌렀을 때 실행이 안 될 거라는 믿음을 가지고 있어야 일하기 편하다. 아이러니하게도 정말 그렇다.

당연히 잘될 거로 생각하고 있다가 오류가 나서 실행이 안 되면 프로그램을 빠르게 수정하기 어렵다. 지금까지 잘될 거라는 믿음만 있었기 때문에 실패에 대한 대책이 머릿속에 없어 오류를 만나면 당황한다. 반대로 안 될 거로 생각하고 있으면 다양한 오류 상황에 미리 대비하고 있는 것이니 그만큼 일 처리가 더 빠르다.

컴퓨터는 만능기계가 아니고 따라서 다양한 버그를 가지고 있다. 우리가 사용하고 있는 최신 노트북이나 스마트폰도 버그가 있어서 때때로 소프트웨어 업데이트로 오류를 수정해야 하는 걸 생각하면 이해가 될 것이다.

이런 생활을 10년 가까이 하다 보니 모든 일을 부정적으로 대하는 게 자연스럽게 습관이 됐다. 하지만 이 세상은 프로그램이 아니니까 사사건건 안 되는 쪽으로만 생각하는 건 좋지 않다. 느리지만 조금씩 바꿔나가려고 노력 중이다. 책이 가득한 공간에서 일하며 사람들을 만나는 게 이 노력에 큰 도움이 된다.

예를 들어, 얼마 전 책을 찾아달라며 나를 찾아온 P씨 같은 경우가 그렇다. 이 사람은 정말이지 내가 만나본 그 어떤 손님보다 '강적'에 속한다. 누군가 내게 부정적인 성격을 가진 전형적인 인물이 누구냐고 묻는다면 나는 단박에 P씨라고 말하겠다.

그가 책방에 들어서는 순간, 외모에서부터 상당히 무거운 기운을 내뿜고 있는 걸 느낄 수 있었다. 무협지를 보면 내공이 높은 무사 주변에는 묘한 기운이 감도는데, P씨가 딱 그 모양이었다. 어디서 본 듯한 사람 같기도 하다. 돌아가시기 전에 딱 한 번 만난 적이 있는 아동문학가 이오덕 선생의 그 꼬장꼬장한 얼굴이 생각났다.

"이쪽으로 앉으시죠. 절판된 책 찾는 걸 부탁하러 오셨지요?" 나는 최대한 정중하게, 그리고 웃는 얼굴로 말했다. 그런데 그는 바로 앉지 않고 먼저 나를 똑바로 쳐다봤다. 조금 무서운 기분마저 들었다. 이윽고 그가 입을 열었다.

"여기 사장님이신가요? 사장님을 뵈러 왔습니다만."

"네, 제가 이메일로 연락받았던 사람입니다. 오늘 오신다고 해서 기다리고 있었습니다. 직원은 따로 없습니다."

"그렇군요. 하지만 사장님이 아닐 수도 있으니 확인해보는 것도 나쁘지는 않겠지요." 그는 한 손으로 의자를 당겨 앉았다. 나는 P씨가 한 말이 틀린 건 아니지만, 꼭 그렇게까지 말해야 하나 싶은 생각이 들어서 살짝 기분이 나빴다.

"어떤 책을 찾으시는지 말씀해주세요. 그리고 왜 그 책을 찾으시는지도 듣고 싶습니다. 이메일로 말씀드렸듯이 책을 찾아드리는 대신 수수료로 사연을 받고 있으니까요."

"그런데, 정말로 책을 찾을 수 있는 겁니까? 반드시 찾을 수 있다는 보장을 할 수 있는 것도 아닐 텐데 이런 일을 하시다니 좀 의외로군요."

이 정도 즈음 되면 부정적인 성격을 넘어서 아예 의심증 같은 게 아닐까 싶기도 하다. 책을 못 찾는다는 생각을 하고 있으면 왜 여기까지 찾아온 걸까. 나는 그게 더 궁금했다. 하지만 그런 식으로 받아쳤다가는 말싸움이 될 수도 있으니 참기로 한다. 아아, 사회생활이란 정말 피곤한 것이다.

"책을 아예 못 찾는 경우도 더러 있지만, 시간이 걸리더라도 기다려주신다면 찾아보겠습니다. 이 세상에 존재했던 책이라면 못 찾을 이유는 없다고 생각합니다." 이렇게 말하면서 나는 존재하지도 않는 책을 찾아달라는 부탁을 받고 한동안 헛수고를 했던 어떤 사건을 떠올렸다. 설마 이번에도 그런 일은 아니겠지, 라고 생각하면서 미리 방어선을 그었다.

"실례가 됐다면 죄송합니다. 제가 성격이 좀 부정적인 면이 있어서요. 하지만 사업체를 경영하면서 이런 성격 덕도 많이 봤다고 믿습니다. 모든 걸 다 믿었다면 우리 회사는 벌써 없어졌을 겁니다. 저는 무슨 일이든 부정하고 의심하는 것에서부터 출발한답니다. 실은 이번에 책을 찾게 된 이유도 저의 이런 성격이 시작이었습니다."

별로 맘에 들지 않는 성격이지만 대체 어떤 이야기가 나올지 궁금했다. 나는 수첩을 꺼내 P씨가 하는 이야기를 받아 적었다.

P씨의 가족은 아내와 갓 대학을 졸업한 아들, 이렇게 셋이다. 아들에게는 얼마 전부터 교제를 시작한 여자친구가 있다. 평소 상당히 가부장적인 태도로 아들을 대했던 P씨는, 애인이 있으면 부모에게 소개하고 교제를 허락받는 게 당연한 것 아니냐면서 여자친구를 집에 데려오라고 했다. P씨의 아들은 울며 겨자 먹기 식으로 며칠 후 여자친구를 집에 초대했다.

"두 사람을 앞에 두고는 연애란 무엇이냐, 결혼이란 또 무엇이냐, 하는 주제로 꽤 오랫동안 설교를 했죠. 사랑이라는 게 뭡니까? 그냥 감정이잖아요. 싫든 좋든 감정은 영원하지 않은 것이니 그런 이유로 서로 사귀고 있다면 그만두라고 했습니다. 그랬더니 아들 녀석 옆에 앉은 아가씨가 대꾸하더군요. 사랑이 감정이라서 영원하지 않다면, 눈에 보이는 실체만 보고 판단해서 누군가를 좋아해도 되냐는 거예요. 저는 눈에 보이고 만질 수 있다 해도 영원한 것은 아니니까 그 또한 의미가 없다고 했어요."

이쯤 되니 듣고 있던 내가 당사자도 아닌데 화가 날 지경이었다.

"그렇게 말씀하실 거면 아드님 여자친구 분을 왜 초대하셨는지 모르겠네요. 듣고 싶은 대답이 따로 있으셨나요?"

"이런 일에 정답이 어디 있겠습니까? 두 사람이 사귀는 걸 반대하려고 그 자리를 만든 건 아니었습니다. 실제로도 그렇게 말했고요. 이 정답 없는 세상에서 두 사람이 힘을 합쳐 뭔가 의미라고 부를 수 있는 걸 찾아보라는 말을 해주고 싶었습니다."

곧이어 P씨 가족은 함께 저녁 식사를 했고 그러는 동안 이렇다 할 특별한 일은 없었다. 그런데 이 부분에서 P씨가 갑자기 환하게 웃으면서 자세를 고쳐 앉았다. 한없이 어둡고 무뚝뚝해 보이는 사람인데 웃으니까 한순간 표정이 밝아졌다. P씨가 웃은 이유는 아들의 여자친구가 마지막으로 인사를 하고 돌아가려는데 느닷없이 자기한테 숙제를 내줬기 때문이다.

P씨가 장난스러운 표정으로 말했다. "제가 말했던 그 '의미라고 부를 수 있는 것'이 무엇인지 찾아보겠다고 하더군요. 그러면서 제게 에밀 시오랑이라는 작가가 쓴 책 《세상을 어둡게 보는 법》을 찾아서 읽어보라는 거예요. 대학교 다닐 때 교수님이 알려준 책인데 절판되어서 실은 자기도 읽어보지 못했답니다. 하지만 제가 읽으면 분명 마음에 들어할 내용이라고 했습니다. 저는 흔쾌히 제안을 받아들였습니다. 당당한 태도가 아주 멋있어 보였거든요. 제 아들 녀석이 그런 성격은 좀 배웠으면 좋겠더군요."

에밀 시오랑은 1911년에 루마니아에서 태어난 작가로 제2차 세계대전 이후 파리에 정착해서 모국어 대신 프랑스말로 책을 쓴 사람이다. 쇼펜하우어의 부활이라고 할 만큼 그가 쓴 글은 온통 독설투성이다. 이런 특유의 철학 때문에 어떤 독자들은 에밀 시오랑의 책이 현대의 성경이라며 열광적인 찬사를 보낸다. 반면 살아가는 데 전혀 도움이 안 되는 무의미한 소리만 늘어놓는 불평쟁이의 넋두리에 불과하다며, 그의 책은 읽을 가치가 없다고 평가하는 사람도 많다.

"과연 그 정도로 부정적인 성향의 손님이라면 에밀 시오랑하고 잘 맞겠네요."

한껏 몸을 숙인 자세로 분해된 손목시계를 들여다보던 N씨가 내 얘기를 듣더니 고개도 들지 않고 말했다. 내가 책을 찾을 때 많은 도움을 주는 N씨의 공식적인 직업은 중고시계 판매상이다. 하지만 워낙 책을 좋아해서 사무실에는 시계만큼 책이 빽빽하게 들어차 있다.

그는 내가 어떤 책에 대해서 말하면 그 책을 찾아주기도 하고 가끔은 책이 있는 곳을 알려주기도 한다. 오늘은 P씨가 찾는 책에 관해 물어보러 온 것이다.

나는 작은 의자에 앉아서 벽에 가득 걸려 있는 시계들을 보며 물었다. "N님은 시계를 고칠 때 어떤 마음가짐으로 하시나요? 모든 시계를 다 고칠 수 있다고 믿는 편인가요?"

"어려운 질문이네요." N씨는 고개를 들어 나를 쳐다보며 말했다. "모든 시계는 사람이 만든 거니까, 당연히 사람이 고칠 수 있다고 믿죠. 저는 시계를 수리하고 마지막으로 뒤판 뚜껑을 닫았을 때 시곗바늘이 움직이지 않을 거라는 생각은 아예 안 해요. 왜냐면 저는 이 작고 보잘것없는 도구들을 좋아하고, 또 저 자신을 믿으니까요. 사실 이게 에밀 시오랑의 철학이기도 합니다."

N씨는 수수께끼 같은 미소를 지으면서 일주일 뒤에 다시 한 번 오라고 했다. 에밀 시오랑은 자기도 좋아하는 작가라 《세상을 어둡게 보는 법》 초판을 마침 갖고 있는데 집에 워낙 책이 많아서 주말 동안 찾아보겠다는 거다.

나는 미리 챙겨온 세이코 쿼츠 시계를 책상 위에 올려놓았다. 1980년대 일본에서 생산된 것으로 내가 아끼는 시계 중 하나다. "생각보다 책을 빨리 찾게 됐네요. 고맙습니다. 온 김에 시계 수은전지 교체도 하고 갈게요."

"수은전지는 만 원인데 3만 원 내고 가요. 2만 원은 책값하고 위험수당입니다. 책이 워낙 많이 쌓여 있어서 뒤지다 보면 책이 무너져서 다칠 수도 있거든요." N씨는 다시 고개를 숙이고 작은 시계 속으로 기어들어갈 듯 몸을 움츠리며 말했다.

약속대로 N씨는 가지고 있던 에밀 시오랑의 책을 내게 넘겨주었고 그것은 다시 P씨에게 전해졌다. 《세상을 어둡게 보는 법》의 원서 제목은 'Histoire et Utopie'로 우리말로 하면 '역사와 유토피아'다. 이 제목이 너무 딱딱하다고 판단한 편집자가 책을 출판할 때 제목을 바꾸었던 모양이다.

P씨는 책을 받아 보더니 "염세주의 철학자라고 들었는데 유토피아에 관한 책이라니, 흥미롭군요."라고 하면서 가볍게 웃었다. 나는 오랜만에 책 찾는 일이 너무도 쉽게 끝나 시원하면서도 한편으론 아쉬운 마음이 들었다.

"책을 다 읽으시고 여유가 되면 나중에 책방에 들르셔서 제게도 책 얘기를 들려주세요. 무슨 내용인지 궁금한데 저도 못 읽어봤거든요."

막상 그렇게 인사는 했지만 나는 그가 다시 오지 않을 것 같은 기분이 들었다. 아니면 그저 그렇게 믿고 있는 게 속 편한 일이라 그랬는지도 모른다. 곰곰이 돌이켜보면 나는 부정적인 사람이 아니라 늘 그렇게 편한 방향으로만 생각하는 습관을 키워왔던 게 아닐까? 한동안 이런 고민을 하느라 마음이 복잡했다.

그런데 한 달 정도 지난 다음 정말로 P씨가 다시 책방에 왔다. 그는 가방 속에서 그날 가져갔던 에밀 시오랑의 책을 꺼내 내 책상 위에 놓았다.

"짧은 책이라 금방 읽을 줄 알았는데 꽤 오래 걸렸습니다. 좋은 내용이더군요. 개인적으로 공부가 많이 됐습니다. 제 생각과 행동에 대해서 반성도 했고요."

"그럼, 선생님 생각이 이제는 조금 긍정적인 방향으로 변했나요?" 나는 책을 집어 들며 말했다.

"사람이 어디 그리 쉽게 바뀌겠습니까? 저는 여전히 부정적인 사고방식을 버리지 못했습니다. 오히려 이 책 때문에 기운을 얻었는걸요. 책을 읽으면서 부정적인 생각도 충분히 생산성 있는 결과로 발전시킬 수 있다는 희망을 봤습니다. 세상과 자신을 갉아먹는 부정 말고, 모든 것에는 언제나 새로운 방향이 존재한다는 걸 고민하는 생산적인 부정 말입니다."

그렇게 말하면서 P씨는 책의 본문 중 한 부분을 펼쳐서 내게 보여줬다. 거기엔 "원한다는 것의 완전한 의미는 원한다는 사실을 모르는 것이며, 의지의 작용 위에 어떤 압력도 행사하기를 거부하는 것이다."라는 아리송한 문장이 있었다.

"자신이 원하는 것을 확실히 알고 있는 사람만이 그 원한다는 사실에서 해방될 수 있다는 의미로 저는 이해했습니다. 더불어서 앞으로는 회사에서 일할 때나 집에서도 너무 고집스럽지 않게 행동해야겠다는 다짐을 했습니다. 왜냐면 결국 그 고집이 제가 원하고 찾으려던 것이니까요. 시대를 역행하는 고집이 아니라 아주 조금씩이라도 날마다 앞으로 나아가는 건전한 고집쟁이가 되려고 합니다."

P씨는 책을 다시 덮어서 내게 건넸다. 그러곤 언제 기회가 되면 다시 만나자는 인사와 함께 가볍게 고개를 숙였다. 책방의 나무문이 끼익 소리를 내며 열렸다.

"선생님, 이 책 가져가셔야지요." 여전히 내 손에 들려 있는 책을 보고 화들짝 놀라 손님을 불러세웠다. P씨는 내 목소리를 듣고 멈춰 서서 돌아보더니 웃으며 말했다.

"저는 다 읽었으니 가지고 계시다가 다른 분에게 판매하세요. 누군가에겐 또 꼭 필요한 책일 테니까요. 팔기 전에 주인장도 한 번 읽어보시고."

나는 책을 손에 들고 뭐라 대답해야 할지 몰라 그저 "네, 그리하겠습니다. 고맙습니다."라고 인사하며 고개를 숙였다. '웃으시니까 좋아 보이시네요.'라고 뒤에 덧붙이고 싶었지만 그 말은 하지 않았다. 누구든 저 웃음을 보면 좋은 기분이 들 테니까. 굳이 말하지 않아도 되겠지 싶었다.

이 일을 겪은 후 제법 시간이 지났지만, 여전히 나는 조금 부정적인 성격 그대로다. 하지만 에밀 시오랑의 책이 얼른 팔리지 않아 몇 번 더 읽어본 덕분에 P씨가 말했던 '건전한 고집'이 무엇인지 조금은 알게 되었다. 이젠 프로그래머도 아니고 컴퓨터 따위와 씨름하지 않아도 되니까 굳이 부정적인 잣대로 세상일을 판단할 필요는 없겠지. 그렇게 내 마음과 대화하면서 오늘도 헌책방 문을 열어둔다.

K씨의 조용한 오후

《앙데스마 씨의 오후》〔현대세계문학전집 2〕
마르그리트 뒤라스 지음, 곽광수 옮김
신구문화사, 1968년

우리 두 사람은 낡은 책 한 권을 사이에 두고 마주 앉았다. 시간은 오후 4시 15분 전. 이 애매한 약속 시각은 K씨가 정한 것이다. 여섯 달 전, 그는 내게 이 책을 찾아달라고 부탁했다. 그날도 우린 지금과 마찬가지로 마주 앉아 있었다. 그런데 지금 그의 얼굴은, 불과 반년밖에 지나지 않았는데도 마치 몇 년 만에 만난 것처럼 늙어 보였다.

"기분 탓이 아니라 정말 그래요. 일흔 살 먹은 사람은 10대 소년보다 시간이 더 빠르게 흐른답니다."

K씨는 책 위에 주름이 가득한 손을 얹고 가볍게 쓰다듬으면서 그렇게 말했다. 신구문화사에서 1968년에 전체 여섯 권으로 펴낸 현대세계문학전집 2번 초판. 이 책에는 르 클레지오, 망디아르그, 그리고 마르그리트 뒤라스의 소설이 함께 실려 있다. K씨는 이 중에서 뒤라스의 작품 《앙데스마 씨의 오후》를 특별히 지목하며 책을 찾고 싶다고 했다.

"앙데스마 씨. 어느덧 내가 이 사람의 나이와 비슷해졌어⋯⋯." K씨는 눈을 천천히 감았다가 떴다.

"고등학생 때 이 책을 처음 읽었다고 하셨죠? 다시 읽어보시면 감회가 새롭겠네요."

"그렇고 말고요. 어쩌면 전혀 다른 소설 같겠지요."

K씨는 자꾸만 어떤 말들이 입속에서 맴돌고 있는지 가끔 입술을 살짝 움찔거렸다. 마침 책방에 손님이 드문 평일 오후 시간이기도 해서 나는 차를 한 잔 끓여 내왔다.

"어릴 때 이 책을 어떻게 읽으셨는지 듣고 싶네요. 저는 어르신이 뒤라스를 읽으셨을 때 아직 태어나지도 않았거든요. 괜찮다면 가시기 전에 잠시 그 얘기를 들려주실 수 있을까요?"

"허허, 그런 이야기는," 하면서 K씨는 웃었다. "내 자식들도 여태 들려달라고 한 적이 없어요. 애들은 돈 버느라 바빠서. 내가 앙데스마 씨였다면 다른 삶을 살았을까요? 아아, 이런. 중간을 다 날려버리고 마지막 말만 했군요. 미안합니다. 그럼, 기억을 좀 살펴볼까요? 이젠 나이가 들어서 몇몇 부분은 정확하지 않을 수도 있지만, 양해를 부탁드립니다."

K씨는 차를 한 모금 마신 뒤 책을 펼쳐서 《앙데스마 씨의 오후》가 시작되는 첫 부분을 펼쳤다.

"그것은 길을 왼쪽으로 빠져나왔다⋯⋯. 이게 첫 문장이군요. 기억나요. 정확해. 이건 개에 대한 설명입니다. 첫 부분에 개가 나와요. 앙데스마 씨는 어느 저택의 테라스에 놓인 의자에 앉아 이쪽으로 오고 있는 개를 보고 있어요. 그는 일흔 살이 넘었고, 우리 동네에도 떠돌이 개들이 있었어요. 봄이었습니다. 나는 고등학교 3학년이었고요. 중요한 시기죠. 대학 입시는 학생과 부모 모두에게 힘든 일입니다. 나로 말하자면, 줄곧 우등생이었어요. 그 말은, 내가 무슨 대학을 가든지 담임 선생님은 물론 동네 사람 모두가 관심이 있다는 뜻입니다. 나는 광주제일고등학교에 다녔어요. 시험성적은 매번 1등이었고 사람들은 내가 앞으로도 1등 외에 다른 건 하지 않을 거라 믿었어요. 나는 그 믿음에 보답하기 위해 공부해야만 했어요. 어떻게 들릴지 모르겠지만, 당시 나는 꿈 같은 게 없었어요. 1등을 받는 게 유일한 목표였으니까요. 모나지 않은 성격 탓에 학창시절 기억에 남을 만한 일탈 행동도 전혀 없었어요. 친구도 없었고. 여학생은커녕 남자애들 중에서도 친하게 지낸 급우가 없었을 정도예요. 나는 책을 좋아했어요. 그러니까 소설 속에 있는 등장인물들이 유일한 친구였어요. 3학년이 됐을 때, 부모님께서는 책을 사줄 테니까 원하는 게 있으면 말해보라고 했어요. 이제 입시를 준비해야 하니까 뭔가 힘이 될 만한 선물을 주시려는 거였죠. 두말할 것도 없이 신구문화사 현대세계문학전집을 사달라고 했어요. 어느 날 시내 서점에 갔다가 벽에 그 책 광고가 붙은 걸 봤거든요. 여섯 권짜리 세트였는데 목차를 보니 존 파울즈, 업다이크 같은 신진 작가들 작품이 여럿 들어가 있어서 읽어보고 싶었죠. 기회가 되면 부모님께 사달라고 부탁해야겠다 생각하고 있었어요. 그런데 주인장은, 뒤라스를, 그 작가의 작품을 읽어봤소?"

K씨가 갑자기 화제를 고쳐 뒤라스 얘기를 꺼내자 가만히 이야기를 듣고 있던 나는 당황해서 잠시 머뭇거렸다. 생각해보니 뒤라스의 작품을 많이 읽어보지는 않았다.

"《히로시마 내 사랑》하고 《연인》은 읽어봤습니다. 워낙 유명한 작품이니까요. 그리고 죽기 얼마 전에 쓴 《이게 다예요》도 읽었습니다. 고종석 번역으로요. 그건 짧은 책이었습니다. 《앙데스마 씨의 오후》는 처음입니다. 솔직히 뒤라스의 작품 중에 이런 소설이 있다는 것도 이번에 책을 찾으면서 알았습니다."

K씨는 고개를 끄덕였다. 그러곤 탁자 위에 있는 책을 내게 건네면서 '발레리'가 나오는 부분을 찾아달라고 했다. 나는 발레리가 타고 있는 검은 자동차가 나오는 부분을 손가락으로 짚으며 "여기서 처음 나오네요."라고 했다.

"발레리……." K씨는 숨을 가득 들이마신 다음 말을 이었다.

"금발이라는 것 외에 발레리의 생김새는 자세히 나오지 않지만 나는 그녀를 맘대로 머릿속에 그려보면서 묘한 감정을 느꼈어요. 《앙데스마 씨의 오후》는 뒤라스가 《연인》으로 유명해지기 한참 전에 쓴 거예요. 노인에 관한 이야기지만, 고등학생인 내가 이 책을 처음 읽었을 때는 전혀 그렇게 보지 않았지. 당연히 그랬어요. 노인은 젊을 때 사업을 해서 돈을 많이 모았답니다. 돈은 많았지만 다른 건 별로 남은 게 없었어요. 아내는 먼저 세상을 떠났고, 가족이라곤 이제 열여덟 살이 된 딸 발레리 하나뿐입니다. 앙데스마 씨는 발레리를 끔찍이 아낍니다. 원하는 건 뭐든 다 해줘요. 발레리는 마을에서 외따로 떨어진 숲에 있는 별장 하나를 사달라고 합니다. 앙데스마 씨는 그걸 사줬어요. 딸은 그 별장 테라스를 멋지게 꾸며달라고 합니다. 앙데스마 씨는 그러겠다고 했습니다. 그래서 지금 건축업자인 미셸 아르크라는 사람에게 견적을 받기 위해 그를 기다리고 있습니다. 한데 그이는 약속 시각이 한참 지났는데도 오지 않고 있어요. 이게 소설 내용의 전부입니다. 처음 읽었을 때는 어처구니가 없었죠."

"그런데, 발레리의 어떤 점에 그렇게 끌리셨나요? 소설을 읽어보니 발레리가 나오는 부분이 아주 적던데요?"

내가 중간에 말을 끊자 K씨는 깜짝 놀라며 미안하다고 했다.

"아참, 발레리 이야기를 하고 있었지. 나이가 드니까 생각하고 말이 잘 맞지 않고 왔다 갔다 합니다. 맞아요, 발레리는 소설에 거의 안 나오죠. 앙데스마 씨의 회상 장면에서 그 모습이 잠깐씩 비칠 뿐이랍니다. 하지만 그렇게 보일 듯 말 듯 등장하는 게 오히려 가슴을 설레게 했어요. 소설을 읽으면서 별별 상상을 다 했죠. 테라스를 멋지게 꾸민, 숲에 둘러싸인 그 별장에서 발레리와 결혼해서 함께 사는 꿈도 꿨어요. 그때까지 제주도도 한 번 못 가봤지만, 남프랑스에 있다고 하는 그 마을의 모습을 제멋대로 머릿속에 그렸습니다. 발레리는, 그러니까 저의 첫사랑이나 마찬가지입니다. 하하."

K씨는 발레리 덕분이었는지 더욱 힘내서 공부할 수 있었다. 처음엔 전남대학교를 목표로 하고 있었지만, 그는 서울대학교에 진학했다. 동네에선 잔치가 벌어질 정도였다. 하지만 그 이후 K씨의 삶은 그야말로 무미건조함뿐이었다. 대학을 졸업한 다음 곧장 큰 회사에 들어갔다. 거기서 계속 일했고, 결혼은 중매로 했다. 자녀는 아들 둘에 딸 하나. 지금은 모두 성장해서 자기 생활을 하고 있다. K씨보다 연상인 아내는 몇 해 전 먼저 세상을 떠났다. 소설 속 앙데스마 씨처럼 그에게 지금 남은 것은 단독주택 한 채와 많은 돈이 들어 있는 통장, 그리고 무료한 생활뿐이다.

"여전히 나는 책을 좋아해요. 하지만 이제는 새로운 책을 읽을 힘이 별로 남지 않았어요. 그래서 예전에 읽었던 책을 다시 보고 싶은 겁니다. 캐나다 피아니스트 글렌 굴드처럼요. 그는 자존심이 있어서 같은 곡을 두 번 레코딩하지 않았다는군요. 그런데 바흐 골드베르크 변주곡만큼은 두 번 했어요. 데뷔할 때 연주했던 걸 생의 후반에 다시 했죠. 나는 그 음반을 둘 다 갖고 있답니다. 이런, 또 쓸데없이 말이 너무 길어졌군요. 발레리를 다시 만나게 해주셔서 고맙습니다. 이번에 다시 읽으면 아마도 앙데스마 씨에게 더 집중할 수 있겠지요. 나도 그의 나이가 됐으니까요. 소설 속 그의 모습처럼 내 시간도 이제 얼마 남지 않은 걸 느껴요. 그래도 나는 약속을 잘 지키며 살았습니다. 건축업자 미셸 아르크는 4시 15분 전에 온다고 해놓고 해가 질 때까지도 나타나지 않았잖아요? 오늘 나는 딱 그 시간에 왔어요. 그렇지 않나요?"

"네, 맞습니다. 정확히 그 시간에 오셨어요. 오늘 이야기 들려주셔서 감사합니다. 어르신께서 들려주신 이야기는 다른 사람들 이야기하고 같이 언젠가 책으로 엮여 나올 겁니다. 책을 보여주면 자녀분들도 좋아하지 않을까요?"

K씨는 책을 들고 자리에서 일어나며 고개를 저었다.

"그 책을 읽어보지도 않을 겁니다. 지금껏 내 얘기를 귀담아들었던 적이 없어요. 내 잘못이 커요. 그 얘긴 혹시 또 기회가 닿는다면 해 드리리다. 기회가 있다면……."

K씨는 그렇게 아리송한 말을 남긴 채 책방 문을 열고 나갔다. 한동안 나는 그 말이 무엇을 뜻하는지 짐작조차 하지 못했다.

그리고 해가 두 번 바뀐 어느 날, K씨와 나는 정말로 두 번 다시 만날 기회가 없다는 걸 알게 됐다. 그가 세상을 떠났다는 부고 문자를 받은 것이다. 이 문자는, 장례업체 쪽에서 망자의 휴대전화에 저장되어 있던 연락처를 보고 한꺼번에 보낸 듯했다. 나는 검은 정장을 꺼내 입고 그날 밤 장례식장에 갔다. 은퇴했다고는 했지만, 사업을 하던 분이라 조문객이 적지 않았다. 자녀들이 모두 바빠 보였기에 나는 인사만 간단히 하고 돌아왔다.

그로부터 한 달 정도 흘렀을 때, 전화 한 통을 받았다. 그는 자기가 K씨의 둘째 아들이라고 밝혔다.

"다름이 아니라, 돌아가신 부친이 보시던 책을 좀 정리하려고 합니다. 쓰시던 지갑에 사장님 명함이 들어 있어서 전화드렸습니다. 와주실 수 있나요?"

"네, 방문하겠습니다. 어르신께서는 몇 년 전에 저희 책방에 오신 적이 있습니다. 그때 책을 한 권 찾아달라고 부탁하셨거든요."

"아, 그렇군요. 죄송한데 제가 지금 업무 중이라서요. 문자로 주소 보내겠습니다. 그쪽으로 와주시면 됩니다."

그는 매우 심드렁한 목소리로, 실은 업무 중인 게 아니라 귀찮아서 그러는 것처럼 건성으로 대답하고는 급히 전화를 끊었다. 나는 그의 태도에 기분이 상했지만 하는 수 없이 더 말하지 않고 문자 보내달라고만 하고 대화를 마무리했다.

K씨가 살던 집은 오래됐지만 꽤 잘 지은 2층 주택이었다. 마당엔 그가 살아 있을 때 직접 관리했을 게 분명한 나무와 꽃이 그대로 있었다. 집에 들어가 보니 거실에 큰 책장 세 개가 먼저 보였다. 거실 한쪽에 있는 문을 열고 들어가니 크지 않은 방에도 책이 좀 있었다. 그곳은 K씨가 서재로 쓰던 곳이었을 것이다. 책은 모두 500권 정도 되어 보였다. 거실엔 내게 전화를 했던 둘째 아들과 그의 아내가 있었다.

"거실하고 작은 방에 있는 책이 전부입니다. 저희가 이 집을 쓰게

돼서요. 여기 거실 벽에는 텔레비전을 설치할 예정입니다. 혹시 책하고 같이 책장도 처분할 수 있을까요?"

둘째 아들의 목소리는 전화기로 들었던 것보다 실제가 더 기분 나빴다. 하지만 나는 K씨를 생각하며 마음을 다잡았다.

"책장은 제가 가져가도 쓸 수 없을 것 같습니다. 주민센터에서 대형폐기물 배출 스티커를 사서 붙이고 집 앞에 내놓으시는 게 좋겠네요."

"그건 저도 알고 있습니다. 하지만 책장이 여러 개라서 비용이 만만치 않더라고요."

빈정거리듯 내뱉는 그의 말을 듣고 나는 당장이라도 욕지기가 나올 것 같은 감정을 간신히 참았다. 책장은 거실에 세 개, 작은 방에는 한 개뿐이라서 처리 비용이라고 해봐야 2~3만 원 정도 들 것이다. 부친의 집을 그대로 물려받았으면서 그 정도 돈이 아깝다니. 화가 났지만 나는 아무 말 하지 않고 책과 책장을 함께 가져가겠다고 했다. 결국 K씨 집에서 가져온 책장은 내가 비용을 내고 스티커를 사 붙여 내놓았다.

돌아와서 가져온 책을 풀어놓고 정리해보니 2년 전 내가 찾아드렸던 《앙데스마 씨의 오후》도 있었다. 뒤라스의 소설 부분만 종이가 닳은 걸 보니 그 이후 몇 번 더 읽은 것 같았다. 본문 중간에는 카드 모양으로 얇게 만든 돋보기도 들어 있었다. 그걸로 작은 글씨를 확대해서 읽고 책갈피 대신 끼워놓은 모양이다.

소설 마지막 부분을 보면, 앙데스마 씨는 발레리가 동네 유부남을 유혹해 사귀는 것 같다는 얘기를 듣고도 크게 동요하지 않는 장면이 나온다. 그에게 남은 마지막, 그리고 유일한 사랑이 바로 발레리였기 때문이다. K씨 역시 그의 자녀를 사랑했을까? 모를 일이다.

한동안 팔리지 않고 우리 책방 서가에 남아 있는 뒤라스의 소설을 볼 때면 나는 언제나 K씨가 생각난다. 일흔 살이 아닌 고등학생 K씨 말이다. 사람이 죽으면 그가 가장 행복했던 나이로 돌아가 새로운 삶을 산다는 말을 들은 적이 있다. 어쩌면 K씨는 지금 남프랑스의 포근한 하늘 아래 어딘가에 있는 작은 별장 테라스에서 발레리와 함께 행복한 나날을 보내고 있을지도 모르겠다.

그리고 모험은 계속된다

《모험소설》
잭 런던 지음, 조애리 옮김
한울, 1992년

가수 김광석이 아직 살아 있던 때, 나는 대학로 소극장에서 그의 공연을 몇 번 본 일이 있다. 김광석은 노래도 물론 잘했지만, 중간중간 작은 목소리로 들려주는 이야기가 재미있어서 관객들을 자주 웃게 했다.

한번은 그가 무대에서 노래를 하나 마치더니 아주 의미심장하게 "이번에 들려드릴 곡은, 가수의 인생은 자기가 부른 노래 가사처럼 된다고 해서 한동안 안 불렀던 겁니다."라고 했다. 사람들은 조용히 그가 이어서 무슨 말을 하려는지 귀 기울였고 몇몇은 이미 키득거리며 웃었다. 그 얘기는 김광석이 공연 때마다 자주 하는 레퍼토리 중 하나였다.

김광석은 이제 부를 곡 제목이 "거리에서"라면서 웃었다. 관객들도 큰 소리로 따라 웃었다. 나는 객석에 앉아서 연주를 들으며 노래뿐만 아니라 모든 예술작품이 그와 비슷한 운명을 갖게 되는 것은 아닐까, 하는 우스운 상상을 했다. 책이라면 어떨까? 책도 제목에 따라 그 운명이 정해진다고 하면 작가와 편집자들의 머릿속은 분명 더 복잡해질 것 같다.

그런데 정말로 그런 신기한 책을 만난 일이 있다. 제목은《모험소설》. 미국 작가 잭 런던의 대표작인 〈황야의 부름〉과 함께 〈길The Road〉이라는 소설이 들어가 있는 책이다. 〈길〉은 작가 본인이 가난했던 떠돌이 시절을 회상하며 쓴 이야기로, 기차를 훔쳐 타거나 남의 집 문을 두드려 음식을 구걸하는 일화 등을 매우 사실적으로 묘사하고 있다.

L씨는《모험소설》이라는 책을 찾고 있는데 자기가 지금 몸이 불편하니 집으로 방문해달라며 양해를 구했다. 지금에 와서 하는 말이지만, 책 한 권 때문에 그렇게 고생할 줄 미리 알았다면 그때 L씨를 보러 가지 말았어야 했다.《모험소설》과 함께 시작되는 모험이라니. 그 누가 짐작이나 했겠는가?

L씨는 건설노동자로 일하고 있는데, 최근에 병원에서 급성 디스크 판정을 받고 치료 후 회복을 위해 종일 누워 지내는 중이었다. 그가 이렇게 된 이유는 매일 공사현장에 출근하는 힘든 일 때문이기도 했지만, 한 달 전에 부친이 돌아가시면서 받은 스트레스 탓이 컸다.

"지병도 있으셨고, 몇 년 동안 몸이 불편하시긴 했어도 이렇게 금방 돌아가실 줄은 몰랐습니다. 참 자유롭게 살다가 가신 분이에요. 저는 아버지를 존경합니다."

책 찾는 이유를 말해달라고 그랬더니 L씨는 돌아가신 아버지 얘기를 먼저 꺼냈다. 그러면서 지그시 눈을 감았다. 이런, 큰일이다. 부모님 얘기를 하면서, 게다가 눈을 감고 그런 얘기를 시작하면 내 경험상 말이 길어진다는 걸 의미한다. 나는 최대한 내색하지 않고 자세를 편하게 고쳐 앉았다.

"저는 아버지가 아나키스트 같은 분이라고 생각합니다. 당신 입으로 그런 말을 한 적은 없지만, 늘 어디에도 얽매이지 않고 사셨어요. 우리 형제에게도 그런 삶을 가르치셨고요. 제 위로는 형이 한 분 있는데, 형은 그런 아버지의 모습을 썩 좋아하지는 않았어요. 형은 돈을 따라 살았고 여전히 돈이 세상살이를 편하게 해준다고 믿습니다. 같은 부모에게서 태어났지만 우린 생김새 말고는 닮은 구석이 별로 없습니다. 곧 만나보시면 아시겠지만……."

"형님이 여기 같이 살고 계신 건가요?" 나는 이야기를 듣다가 깜짝 놀라 물었다. L씨는 침대에 누워 부자연스럽게 몸을 틀며 말했다.

"죄송합니다. 이야기를 좀 정리해서 말씀드려야 하는데 뒤죽박죽이네요. 형과 형수님은 여기서 멀지 않은 곳에 따로 삽니다. 제가 말씀드린 책을 형이 갖고 있습니다. 부끄럽지만 사장님께서 저 대신 형을 만나 그 책을 받아주십사 부탁을 드리는 겁니다."

이상한 부탁이었다. 아무리 지금 몸이 불편해서 누워 있다고는 하지만 근처에 사는 형에게 책 한 권을 받아달라며 내게 연락하다니. 이렇게까지 해야 하는 이유가 궁금했다.

"아버지는 살아계실 때 당신의 흔적을 남기지 않기 위해 노력하며 사셨어요. 살아 있을 때 후회 없이 잘 사는 것이, 죽어서 무언가를 남기는 것보다 훨씬 가치 있는 일이라고 하셨지요. 그래도 유산이 좀 있습니다. 크지 않은 집 한 채하고 평소 아버지께서 보시던 책 정도입니다. 책이 대략 천 권 정도 될 겁니다. 형은 저하고 상의도 없이 그걸 다 가져갔습니다. 저는 그러시라고 했죠. 아버지께서 떠나셨는데 유산 따위 제게 무슨 필요가 있겠어요. 하지만 아버지 서재에 있던 책 중에서 잭 런던의 《모험소설》만큼은 찾아오고 싶습니다. 그 책은 고등학생 때 아버지께서 제게 주신 책이거든요. 그 안에 아버지가 제게 주시는 짧은 메모도 함께 들어 있습니다. 그런데 형은 절대로 그걸 내줄 수 없다고 합니다. 그래서 무리한 일인 걸 알면서도 이렇게 사장님께 부탁드리는 겁니다. 죄송합니다. 이런 개인적인 일로……."

나는 이야기를 다 듣고 잠시 생각을 정리한 다음 말했다.

"그런 사연이 있는 거군요. 죄송할 일은 아닙니다. 하지만, 형님께 직접 말씀을 드렸는데도 책을 안 주신 거잖아요? 제가 간다고 해서 결과가 바뀔 것 같지는 않은데요?"

L씨는 목소리를 한껏 낮춰서 대답했다.

"그래서 제가 따로 계획을 준비해놨습니다. 형은 책을 별로 좋아하지 않거든요. 천 권이나 되는 책이라면 당연히 갖고 있기 부담스러워할 겁니다. 제가 사장님께 형님 연락처를 드릴 테니 전화를 해보세요. 좋은 가격에 책을 매입한다고 하면 흔쾌히 수락할 겁니다. 비용은 얼마가 나오든 제가 다 부담하겠습니다. 책은 사장님께서 다 가지셔도 됩니다. 값나가는 책이 많을 겁니다. 저는 아버지의 글씨가 남아 있는 잭 런던의 책 한 권만 가지면 됩니다. 그게 아버지가 남기신 유일한 흔적이거든요."

L씨는 마치 내게 애원하는 듯 목소리가 떨렸다. 말을 마치고 나자 L씨의 눈 주변으로 눈물이 흐르는 게 보였다. 그런 얼굴을 보면서 단호하게 부탁을 내칠 사람은 별로 없을 것이다. 난처한 일이었지만, 만약 일이 쉽게 풀린다면 내게도 적잖이 이익이 남는 거니까 반대할

이유가 딱히 없었다. 쉽게만 풀린다면 말이다.

나는 L씨와 함께 계획의 세부적인 사항 몇 가지를 더 의논한 다음 책방으로 돌아왔다. 곧장 L씨의 형에게 전화해서 책 얘기를 꺼냈다. 전화번호 입수 과정은 L씨가 미리 가르쳐준 대로 하니 역시 의심하지 않은 눈치였다.

"그날 장례식장에서 워낙 바쁘셨으니까요. 기억 못 하실 수도 있지요. 선생님께서 제게 명함을 주시면서 한 달쯤 후에 연락 달라고 하셔서 오늘 전화드리게 됐습니다. 그때 잠깐 말씀 나눴듯이 고인께서 남기신 책을 제가 매입해도 될까요? 가격은 말씀해주시는 금액에 제가 맞추도록 하겠습니다."

L씨의 형은 내 말을 듣고 잠시 머뭇거리는가 싶더니, 뻔뻔함과 욕심을 동시에 가진 사람들이 낼 만한 특유의 심드렁한 목소리로 대답했다.

"그때 우리가 만났었나요? 뭐, 사업 때문에 평소에 워낙 사람을 많이 만나니까요. 제가 수첩에 적어놓지 않은 걸 보니 별로 중요한 얘기는 아니었군요. 아무튼, 미안하지만 책이라면 벌써 다 처분했습니다. 장례 치르고 며칠 있다가 고물상에 다 넘겼어요."

이건 L씨조차 예상하지 못한 결과다. 나는 하는 수 없이 책을 가져간 고물상 연락처만 받아내고는 아무런 소득 없이 통화를 마쳤다. 할 수 있는 일은 하나밖에 없다. 어찌 됐든 그 고물상에 찾아가보는 수밖에. 책을 넘긴 지 벌써 2주나 지났으니 책이 아직 거기 남아 있을 확률은 낮지만, 지푸라기라도 잡는 심정으로 고물상에 찾아갔다. 결과는 참담했다.

"한 2주 전에 그 집에서 책을 가져왔죠. 기억나요. 책이 쌓여 있으니 지저분하다면서 빨리 가져가라고 독촉했는데, 주인을 만나보니 책 가격 얼마 쳐줄 거냐는 말부터 하더라고요. 책을 쓰레기처럼 대하면서 돈을 밝히다니. 좀 괘씸했어요. 어쨌든 이제 여기에 그 책들은 없어요. 일주일에 한 번씩 파지 업체가 와서 종이를 실어가거든요. 일부는 다른 헌책방 사장이 와서 가져갔고요. 오래된 책들이 대부분이라 파지 업체로 간 게 더 많아요."

그야말로 낭패였다. 만약 《모험소설》이 파지 업체 쪽으로 갔다면 게임은 끝이다. 하지만 작은 희망이라도 있다면 완전히 끝난 건 아니다. 책을 가져간 헌책방 연락처를 받아들고 곧장 그곳으로 향했다. 과연 그곳에서 잭 런던을 만날 수 있기를 기대하면서! 다행히 청계천에 있는 ○○헌책방 사장님 역시 그날 일을 기억했다.

"한 300권 정도 가져왔지. 가게 입구 쪽에 쌓아뒀는데 한번 살펴봐요. 잭 런던? 《모험소설》이라면 최근에 판 기억이 없으니까 그날 가져온 책이라면 남아 있겠죠. 한데, 그런 책은 못 본 것 같은데?"

사장님 말대로 거기 잭 런던의 책은 없었다. 혹시나 해서 가게 안쪽까지 살펴봤지만 헛수고였다. 기운이 빠졌다. 이렇게 된 이상 책은 파지 업체로 갔다고 판단할 수밖에 없다. 아쉽지만 모험은 여기서 끝내야 했다.

다음 날 나는 L씨를 다시 방문해서 그동안 겪은 일을 보고했다. 아버지의 유일한 흔적이 세상에서 영영 사라졌다는 말을 듣고 L씨는 몹시 실망했다. 하지만 어쩔 수 없는 일이었다. 나 역시 별 소득 없이 책방으로 돌아왔다.

그런데 며칠 후 뜻밖의 소식을 받고 다시 가슴이 뛰기 시작했다. 지난번에 만났던 고물상 사장님께 온 전화였다. 나는 곧장 고물상으로 달려갔다. 도착해보니 사장님은 중학생 정도 되어 보이는 청소년과 함께 있었다.

"제 손자입니다. 올해 요 근처 S중학교에 입학했고요." 사장님은 아이에게 말했다. "네가 말씀드려라. 책을 가지고 있지? 그 책 맞아?"

사장님의 손자는 책 읽기를 좋아해서 초등학교 다닐 때도 종종 할아버지가 일하는 고물상에 들러 책을 구경하곤 했다. 그러다 마음에 드는 책이 있으면 몇 권씩 가져가기도 했는데, 사장님은 그걸 별스럽지 않게 여겼다. 그러다 얼마 전 내가 고물상에 다녀간 얘기를 해줬더니 손자가 《모험소설》이라는 제목을 기억하고 있더라는 것이다.

"제목이 맘에 들어서 한번 읽어보고 싶었어요. 중간중간에 그림도 있어서 재밌었어요."

나는 심장이 요동치는 것 같았다.

"그 책을 아직 갖고 있니? 아저씨한테 보여줄 수 있어?" 내가 이렇게 말하자 소년은 어깨를 으쓱하더니 미소를 지었다.

"책은 없는데요. 학교 도서관에 기증했어요. 저는 재미있는 책이 생기면 읽고 도서관에 가져다주거든요. 친구들도 같이 읽으면 좋잖아요. 초등학생 때부터 자주 그랬어요."

자, 이제 어쩐단 말인가? 누구에게 물어볼 것도 없이 목적지는 한 곳뿐이다. 당장 S중학교로 가야 한다. 누가 그런 말을 했던가. 끝날 때까지는 결코 끝난 게 아니라고.

다음 날, 나는 S중학교로 전화를 걸어 도서관 사서 교사와 약속을 잡았다. 실낱같은 희망을 안고 찾아간 그곳에서 정말로 《모험소설》을 만날 수 있었다. L씨의 아버지가 속지에 남긴 손글씨 메모도 확인했다. 그러나 최고의 난관은 이제부터였다.

"사정은 잘 알겠는데요. 참 곤란하게 됐네요. 책을 내드릴 수는 없어요. 벌써 전산처리를 마치고 도서관 장서로 등록됐거든요. 그래도 방법이 아예 없는 건 아니에요. 똑같은 책을 구해주시면 이 책하고 바꿔드릴게요. 대신 2주 안에 책을 구해주셔야 해요. 그 후엔 책에 도서관 스티커를 붙이고 장서 직인도 찍거든요."

불행 중 다행이라며 스스로 위로의 말을 할 수밖에 없었다. 그렇다 쳐도, 거의 30년 전에 세상에 나왔다 절판된 책을 무슨 수로 2주 만에 찾을 수 있을까? 잭 런던의 책이 이제는 우리말 번역본으로 나온 종수가 많아졌다고는 하지만 아쉽게도 《모험소설》은 아직 없다. 어쩔 수 없이 30년 전에 출판된 책을 찾아야 한다. 가끔은 책을 빨리 찾기도 하지만, 그건 대개 운이었다. 2주 만에 일이 해결되는 경우는 거의 없다.

그래도 어쩔 수 없다. 힘닿는 데까지 해보는 수밖에. 나는 책과 사람 사이에 연결된 끈이 있다고 믿는다. 그 인연의 끈이 L씨와 아버지, 그리고 책을 강하게 이어주고 있다면 불가능한 것만은 아니다.

그날 저녁부터 나는 동묘와 청계천에서 가게를 운영하는 헌책방 사장님들께 전화를 돌렸다. 구할 수만 있다면 대전, 대구, 부산은 물론 어디라도 가서 책을 데려올 작정으로 거의 매일 헌책방에 연락했고 인터넷으로 책을 팔지 않는 곳에는 날마다 직접 방문해서 먼지 가득한 책더미를 뒤졌다.

책은 전혀 예상하지 못한 곳에서 나왔다. 그 책은 헌책방이나 고물상에 있지 않았다. S중학교 사서 교사는 내가 들려준 사연이 흥미로웠는지 얼마 후 다른 교사들과 함께 식사하는 자리에서 그 얘기를 꺼냈다. 그런데 마침 그 자리에 있던 다른 교사가 똑같은 책을 가지고 있던 거였다. 그는 오래전부터 잭 런던의 작품을 좋아해서 책을 모으고 있었다.

"선생님께서 흔쾌히 그 책을 도서관에 기증해주시겠다고 했어요. 정말 잘됐죠. 책이 제자리를 찾아가게 되어서 기쁘네요."

사서 교사는 수화기 너머에서 들뜬 목소리로 내게 소식을 알렸다. 나는 마치 내 보물을 되돌려받게 된 것처럼 몇 번이나 감사하다고 말한 다음 전화를 끊었다. 그러고는 곧바로 L씨에게 기쁜 소식을 전했다.

다음 날, 나는 학교에 들러서 책을 받아 L씨에게로 갔다. 내가 그동안 있었던 일을 말하자 L씨는 너무 죄송하고 또 고맙다면서 내 손을 꼭 잡았다. 나는 책을 건네며, "이 책이 맞는지 어서 확인해보시죠."라고 했다. L씨는 표지를 넘겨서 아버지가 자신에게 남긴 메모를 보여주었다. 거기엔 한자가 섞인 짧은 문장이 쓰여 있었다.

"世上(세상)은 네 것이다. 누구도 너의 人生(인생)을 奪取(탈취)할 수 없다. 네 삶을 所有(소유)하고 기꺼이 누려라."

L씨는 아버지의 글씨를 손으로 쓰다듬으며 작은 목소리로 천천히 읽었다. 나는 가볍게 인사를 한 뒤 자리에서 일어났다. 돌아서 나가려는데 L씨가 잠깐 기다리라고 하더니 침대 맡에 있는 흰 봉투를 집어서 내게 내밀었다.

"이 소설은 잭 런던이 책을 쓰기 전, 부랑자 신세였던 때를 기록한 이야기입니다. 그는 구걸을 잘하는 것도 능력이라 나름의 대가를 받는 게 부끄럽지 않다고 했어요. 하물며 책 한 권 때문에 이런 모험을 마다하지 않으셨는데 그 이상의 대가가 없다면 제가 너무 송구합니다."

몇 번 거절했지만, L씨가 워낙 완강하게 나와서 하는 수 없이 봉투를 받아 들고 책방으로 돌아왔다. 확인해보니 봉투 안에는 꽤 큰돈이 들어 있었다. 형님에게 책을 매입하려고 미리 준비해둔 돈인 것 같았다.

나는 내가 한 일 때문에 이런 돈을 받는 게 과연 정당한 일인지 고민했다. 책을 찾아 여기저기 돌아다니기는 했다. 그러나 책을 발견한 건 내가 아니었다. 나는 이번에도 운이 좋았을 뿐 아무것도 한 게 없다. 이 일을 통해 얻은 게 있다면 앞으로 책을 읽을 때 제목에 더 주의를 기울여야겠다는 값진 교훈이다. 우스개처럼 들릴지 몰라도 그것만으로 족하다. 늘 그렇듯 내가 책을 찾으면서 받는 대가는 그 책에 얽힌 멋진 사연이면 괜찮다.

며칠이 지난 다음, 나는 전에 갔던 고물상에 다시 들러 책 좋아하는 사장님 손자에게 학용품과 새 가방, 그리고 운동화를 선물했다. 책을 찾던 L씨가 감사의 뜻으로 주는 것이라고 말했다. 그리고 책을 기증했던 S중학교 교사에게도 역시 L씨가 드리는 책값이라고 하면서 남은 돈을 봉투에 넣어 드렸다.

이로써 모험은 끝났고 마음도 한결 가벼워졌다. 이보다 더 흥미진진한 또 다른 모험이 다시 있을까? 모를 일이다. 세상에 책이 있고 그 책을 찾는 사람이 있다면, 모험도 끊이지 않을 것이다.

3부
기묘한 손님들
— 기담 편

666

《오맨》
데이비드 셀처 지음, 정영일 옮김
영일문화사, 1976년 초판

책에 사악한 기운이 깃들어 있다는 얘기를 들어보신 적이 있으신지? 유럽의 중세시대 이야기냐고? 아니다. 오늘날에도 어떤 책은 소유하고 있는 것만으로 주인이 그 책에 깃든 힘을 똑같이 누릴 수 있다고 전한다. 이제부터 이야기할 《오맨》 번역 초판본에 관한 이야기는 소설이 아니라 진짜다. 평소 심약한 체질이신 분은 여기까지만 읽어주시길 당부한다.

봄이었다. R은 우리 책방에 자주 오는 단골인데 직업은 인디 가수와 의상모델 일을 겸하고 있다. R로 말하자면 손님으로 알고 지낸 지 10년이 넘었다. 처음엔 헌책방 한쪽에 작게 마련한 무대에서 노래와 연주를 하고 싶다며 나를 찾아왔다. R은 낡은 기타를 꺼내더니 데미안 라이스의 곡을 연주했다. 이어서 직접 만든 노래 두어 곡을 들어보곤 나는 그를 우리 책방 문화행사인 '심야책방' 무대에 올리기로 했다. 노래도 잘했지만, 훤칠한 키에 이국적인 외모의 R은 무대에 섰을 때 손님들에게 인기가 좋을 것 같았다.

그런데 R의 외모가 자꾸 신경 쓰였다. 어디서 많이 본 듯 익숙한 느낌이다. 그럴 리가 있나. 이런 할리우드 배우 같은 사람을 내가 우연히라도 길에서 마주쳤을 가능성은 극히 낮은 게 아닌가? 하지만 확실히 낯익은 얼굴이다. 한참을 생각한 끝에 나는 그와 비슷한 사람을 영화에서 봤다는 걸 기억해냈다. 조니 뎁! R은 바로 그 배우를 닮은 것이다. 그러고 보니 평소에 입고 다니는 옷이며 낡은 페도라 모자, 액세서리도 조니 뎁과 비슷했다.

R은 예술가답게 영적인 세계에도 관심이 많았다. 본인 스스로 자기 조상이 아메리카 인디언과 이어져 있다고 믿고 있을 정도였다. 처음엔 그저 해보는 소리인 줄 알았는데, 자주 만나보니 꽤 진지했다. 급기야 몇 년 전에는 미국에 가서 인디언 부족과 형제가 되기 위한 주술 의식까지 치르고 왔다. 한동안 한국을 떠나 있던 R이 돌아와 인디언 주술사와 함께 찍은 사진을 보여줬을 때 나는 기겁했다. 그가 가진 인디언에 대한 믿음은 결코 장난이 아니었다!

그는 인디언의 영혼이 자신을 지켜주고 좋은 길로 인도해준다고 굳게 믿고 있었다. 실제로 그가 인디언 주술 의식을 마친 며칠 후, 여행 중에 죽을 수도 있었던 한 사건을 아슬아슬하게 피해간 일이 있다. R이 지나고 있는 곳 근처에서 한 정신병자에 의해 무차별 총기 난사 사건이 벌어진 것이다. 워낙 충격적인 일이라 그 사건은 우리나라 뉴스에도 보도되었는데, R은 다행히 총격이 있기 직전에 그곳을 벗어나 다른 일행과 함께 야외에서 샌드위치로 식사를 했다. 만약 그가 이미 정해놓은 계획대로 식당에서 점심을 먹었다면 총격을 받았을지도 모르는 일이었다. R은 샌드위치와 커피를 손에 든 상태로 가까운 거리에서 들려오는 총소리를 들었다.

 어쩌면 그 사건 이후로 그는 더욱 영혼과 심령현상 같은 것에 믿음이 커졌는지도 모르겠다. 어느 날 R은 책방에 와서《오맨》을 샀다. 영화로 만들어져 더욱 잘 알려진《오맨》은 영일문화사에서 1976년에 첫 번역서를 출판한 것으로 미국 작가 데이비드 셀처가 쓴 소설이 원작이다. 영화는 우리나라에서도 인기가 좋아 개봉과 거의 같은 시기에 책이 나왔다.

 "여름엔 공포소설을 읽어보는 것도 좋죠." 그렇게 말하면서 나는《오맨》과 함께 다른 책도 한 권 더 가져와 소개했다. "《무당》이라는 책이에요.《오맨》하고 비슷한 시기에 출판된 책인데 이것도 역시 유명한 영화 원작 소설이죠."

 "《무당》이라니, 우리나라 작가가 쓴 소설인가요? '악마추방자悲魔追放者'? 뭔가 섬뜩한 느낌이네요." R은 표지에 한자로 적힌 부제목을 읽으며 어깨를 움츠렸다.

 "아뇨.《무당》은 영화〈엑소시스트〉를 우리나라에서 번역하면서 새로 지은 제목이에요. 원작 제목도 엑소시스트죠. 조금 더 뒤에 출판됐다면 '퇴마사' 같은 제목도 어울렸을 텐데 당시엔 그런 말이 일반적이지 않아 '악마추방자'라고 했나 봐요. 하긴 '퇴마사'보다는 이쪽이 훨씬 섬뜩한 느낌이네요."

 "흥미롭네요. 유명한 공포 영화 두 편이 비슷한 시기에 개봉하다니요."

 "미국은 1960년대 히피 세대를 지나 1970년대가 되면 굉장한 경제성장기에 들어서잖아요? 사람들이 따라가기도 힘든 현대화의 물결 반대편에는 원시 세계나 심령현상에 대한 호기심과 두려움도 함께 자라고 있었겠지요. 스필버그 감독의 영화 〈조스〉도 그즈음 개봉했어요. 우리나라에서 번역한 원작 소설 제목은 재밌게도 《아가리》였죠."

"《아가리》라고요? 우습지만 뭔가 묘하게 어울리네요. 조스의 아가리라! 하하."

우리는 에어컨이 켜진 시원한 책방에서 그런 이야기를 나누며 한여름의 무더위를 달래고 있었다. R은 퇴마보다는 악마 그 자체에 관심이 있다며 《오맨》을 선택했다. 그리고 다른 책도 몇 권 더해 그날 계산한 전체 금액은 6만 원이었다. 자, 이상한 일은 지금부터다.

며칠 후, 한 남자 손님이 책방 문을 열고 들어왔다. 책방엔 도어벨이 달린 입구 쪽 유리문과 나무로 된 중간 문까지 모두 두 개의 문이 있는데, 어떻게 된 일인지 나는 그 손님이 내 앞에 설 때까지 아무런 인기척을 느끼지 못했다. 책상에 앉아 컴퓨터 작업을 하다가 손님을 보고는 화들짝 놀랐다. 손님은 아무 말 없이 내 앞에 서 있었는데, 묘하게도 그 역시 영화배우를 닮은 것 같았다. 긴 얼굴은 마치 붓으로 그린 것처럼 선이 굵고, 눈이며 입가에 주름이 깊이 패어 있었다. 이번엔 그 얼굴이 누굴 닮았는지 금방 알아차렸다. 손님은 영화배우 안성기를 꼭 빼닮은 것이다.

그는 마치 내게 맡겨놓기라도 한 것처럼, "여기 《오맨》 초판본 있으면 주십시오."라고 말했다. 감정이 거의 실리지 않은 낮은 목소리여서 조금 무서운 기분마저 들었다. 그런 목소리로 악마가 주인공인 공포소설을 달라고 하면 누구라도 나와 같은 심정일 것이다.

나는 마침 그 책이 있었는데 아쉽게도 얼마 전 다른 사람에게 팔렸다고 했다. 손님은 역시 감정을 읽을 수 없는 무뚝뚝한 표정을 하고는 자신이 올해 60세가 되어 정년퇴직했기 때문에 소일거리 삼아 책을 찾아다닌다고 했다.

"성함하고 휴대전화 번호를 여기 종이에 적어주시겠어요? 혹시 다시 그 책을 입수하게 되면 연락드리겠습니다."

나는 종이와 볼펜을 손님에게 건넸다. 그는 아무 말 없이 종이에 숫자를 적었다. 그런데 종이를 받아보니 이름은 없고 전화번호만 적혀 있었다. 책을 찾는 손님 중에는 이름을 밝히고 싶어 하지 않는 사람들도 더러 있으니 그러려니 했다. 그가 돌아가고 난 다음, 나는 종이에 적힌 숫자 위쪽에 '안성기'라는 이름을 적어두었다.

그런 이상한 일을 겪고 다시 며칠 후, R에게서 연락이 왔다. 좋은 소식이었다. 한 디자인 의류 업체에서 가수 데이비드 보위를 주제로 삼아 만든 의상에 모델로 쓰고 싶다는 연락을 받았다는 것이다. 얼마 뒤엔 인터넷 의류 업체에서도 연락이 왔고 뒤이어 패션 웹진 화보 촬영도 했다. 좋은 일이 이렇게 갑자기 몰려올 수도 있는 건가?

하지만 그보다 더 내 관심을 끌었던 일은, 최근에 R이 외국의 한 수제본 작가에게 '악마가 쓴 책'을 샀다는 사실이다. 설마, 실제로 그런 책이 있다는 건가? 얼마 전 사간 《오맨》을 읽고 너무 심취한 나머지 머리가 조금 이상해진 건 아닐까?

"실제로 악마가 쓴 책은 아니고요, 영화 〈나인스 게이트〉에 나오는 책이에요. 제가 조니 뎁 좋아하잖아요? 조니 뎁이 그 영화에 출연했는데, 맡은 역할이 고서 감정사거든요. 어떤 부자에게 엄청나게 많은 돈을 받고 17세기에 악마가 썼다고 전해지는 책의 진위를 알아본다는 게 줄거리예요."

조니 뎁이 해결해야 할 문제의 책은 《어둠의 왕국과 아홉 개의

문》이라는 고서인데, 세상에 딱 세 권만 남아 있다. 그중에 두 권은 원본을 흉내 내 만든 정교한 모조품이고 한 권만이 진짜다. 그 책은 악마 루시퍼가 직접 쓴 것으로, 책을 가진 사람이 본문에 나오는 주문을 그대로 따라 읽으면 죽지 않고 영원히 살 수 있는 능력이 생긴다. 그 책을 조니 뎁에게 찾아달라고 부탁한 부자도 바로 그런 능력을 얻고 싶어서 큰돈을 투자한 것이다.

"얼마 전에 한 수제본 작가하고 인터넷 채팅으로 대화하다 친분이 생겼는데요, 그 책의 복각본을 아트상품으로 만들어 팔고 있다는 거예요. 〈나인스 게이트〉 영화에 나오는 조니 뎁 캐릭터를 제가 정말 좋아하거든요. 그래서 그 책을 만들어달라고 주문했죠. 수작업이라 제작 기간이 좀 걸리지만, 곧 받아볼 수 있을 것 같아요. 많이 기대하고 있습니다!"

예술가의 정신상태는 정말이지 좀 이상한 구석이 있다는 생각이 들었다. 복각본이라는 해도, 실재하지도 않는, 영화에 나오는 책을 똑같이 만드는 작가가 있다니. 하지만 그걸 사는 사람도 있으니, 오래전에 유행한 노래처럼 세상은 참으로 요지경 아닌가.

그런 생각을 하고 있는데 갑자기 오싹한 기분이 들었다. 기분 나쁜 공기가 내 주변을 가득 채우고 있는 것 같았다. 그러고는 이 기묘한 퍼즐 조각들이 한꺼번에 머릿속에서 왈칵 쏟아져나왔다.

첫 번째 조각은 R이 《오맨》을 구매한 날 결제한 금액인 6만 원이다. 두 번째, 다른 손님이 와서 R이 가져간 것과 같은 책을 찾았는데 날수를 세어보니 R이 다녀간 날로부터 정확히 6일이 지난 후였다. 섬뜩한 기분이 들어서 손님이 남기고 간 연락처를 다시 확인했다. 등골이 서늘했다. 그가 직접 적은 휴대전화 번호에 숫자 6이 세

개 들어 있는 게 아닌가! R이 6만 원어치 책을 구매한 날로부터 6일 후에 같은 책을 찾으러 오신 손님은 60세. (심지어 그 손님은 한국판 '엑소시스트' 영화 〈퇴마록〉에서 악령과 싸우는 박 신부 역을 맡은 안성기 배우와 외모가 비슷하다.) 그리고 그 손님이 남기고 간 전화번호에 6이 세 개. 바로 《오맨》의 주요 모티브인 악마의 숫자 '666'이다!

여기서 끝이 아니다. 혹시나 하는 마음에 나는 안성기 닮은 손님이 적어준 번호로 전화를 해봤다. 수화기 너머로 차가운 기계음이 들려왔다. 그러곤 영혼 없는 목소리가 들려왔다. "지금 거신 번호는 없는 번호입니다……." 순간 팔뚝에 있는 잔털들이 바들바들 떨며 동시에 일어났다. 소름 끼치는 상황에 나는 갑자기 소리를 지를 뻔했다.

그렇다면 R에게 최근 좋은 일들이 연거푸 생긴 것도 《오맨》에 깃든 악마의 힘에서 비롯된 것이 아닐까? 악마와 영혼 거래를 한 파우스트처럼 R에게도 그런 일이 생긴 것일지 누가 알겠는가?

나는 R이 책방에 오기를 기다렸다가 《오맨》을 찾던 안성기 닮은 손님과 '666'에 관한 이야기를 들려줬다. 그리고 혹시, 만약에라도 요즘 계속해서 일이 잘 풀리는 이유가 그것과 관계 있는지 물었다.

"잘은 모르겠지만, 미국 갔을 때 인디언 주술 의식을 한 뒤로 확실히 좋은 일이 자주 생겼어요. 말씀드렸던 총기 난사 사건도 그렇고, 한국에 돌아와서는 의상 피팅모델 제의가 갑자기 많이 들어왔어요. 지금은 본업인 가수 활동이 꽤 줄어들었을 정도예요."

하긴, 우리 책방에서도 요즘 R의 연주 무대를 기획하지 못하고 있다. R이 모델 일로 너무 바빠졌기 때문이다. 나는 그가 정말로 악마의 힘이 깃든 책의 존재를 믿고 있는지 궁금했다.

"《오맨》은 아직 갖고 있죠? 그 책이 특별한 기운을 주는 거라고 생각해요?"

"그럼요.《오맨》은 얼마 전에 우편으로 받은 루시퍼의 책《어둠의 왕국과 아홉 개의 문》과 함께 나란히 책장에 꽂아뒀는걸요. 악마의 힘이라고까지는 믿고 있지 않지만, 어쨌든 그 책들이 뭔가 도움이 된다고 생각해요. 그리고 저는 인디언과 형제가 되는 의식까지 치르고 왔으니까요. 그들의 영혼이 제가 하는 일에 힘을 주고 있다고 믿습니다."

"그렇다면 다행이고요. 만에 하나라도 소설에서처럼 악마에게 영혼을 거래한다거나 그런 일은 없기를 바라요. 말했듯이 요즘 그런 일을 겪고 보니 조금 안 좋은 기분이 들어서 말이죠."

"그 점은 염려 안 하셔도 됩니다. 저로 말하자면 세례까지 받은 가톨릭 신자거든요. 주말엔 성당에서 봉사활동도 한다고요. 하하."

이제 계절은 한풀 꺾여 아침저녁으론 선선한 바람이 불었다. 안성기를 닮은 그 손님은《오맨》사건 이후 몇 년이 지났지만, 다시 책방에 들르지 않았다. 나는 어떻게든《오맨》을 다시 구해 연락하고 싶었다. 하지만 연락처는 물론 이름마저 알 수 없으니 그가 다시 나를 찾아올 때까지 기다리는 수밖에 없다. 과연 그의 정체는 무엇이었을까?

사건은 아직도 진행 중이다. R은 최근에 TV 광고 오디션을 하나 봤는데 상당한 경쟁률을 뚫고 합격했다. 그 광고는 우주를 배경으로 연출하는 것으로 '갤럭시'가 중요한 모티브가 될 것이라고 한다. 그런데 이것도 참 우연이라고 하면 우연인데, 얼마 전 연락 온 데이비드 보위 콘셉트 모델 촬영도 영화 〈가디언즈 오브 갤럭시〉에 삽입된

데이비드 보위의 음악과 관련이 있기 때문이다. 그때는 전혀 몰랐는데 '갤럭시'가 또 이렇게 연결이 될 줄이야……!

갤럭시 오디션은 R을 또 다른 길로 인도했다. 애초에 그 오디션에서 합격한 이유는 광고를 만드는 감독이 미국인이기 때문이었다. 오디션 때 선보인 R의 연기력도 좋았지만, 외국에서 살다 온 경험이 있는 그가 특유의 친화력으로 감독에게 자신을 소개했던 게 합격의 큰 요인이었다. 그 이후 R은 다른 외국계 광고 업체로부터 몇 번의 러브콜을 받았다. 그는 가끔 내게 연락해서 어떤 업체와 계약서를 쓴다거나 모델 에이전시로부터 이런저런 제안 같은 걸 받았다며 들뜬 목소리로 소식을 전한다.

R에게 이 모든 일이 어떻게 엮이게 되었는지는 여전히 미스터리다. 단지 내가 아는 건 이것 하나다. 어떤 책에는 엄청난 힘이 깃들어 있기에 그것을 가지고 있는 것만으로도 능력을 나눠 받을 수 있다. 하지만 그런 책은, 미스터리한 힘의 존재를 믿는 사람에게만 찾아가는 법이다.

언젠가 우연히 마주친다면

《방랑》
헤르만 헤세 지음, 홍경호 옮김
범우사, 1985년

헌책방에서 일하기 전부터 일본에 관심이 많았다. 그 이유는 오직 한 가지, 책 때문이다. 일본 사람들은 성실, 근면하고 책을 많이 읽는다고 들어서 알고 있다. 정말 그럴까? 바다를 사이에 두고 있긴 하지만 바로 옆에 있는 우리나라는 OECD 국가 중에서 책을 가장 안 읽는 나라에 속한다. 일본은 도대체 어떤 곳이기에 '독서 강국'이 된 것일까? 그런 이유로 나는 언젠가 꼭 일본에 직접 가서 내 눈으로 그 나라를 꼭 확인해보고 싶다는 다짐을 했다.

그러나 정작 일본에 갔을 때, 나는 대부분의 시간을 쇼핑과 관광으로만 보냈다. 도쿄는 너무나도 멋진 곳이었고 상점엔 우리나라에서 보기 힘든 여러 가지 신기한 물건들이 가득했다. 지금까지 도쿄에 여러 번 갔지만 매번 이런 식이었다.

마음으로는 일본의 책 문화를 탐방해봐야겠다고 생각하면서도, 일단 공항에 내리면 눈이 이리저리 돌아가서 그 계획은 완전히 잊어버리게 된다. 하네다 공항에 도착하는 순간부터 돌아가는 날 면세점에 들를 생각을 하며 들뜬 기분에 젖기도 했다. 그럴 때면 나 자신이 한심하게 느껴졌다. 물론 그런 반성과 자책도 잠깐뿐인 게 문제다. 시내로 들어가는 모노레일 자기부상열차를 타면 바깥 풍경에 눈을 떼지 못하고 머릿속으론 이것저것 쇼핑 목록을 정리하느라 바빴다.

이와 같은 나의 여행 패턴을 바꿔놓은 작은 계기가 있다. 그 일은 '사건'이라고 말하기도 뭣한 사소한 해프닝에 불과했다. 몇 해 전 가을, 도쿄에 일주일 정도 머물 계획으로 여행하던 때 겪은 일이다.

언제나 그렇듯 내 여행 일정은 빠듯했다. 해외여행은 시간이 곧 돈이다. 그러니까 최대한 여러 곳을 둘러볼 수 있도록 효율적으로 동선을 짜는 게 중요하다. 당시 내가 세운 여행의 기본 규칙은 이것이었다. '한 곳에서 30분 이상 머물지 말 것.'

나는 우에노 전철역에 내려 어느 곳에도 한눈을 팔지 않고 곧장 공원으로 들어갔다. 공원을 잠시 둘러본 뒤, 공원 끝자락에 있는 일본 최초의 근대식 동물원인 우에노 동물원을 구경한다. 그리고 전철역 방향으로 나오다가 도쿄서양미술관에서 전시를 본다. 그다음은 걸어서 닛포리 전철역까지 이동해 유명한 고양이 마을 상점가를 둘러본다. 정말이지 알뜰한 동선이다. 그렇게 나 자신을 칭찬하며 선선한 바람이 부는 우에노 공원길을 걷고 있었다.

공원은 넓고 주변에 다양한 부속 시설을 갖추고 있다. 그중에는 소프트볼 경기장도 있다. 소프트볼은 야구와 비슷하지만, 투수가 공을 던질 때 손을 땅 쪽으로 향하는 언더핸드로만 해야 하는 규칙이 있다. 그날은 마침 어떤 팀이 연습 경기를 하고 있었다. 소프트볼 경기 모습을 처음 본 나는 거기 잠시 머물며 구경하기로 했다.

경기장은 안전을 위해 초록색 그물로 사방이 둘러쳐 있고 그 주변엔 구경하는 사람들을 위해 설치한 듯한 벤치 몇 개가 보였다. 의자엔 이미 사람들이 여럿 앉아 있었다. 나는 서서 경기를 보다가 멀지 않은 곳에 나이가 조금 들어 보이는 남자 한 명이 벤치 끝자락에 앉아 있는 걸 봤다. 다른 편 끝에 앉는다면 그분에게 실례가 되지 않을 것 같아서 그쪽으로 갔다. 그는 경기에 꽤 집중하고 있는 듯 내가 가까이 갔는데도 계속 앞만 보고 있었다. 나이는 50대 정도로 보였고, 잘 손질한 중절모에 품이 적당히 넓어 편해 보이는 양복을 입고 있었다. 그리고 가을 햇살을 가리기 위해 선글라스를 썼는데, 마침 나도 선글라스를 쓰고 있어서 우리 둘이 각각 벤치 끝에 앉아 있으면 다른 사람이 보기에 재밌는 풍경일 거라는 생각이 들었다.

내가 벤치에 앉으려고 할 때, 그 신사는 비로소 나를 의식했는지 살짝 내 쪽을 돌아봤다. 나는 "곤니치와"라고 인사하면서 가볍게 고개를 숙였다. 그도 내게 묵례를 했지만 달리 말은 하지 않았다. 외국인이 어색한 말투로 인사를 하니 머쓱했던 모양이다. 그는 곧 다시 경기장을 향해 고개를 돌렸다.

이후로도 그는 어떤 말을 하거나 움직이는 일 없이 계속 소프트볼을 보고 있었다. 소프트볼을 좋아하는 팬일까? 어쩌면 지금 경기를 하는 선수 중에 자녀가 있는 것인지도 모른다. 나는 한동안 경기를 지켜보다가 어느새 30분이 지난 걸 알았다. 일정대로 동물원에 가야 할 시간이다. 나는 일어나서 옆에 있는 신사에게 가볍게 묵례를 한 다음 경기장을 빠져나왔다.

계획대로 동물원에 갔다가 미술관을 거쳐 나오니 시간이 제법 흘러 있었다. 닛포리까지 가려면 일정이 빠듯할 것 같아 조금 빠른 속도로 걸었다. 공원을 나오다 보니 소프트볼 경기는 이미 끝나서 초록색 그물 안에는 아무도 없었다. 그런데 조금 전에 봤던 그 신사가 여전히 같은 벤치에 앉아 있는 게 보였다. 조금 먼 거리였지만 그가 확실했다. 대체 그는 뭘 하는 걸까? 애초에 소프트볼 때문에 거기 나와 앉아 있던 게 아닐지도 모른다.

이상이 내가 그날 겪은 사건 전부다. 분명히 별것 아닌 일이었지만 이상하게도 나는 그 신사가 잊히지 않았다. 심지어 여행을 마치고 돌아와서도 때때로 그날 일이 생각나곤 했다. 어쨌든 그 일은 시간이 지나면서 조금씩 기억 속에서 밀려났다. 다른 사건이 없었다면 곧 완전히 잊힐 수도 있는, 말 그대로 사소한 해프닝에 불과했다.

그로부터 몇 년이 지난 후, 나는 작은 헌책방에서 일하는 틈틈이 손님들에게 사연이 깃든 절판된 책을 찾아주는 생활을 이어가고 있었다. 지금부터 이야기할 그날도 한 손님과 약속이 되어 있었기에 나는 옷을 말끔하게 차려입고 설레는 마음으로 책 사연 맞이할 준비를 했다.

책방 문을 열고 들어온 그는 무척 건강해 보였다. 나보다 나이는 한참 위인 게 분명했지만 큰 키에 다부진 몸매가 마치 운동선수 같았다. 한 손에 들고 있는 시각장애인용 지팡이가 아니었다면 누구라도 그가 불편한 생활을 하고 있는지 전혀 알 길이 없었을 것이다.

B씨는 시력을 잃은 지 10년쯤 됐다고 했다. 하지만 그런 일이 있기 전까지는 세계 방방곡곡 다녀보지 않은 곳이 없을 정도로 유목민 같은 삶을 살았다고 한다. 넓은 가슴통에서 울리는 걸걸한 목소리로 그가 말했다.

"역마살이라고 할까요? 그런 게 있었어요. 초등학교 다닐 때도 학교 마치고 곧장 집에 들어가는 일이 별로 없어서 어머니가 언제나 저를 찾으러 다니셨죠. 고등학생 때는 무전여행도 숱하게 했고요."

가정형편이 넉넉지 않았기에 대학생이 되어서는 곧장 학교 근처 작은 서점에서 아르바이트를 시작했다. 책이라고 하면 상상만 해도 좀이 쑤실 것 같았는데 막상 해보니 몸을 움직이는 일이 많아서 마음에 들었다. 서점 사장은 건장한 체격에 힘을 잘 쓰는 B씨를 아주 마음에 들어 했다. 서점에서 일하겠다고 찾아온 사람들은 대개 책만 좋아했지 몸이 부실해서 일을 오래 하지 못했는데 힘센 직원을 만나게 되어 다행이라며 사장은 B씨를 자주 칭찬했다. 얼마 지나지 않아 사장은 그에게 가게를 맡기고 몇 시간씩 외출하는 일도 많아졌다.

그런 생활을 하던 즈음 B씨는 서점에 자주 오는 여학생 손님에게 마음이 끌렸다. 둘은 본격적으로 사귀거나 한 것은 아니었지만 서로 은근한 눈빛을 교환하며 지냈다. 어느 날 여학생은 B씨에게 책을 한 권 선물했다. 바로 그 책을 내게 찾아달라고 의뢰하러 온 것이다.

"서점에서 일하는 사람한테 책 선물이라니. 처음엔 좀 이상하게 생각했습니다. 작은 문고판 책이었어요. 평소에 책 읽는 걸 즐기는 편은 아니었지만, 이 정도면 부담 없이 한번 읽어볼 수 있을 것 같더군요."

B씨는 한쪽 손바닥을 펴서 책을 올려놓은 모양을 만들어 내게 보여줬다. 문고본을 설명하려고 했을 텐데, 손이 워낙 커서 내 눈엔 일반 단행본처럼 보였다. 나는 머릿속으로 재미있는 상상을 하며 수첩에 '문고본'이라고 적었다.

"선물을 받은 다음 두 분 사이에 뭔가 관계에 진전이 있었나요?"

"안타깝게도 사장님께서 기대하고 계신 그런 일은 없었습니다. 현실은 영화가 아니니까요. 하하. 그런데, 더 극적인 일이 벌어졌습니다."

나는 당연히 그 여학생과 사귀게 되었다는 결론을 기대했다. 하지만 이야기를 들어보니 정말로 더 극적인 사건이 기다리고 있었다. 책을 읽은 다음 거기에 자극받아 B씨는 학교를 자퇴했다. 학교에선 휴학을 권했지만, 그의 마음은 이미 잠시도 강의실에 앉아 있기 힘든 상태였다. 진정한 '대학大學'이란 세계를 직접 경험하는 것이라고 믿었다. 그는 그렇게 들뜬 열망 하나만 배낭에 넣고 김포 국제공항으로 향했다.

"거기 나오는 한 부분이 워낙 강렬하게 기억에 남아서 미안하게도 책 제목은 잊었습니다. 문장이 정확하지는 않은데, 좋아하는 곳이 어디든지 거기에 앉아서 생각에 잠기면 자신을 둘러싼 세계가 행복한 울림을 줄 거라는 내용입니다."

난감했다. 정확하지도 않은 어느 한 문장을 근거로 제목조차 모르는 책을 어찌 찾을 수 있단 말인가? 다행히 B씨는 작가 이름을 알고 있었다. 헤르만 헤세다. 이로써 범위가 많이 좁혀졌다고는 하지만 여전히 막막하다. 그렇다면 방법은 하나다. 헤세의 책을 모두 읽어보는 거다. 우리말로 번역된 헤세의 작품은 열 권이 조금 넘으니까 아주 불가능한 방법은 아니다.

결과 먼저 말하자면, 그 작전은 실패했다. 서점에서 팔고 있는 책을 다 사서 읽어보는 것에만 석 달 넘는 시간이 걸렸지만, B씨가 말한 문장은 발견하지 못했다. 곰곰이 머리를 굴려봤다. 혹시 B씨가 작가 이름을 잘못 기억하고 있는 게 아닐까? 그게 아니라면 생각해볼 것은 하나다. B씨가 그 책을 선물 받아 읽은 게 1986년이기 때문에 그즈음 출판된 헤세의 책을 조사하면 된다. 저작권 문제 때문에 오래전에는 번역서가 있었지만, 요즘은 출판되지 않는 책이 가끔 있으니 가능성은 충분하다.

조사에는 다시 몇 개월이 걸렸고 결국 책을 찾아냈다. 이거야말로 집념의 승리다. 아무도 몰라주겠지만 나는 나를 칭찬한다! 글을 쓰면서도 그때를 생각하면 눈물이 날 지경이다. 덕분에 학창시절에도 읽지 않은 헤세 전집을 몇 번이나 되풀이해 읽었다.

찾아낸 책은 뜻밖에도 소설이 아닌 산문집 《방랑》이었다. 그런데 이 책은 지금도 번역서로 나오기 때문에 처음에 헤세의 작품 전체를 조사할 때 당연히 읽었다. 왜 당시엔 그 문장을 발견하지 못했을까? 그 이유가 내겐 충격이었다. B씨가 기억하는 문장이 있는 〈농부의 집〉이라는 글 한 꼭지가 지금 판매되는 책에는 빠져 있기 때문이다. 이유는 알 수 없지만 1980년대 판본에만 그 글이 실려 있다.

다시 책방을 찾은 B씨에게 책을 건네면서 이걸 찾기 위해 헤세 전집을 몇 번이나 읽은 것이며, 〈농부의 집〉 부분이 새로운 번역서에서는 삭제된 이야기 등을 풀어놓았다. B씨는 두 손으로 책을 더듬었다. 그리고 자신이 기억하는 그 문장을 천천히 읽어달라고 했다.

"네가 좋아하는 곳이라면 비록 그곳이 돌담 위에든, 바위에든, 나무 그루터기든, 풀밭이든, 흙 위에든 앉아 보아라. 어디에서든 영상과 시가 너를 에워쌀 것이며 너를 둘러싼 세계는 아름답고 행복스러운 음조를 울리리라."

이 문장을 소리 내어 읽은 건 처음이다. 내가 읽은 문장을 내 귀로 들으면서, 뭔가 묘한 기분이 들었지만 당시에는 그게 무언지 알 수 없었다. B씨는 잠깐 아무 말이 없더니 쓰고 있던 선글라스를 벗고 창문이 있는 쪽으로 고개를 돌렸다.

"이쪽이 조금 밝은 걸 보니 창문이 있군요?" 그가 내게 물었다.

거기 창문이 있는 건 맞지만, 책이 있는 곳으로 햇빛이 들어오는 걸 막으려고 두꺼운 커튼을 쳐놨다. 하지만 나는 그에게 창문 밖으로 커다란 나무가 보인다고 거짓말을 했다. 아니, 그건 절반만 거짓말이다. 실제로 창밖엔 커다란 나무가 있다. 커튼 때문에 보이지 않을 뿐.

그러고는 꽤 오래 침묵이 흘렀다. 나는 어색한 분위기를 바꿔보려고 "요즘에도 어릴 때처럼 이곳저곳 자주 돌아다니시나요?"라고 물었다. 그는 환하게 웃으면서, "제 버릇 남 주나요."라고 했다. 그리고 곧이어, "세상을 돌아다녀 보니 정말 아름다운 건 단지 눈으로만 보는 게 아니라는 사실을 알겠더라고요. 여기에 담아야지요." 하면서 한 손으로 자기 가슴을 가만히 쓰다듬었다.

B씨가 돌아가고 난 다음, 2년 즈음 지난 어느 가을에 나는 다시금 도쿄로 여행을 갔다. 고서점 거리 진보초에 있는 한 서점 대표가 나를 초청해주어서 주말에 북토크 이벤트를 할 예정이었다. 나는 여느 때처럼 촘촘하게 여행 계획을 짰다. 이벤트는 주말에 있을 예정이었기 때문에 조금 일찍 도쿄에 도착해서 느긋하게 평일 도심을 걸어보고 싶었다.

때마침 서양미술관에서 르네상스 화가 작품 전시회를 하고 있어서 첫날 그곳에 가보기로 했다. 그런데 막상 서양미술관에 가보니 몇 년 전, 우에노 공원 소프트볼 경기장 벤치에서 만났던 그 신사가 기억났다. 아무런 인연도 없던 그가 왜 내 머릿속에 남아 있던 걸까? 서양미술관에 가려면 어차피 우에노 공원을 가로질러야 하기에 그때 기억을 떠올리면서 소프트볼 경기장에 잠시 들렀다. 평일이라 경기가 없어 주변이 한산했다. 경기장 쪽을 향한 벤치도 대부분 비어 있었다.

그때, 나는 무언가 충격적인 일을 겪은 사람처럼 머리가 갑자기 멍해졌다. 바로 저쪽, 몇 년 전 나와 그 신사가 함께 앉았던 벤치에 여전히 그 신사가 있는 것 같은 착각이 들었다. 다시 보니 거기엔 아무도 없었다. 하지만 내 머릿속엔 분명히, 바로 지금 내 눈앞에서 보는 것처럼 뚜렷이 그때의 인상이 남아 있다. 앉아 있지만 한 눈에도 느낄 수 있었던 꽤 크고 건장한 체격, 중절모 밑으로 살짝 보이는 희끗희끗한 머리, 갈색과 검은색을 섞어 놓은 듯한 묘한 색감의 아세테이트 뿔테 선글라스. 나는 그가 우리 책방에 방문했던 B씨가 아니었을까 하는 기분이 들어 몸이 오싹해졌다. 인기척을 느끼며 고개를 살짝 돌리던 동작과 경기가 끝났는데도 계속 앞을 보고 앉아 있던 그 모습이 확실히 B씨를 닮았다. 도쿄를 여행 중이던 B씨와 나는 우연히 거기서 마주쳤던 것일까?

그렇다고 생각하니 괜히 마음이 복잡해졌다. 나는 그때 모든 걸 다 눈에 담고 싶어서 산책 나온 강아지처럼 분주하게 도쿄 시내를 돌아다녔다. 하지만 그는 거기 앉아서 눈이 아닌 마음으로 도쿄를 담고 있었으리라. 나는 그 세계적인 대도시에 압도된 기분 외에 또 무얼 가지고 돌아왔단 말인가? 쇼핑 봉투와 그 안에 담긴 물건들 말고는 아무것도 없다.

나는 천천히 벤치를 향해 걸어갔다. 그리고 이번엔 B씨일지도 모르는 그 신사가 있던 자리에 앉았다. 벤치가 햇빛을 받고 있어서 그랬는지 몸을 뒤로 기대니 등이 따뜻해졌다. 눈이 저절로 감겼다. 바람이 부는 게 느껴졌다. 바람은 넓은 공원 여기저기를 돌아다니면서 진한 나무 내음을 실어왔다. 만질 수도, 가질 수도 없는 바람이다. 쇼핑 봉투에 담을 수 없는 이 가을 햇살과 바람을 나는 한 번도 의식하지 못했다.

  그 후로 내 여행은 달라졌다. 계획은 느슨하게 짜고 쇼핑을 줄였다. 눈보다는 마음이 끌리는 곳으로 천천히 걸었다. 그렇게 걷다 보면 다시 우연히 B씨를 만날지도 모른다. 만약 다시 마주치게 된다면 그에게 고맙다고 인사해야겠다. 그는 내게 마음으로 여행하는 법을 알려준 사람이다. 그러니 언젠가는 나도 그에게 내 마음을 전하고 싶다.

어디에서도
들어보지 못한 책

《중남미 현대 단편소설집》
보르헤스 외 지음, 민용태 엮음
문학사상사, 1992년

어디에서도 들어보지 못한 책을 찾아달라는 손님이 있었다. 대화를 나눠보니 그는 나보다 몇 살 위였는데, 눈매가 깨끗하고 얼굴에 주름이 없어서 나이보다 적어도 열 살은 어려 보였다. 마치 어느 순간부터 나이를 먹지 않는 마법에 걸린, 소설에 나오는 주인공을 떠올리게 하는 묘한 인상이었다.

사연을 들려주면 그에 얽힌 책을 찾아준다는 소문을 듣고 여기까지 왔다는 그 손님은, 자기가 찾는 책 제목을 알지 못했다. 가끔 그런 일이 있어서 이제는 익숙하다. 특히 어릴 때 읽은 책이라면 제목을 기억하지 못하는 경우가 흔하다. 나는 책 내용이 조금이라도 기억나는지 물었다. 손님은 잠시 뜸을 들이더니, 그 책은 단편집인데 한 작품 내용이 조금 기억난다고 했다.

"워낙 재미있는 이야기라 그 작품만큼은 기억이 또렷합니다."

"그런데 좀 이상하군요. 그 정도로 재미있게 읽은 책인데 제목은 물론 작가 이름도 생각이 나지 않는다는 게 말이죠."

나는 M씨가 한 말을 수첩에 적다가 펜을 내려놓고 그렇게 물었다. 책을 찾으려면 기본적으로 제목과 작가 이름은 필수다. 그런 정보를 알면 출판사나 출판연도는 유추해볼 여지가 있다. 하지만 책에 대한 정보를 아무것도 모르는 경우라면 그야말로 가시덤불 속에서 바늘 찾기요, 서울에서 김 서방 찾기다. 작품 내용을 알고 있다고 해도 그게 널리 알려진 이야기가 아닌 이상 책을 찾는 데 큰 도움이 되지 않는다. 간혹 책 내용을 듣고 그 안에서 단서를 발견하기도 하지만, 그런 일은 자주 일어나지 않는다. 여긴 헌책방이지 탐정 사무소가 아니다.

M씨는 내 말을 듣더니 어린아이처럼 천진난만하게 웃으며 대답했다.

"너무 재미있게 읽은 책이라서 말이죠. 그래서 제목하고 작가 이름이 기억에서 밀려난 게 아닌가 싶습니다. 유명한 책은 아닌데 제겐 그 정도로 재밌었어요. 그러니까 사장님을 찾아온 것 아니겠습니까. 이 책을 찾을 사람은 사장님뿐입니다."

그런 말을 들으니 조금은 우쭐해진 기분이 내 마음을 건드렸다. 아무렴, 그렇지. 내가 아니면 또 누가 의뢰자조차 알지 못하는 책을 찾을 수 있겠는가. 어쨌든 그가 기억하고 있다는 '엄청나게 재미있는' 소설 내용을 들어보기로 했다. 지금은 무어라도 작은 실낱같은 단서가 필요하다.

"그 소설은 한 마리 고양이로부터 시작합니다." M씨는 마치 기다렸다는 듯 들뜬 목소리로 이야기를 시작했다.

"이름이 알려지지 않은 한 청년이 고양이를 보고 있습니다. 청년은 최근에 어렵사리 들어간 직장에서 사소한 실수를 저질러 쫓겨난 상태입니다. 가난했고, 여자친구도 없으며, 한마디로 젊고 건강하다는 것 하나를 빼면 별 볼 일 없는 사람입니다. 그는 지쳐 있습니다. 그를 뺀 모든 사람이 자신보다 더 대단해 보였고 즐겁게 잘 사는 것 같았습니다. 오늘 오후 길에서 우연히 마주친 고양이도 그보다는 더 편안해 보였지요. 아무것도 할 게 없어서 한가했던 청년은 몇 시간 동안 고양이를 관찰합니다. 고양이는 그가 보건 말건 상관없이 몸을 뒹굴고 털을 고르는 한편, 몸을 늘어뜨리고 잠을 자기도 합니다. 청년은 고양이가 한없이 부러웠습니다. 다시 태어난다면 저 고양이가 되고 싶다며 신에게 기도했습니다. 그 순간 놀라운 일이 일어났습니다. 청년의 영혼이 정말로 고양이 속으로 들어간 것이지요. 신이 기도를 들어준 것인지 혹은 그가 지금 꿈을 꾸고 있는지 모르겠지만, 어쨌든 그는 고양이가 됐습니다. 고양이가 된 청년은 그때부터 길거리를 돌아다니면서 사람이 아닌 고양이의 눈으로 세상을 보게 됩니다. 청년은 자기가 얼마 전까지 일했던 공장에 몰래 숨어듭니다. 처음엔 긴장했지만, 고양이인 자신을 아무도 의식하지 않는다는 걸 깨닫고 더욱 대범하게 사람들을 관찰합니다. 그리고 거기서 놀라운 광경을 목격합니다. 청년이 실수를 저질렀을 때 모질게 꾸짖은 상관이 자기보다 더 윗사람에게 유치한 말을 섞어가며 아부를 하고 있지 않겠어요? 이어서 그는 공장에 있던 다른 사람들도 엿봅니다. 한때 그가 동료라고 생각한 사람들, 자기보다 더 뛰어난 업무능력을 지녔다고 믿었던 사람들 모두 실은 그와 별반 다르지 않았습니다. 고양이 청년은 다른 곳도 가봅니다. 시장, 학교, 그리고 영웅 대접을 받는 어떤 혁명가의 집에도 몰래 숨어들어 그들의 비밀스러운 모습을 훔쳐

봅니다. 이야기의 마지막에 이르러 고양이 속에 있는 청년은 깨닫게 됩니다. 인간은 누구나 부족한 면이 있고 다른 동물, 심지어 들에 핀 작은 꽃이나 늘 한자리를 지키는 나무보다도 특별하지 않은 존재라는 것을 말입니다."

내가 짐작했던 것 이상으로 M씨는 작품 내용을 상세하게 기억하고 있었다. 그는 방금 책을 읽은 것처럼 생생하게 줄거리를 풀어냈다. 이야기를 마치고 물로 입을 적신 그는 웃으면서 말했다.

"인간이었을 때는 미처 알지 못했던 작은 부분을 고양이가 되어서는 볼 수 있었던 거지요. 어때요, 흥미롭지 않나요?"

물론 흥미로운 이야기다. 하지만 처음 들어보는 소설 줄거리를 단서로 책을 찾기란 쉬운 일이 아니다. M씨는 그날 고양이 청년이 주인공인 소설과 그 작품을 자기가 어떻게 생각하는지에 관한 이야기를 두어 시간이나 더 하고는 돌아갔다. 나는 주변 사람들에게 그런 작품을 아느냐고 묻는 한편 인터넷으로 검색도 해봤다.

한 달 정도 지나서 그가 연락도 없이 다시 책방에 왔다. 솔직히 책 제목과 작가 이름을 알더라도 절판된 책을 한 달 만에 찾는 경우는 그리 많지 않다. 하지만 책을 기다리는 사람 처지에선 한 달이라는 시간이 몹시 길게 느껴질 수도 있을 것이다. 나는 아직 책을 찾지 못했다며 양해를 구했다.

"재촉하려고 들른 것은 아니고요, 실은 그 책에 있는 다른 소설 하나가 더 기억났거든요. 혹시 일하시는 데 방해가 되지 않는다면 한번 들어보시겠습니까? 책을 찾는 데 도움이 될지도 모르니까요."

M씨는 내게 일부러 보여주기라도 하는 듯 연극배우 같은 과장된 몸짓으로 고개를 돌려 책방을 살피며 말했다. 지금은 손님이 한 사

람도 없다. 아니, 오늘은 책방 문을 열고 나서 손님이 하나도 없었다. 그러니 M씨의 제안을 거절할 이유도 없다.

"좋습니다. 소설 한 개보다 두 개 내용을 안다면 책을 찾을 확률도 커지니까요."

"고맙습니다. 그럼, 시작하겠습니다. 이 소설도 참 재미있는데 왜 지난번에는 기억이 나지 않았는지 모르겠습니다. 이 정도로 머리가 안 돌아갈 나이는 아직 아닌데 말이죠."

그렇게 말하면서 M씨는 이야기를 시작했다. 내 기분 탓인지 모르겠지만, 그는 한 달 전보다 표정이 훨씬 더 편해 보였다.

그가 들려준 이야기는 다음과 같다. 주인공은 소설을 쓰는 작가다. 그는 오랫동안 작품을 썼지만, 책이 많이 팔리지는 않았다. 거의 안 팔렸다고 해도 심한 말이 아니다. 그가 작가라는 사실을 아는 사람이 아무도 없을 정도다. 심지어 그의 부모조차 아들이 책을 쓰고 있는지 모르고 있다. 하지만 그는 자기 작품을 자랑스럽게 여긴다. 언젠가 운이 좋다면 그도 세르반테스나 톨스토이 같은 명성을 얻을 거라고 믿는다. 언젠가, 언젠가는. 그러다가 이 무명작가는 마침내 정신이 이상해진다. 돈키호테가 책 읽기에 빠져서 미친 것처럼, 그는 책을 쓰다가 그렇게 된 것이다. 그는 가벼운 단편소설 하나를 시작한다. 이 소설은 어쩐지 명작이 될 것 같다. 주인공은 자기 자신이다. 소설 내용은 단순하다. 주인공(작가이자 자기 자신)은 어느 잡지의 청탁을 받고 단편소설 하나를 시작한다. 그 소설에서 주인공은 작가 자신이다. 소설을 쓰는 주인공인 작가 자신은 그 자신이 소설의 주인공으로 등장하는 소설을 쓰기 시작한다. 그 소설의 내용은 아주 간결하다. 인기 없는 작가가 자신을 주인공으로 등장시켜 소설을 쓴다는 게 줄거리의 전부다. 그 소설에서 주인공이자 작가이며 다른 소설에서 주인공으로 등장한 적이 있는 작가 자신은 다시 소설 속에서 어느 잡지의 청탁을 받아 작가이자, 지금 글을 쓰고 있는 소설 속 등장인물이며, 거기서 잡지사의 청탁을 받은, 자신이 주인공인 소설을 쓴다. 그가 쓰는 소설에서 주인공은 작가 자신이며…….

"그만하면 됐습니다. 듣고 있는 것조차 머리가 복잡해지네요." 나는 M씨가 들려주는 이야기를 중간에서 끊었다. 결국 그 작가는 자기가 쓴 소설 속에 갇혀 영원히 끝나지 않는 이야기 속에서 살아간다는 게 그 소설의 줄거리다.

"어떻습니까? 흥미롭지 않나요?" 그는 지난번에 왔을 때와 같은 말을 했다. 나는 흥미롭다고 대답했다. 어쩌면 보르헤스가 쓴 알려지지 않은 환상소설 중 하나일지도 모른다는 생각이 들었다.

"물론 그런 느낌이 있지만, 보르헤스는 확실히 아닙니다." 내가 보르헤스 얘기를 꺼내자마자 그는 보르헤스와는 다른 디테일이 있다며 손사래를 쳤다. 그렇다면 대체 누가 이런 소설을 쓰는 걸까? 어쩌면 1970년대 프랑스 누보로망 작가 중 하나일 수도 있다.

"그건 사장님 의견에 동의합니다. 로브그리예나 미셸 뷔토르라면. 누보로망 작가들의 실험정신은 정말이지 혀를 내두르게 할 정도 아니겠습니까?"

M씨의 그 말을 시작으로 우리는 러시아 SF소설 작가들과 이탈로 칼비노, 저지 코진스키, 그리고 로베르토 볼라뇨에 이르기까지 그런 작품을 썼을 것 같은 사람들의 이름을 나열하며 긴 시간을 보냈다. 내 생각에 그는 소설에 대해서 꽤 해박한 지식을 가지고 있는 것 같았다. 특히 우리나라에서 번역된 로베르토 볼라뇨 소설 제목을 예

닐곱 권이나 막힘없이 늘어놓을 때는 놀라울 정도였다. 그런 사람이 정작 자신이 가장 재미있게 읽은 책의 제목을 모른다는 게 이상했지만 별도리가 없었다. 그날도 오래 이야기를 나눴지만 우리가 찾는 책에 대한 단서는 나오지 않았다.

M씨가 세 번째로 책방에 왔을 때, 나는 그가 또 무슨 이야기를 들려줄지 은근히 기대하고 있었다는 걸 고백한다. M씨에게 그렇게 말하지는 않았지만, 나는 그가 온 이유를 조금은 알 것 같았다.

내 예상은 정확히 맞았다. 그는 이번에도 똑같은 이유로 나를 찾아왔다. 그 책에 실린 다른 소설 한 편이 갑자기 기억났다는 거다. 나 역시 지난번과 같이 인사를 하고, 수첩을 꺼내고, 그에게 물을 한 잔 내줬다. 그는 이야기를 시작했다.

"한 젊은 야구선수가 주인공입니다. 그는 프로구단에 입단한 지 2년밖에 안 된, 이제 막 재능을 펼쳐나가야 할 신인선수였죠. 하지만 그에겐 투수로서 천부적인 소질이 없다는 걸 자신도 잘 압니다. 열심히 노력은 하지만, 언제나 성적은 중간 정도에 머물고 있습니다. 사실 그가 야구를 시작하게 된 계기는 현역 시절 MVP를 열 번이나 받은 어떤 전설적인 투수 때문입니다. 그 나라 사람이라면, 야구를 좋아하지 않아도 그 선수에 대해서는 잘 알 정도였지요. 스무 살에 선수 생활을 시작한 그는 거의 쉰에 가까운 나이가 될 때까지 현역으로 뛰었을 정도로 실력과 자기관리 능력이 뛰어났습니다. 마지막 MVP 수상은 마흔다섯 살에, 절대로 무너지지 않는 마무리투수로 활동하며 받았습니다. 은퇴 후에 여러 구단에서 감독이 되어달라는 제안을 받았고, 심지어 외국에서도 에이전시를 통해 투수 코치로 영입하고 싶다는 말을 전했으나 그는 모든 제안을 거절했습니다. 그렇게 영원한 전설로 남았습니다. 주인공인 젊은 야구선수는 전설이 된 투수가 데뷔 때부터 은퇴할 때까지 줄곧 하나의 글러브만 썼다는 걸 알고 있었습니다. 그 사실은 유명해서 뉴스에도 몇 번 나왔습니다. 젊은 야구선수는 전설의 집에 몰래 숨어 들어가 그 글러브를 훔치려는 계획을 세웁니다. 그런 상징적인 물건을 가지고 있으면 야구 실력이 더 좋아질 거라는 믿음이 있었기 때문입니다. 부적처럼 말이죠. 이윽고 그는 계획을 실천에 옮깁니다. 하지만 도둑질은 야구 실력보다 더 소질이 없었던가 봅니다. 글러브가 있는 곳에 채 가까이 가기도 전에 집주인인 전설의 투수에게 발각됐습니다. 젊은 야구선수는 사실대로 이실직고했고, 전설의 투수는 그에게 뜻밖의 사실을 말해줍니다. 데뷔 때부터 썼다고 알려진 글러브는 어디에도 없다는 겁니다. 사람들에게 관심을 끌려고 일부러 그런 말을 했던 것이고, 자신은 관심을 받을수록 더 좋은 성적이 나왔기 때문에 계속해서 다른 말들을 지어내 관심이 끊어지지 않도록 했다는 얘기였죠. 소설은 그렇게 황당하게, 그리고 조금은 허무하게 끝납니다."

지면 관계상 나는 이 이야기를 짧게 편집할 수밖에 없었는데, 실은 M씨가 들려준 젊은 야구선수에 관한 단편소설은 거의 한 시간 정도나 이어졌다. 재미있는 이야기였다. 그는 사실 소설 전체를 외우고 있는 게 아닐까 싶을 정도로 자세한 부분까지 언급하며 줄거리를 풀어냈다. 하지만 이 소설도 역시나 한 번도 들어본 일이 없었다. 어느 일본 작가의 소설 아닐까? 이를테면 오에 겐자부로의 초기 단편 중 하나일 수도 있다.

그날도 우리는 소설에 관한 이야기를 두어 시간이나 했다. 대화하는 게 싫지는 않았지만 책을 빨리 찾지 않으면 이런 대화를 몇 번이나 더 해야 할지 알 수 없는 상황이다. 왜 M씨는 하필이면 한 달에 한 번 소설 내용이 기억나는 것일까? 이상한 게 아니라 이제는 수상한 느낌마저 들었다. 하지만 책을 찾겠다고 약속했으니 어쨌든 계속 수소문을 하는 한편, 시간이 날 때마다 큰 서점에 들러 단편소설을 모아놓은 책들도 살펴봤다.

그리고 다시 한 달 후, M씨가 슬슬 방문할 것 같은 예감이 들었으나 이번엔 직접 오지 않고 내게 전화를 했다. 그는 그동안 자기가 너무 나를 귀찮게 한 것 같아서 미안하다고 말했다. 그러면서 대뜸 책 제목이 생각났다고 하는 게 아닌가.

"《중남미 현대 단편소설집》이라는 책입니다. 민용태 교수가 엮은 책이죠. 도무지 기억이 안 났는데, 책방에 가서 사장님하고 이야기를 나누는 동안 무슨 책인지 알게 됐습니다. 허허, 이것 참 부끄럽네요. 그래서 찾아뵙지도 못하고 이렇게 전화로 말씀드립니다."

전설의 투수에게 실은 전설의 글러브가 없었다는 것만큼이나 허탈했다. 게다가 그 책은 물론 절판된 것이긴 했지만 구하기 어려운 쪽에 속하는 책도 아니었다.

그 책은 예상했던 대로 두어 주 만에 찾을 수 있었다. 그런데 책을 아무리 살펴봐도 M씨가 그동안 책방에서 들려준 이야기와 일치하는 작품은 한 개도 없었다. 책을 받으러 다시 책방에 들른 M씨는 뜻밖의 사실을 고백했다. 지금까지 내게 들려줬던 얘기가 사실은 자기가 직접 쓴 소설이며 어렸을 때부터 작가가 되고 싶어서 몰래 습작을 해왔다는 것이다.

하지만 결혼 후 가정을 꾸려나가다 보니 자연스레 소설가의 꿈은 멀어질 수밖에 없었고 가정에서도 소설 얘기를 하면 타박을 받았다고 털어놓았다. 그는 자기가 소설 이야기를 했을 때 진지하게 몇 시간씩 들어준 사람은 당신밖에 없다며 내게 고맙다고 말했다.

"하지만 이 모든 일이 다 꾸며낸 이야기는 아닙니다.《중남미 현대 단편소설집》만큼은 제가 가장 좋아하는 책이거든요. 오래전 이사하다 잃어버려서 꼭 다시 찾아 읽고 싶었습니다. 그 책을 찾고 싶은 것만큼은 꾸며낸 게 아니라 사실입니다. 저는 그 책을 읽으면서 거기 나오는 보르헤스나 마르케스처럼 위대한 환상문학가가 되는 걸 꿈꿨습니다. 지금도 그 꿈을 완전히 버리지 않았습니다. 아니, 버릴 수 없는 꿈입니다."

그 손님을 기억할 때마다 나는 처음으로 그를 봤던 날을 떠올린다. 여전히 그는 소설을 쓰고 있을까? 나는 그가 소설 쓰기를 포기하지 않는 동안 영원히 늙지 않는 마법도 사라지지 않기를 은근히 기대하고 있다. 사람은 꿈을 간직하고 있는 동안에는 언제나 어린아이처럼 순수한 마음으로 살 수 있다.

불운한 책 도둑

《에덴동산》
어니스트 헤밍웨이 지음, 김은국 옮김
시사영어사, 1986년

책방은 아름답고, 고즈넉하고, 감성 어린 가게라는 편견이 있다. 나도 한때는 그렇게 생각했다. 하지만 이제 책방에서 일하고 있는 처지가 되어보니 알겠다. 그것이 실제와는 한참 거리가 먼 편견이라는 걸. 책방은 사실 엄청나게 시끄럽고 별별 사건이 다 일어나는 이 세계의 축소판이다. 게다가 그곳이 헌책방이라면 더 무슨 말이 필요할까? 헌책방은 책 속에 펼쳐진 끝없는 우주와 거기서 반짝이는 보물을 찾으려는 인간의 욕심이 어지럽게 엉켜 있는 비좁은 시장 골목과 같다. 언젠가 한 손님이 내게 그랬던 것처럼 책방은 낙원같이 아름답게 꾸며놓은 지옥이라고 말하는 게 맞을지도 모른다.

내가 일하는 헌책방은 작고 누추한 곳이지만, 이곳에서도 역시 시끄러운 일은 자주 벌어진다. 기억을 더듬어보면 금방 여러 사건이 두서없이 떠오른다. 그중에서 가장 기억에 남는 것을 몇 개 추려보라고 한다면 아무래도 책 도난사건이 빠질 수 없다. 책방에서 책을 훔친다? 과연 그런 일이 있을까? 있기는 하겠지만, 자주 그런 사건이 생길까? 물론이다. 책 도둑은 상상 이상으로 많다.

훔치려면 돈이나 보석이지, 왜 책일까? 크게 나누면 이유는 두 가지다. 첫째는 읽기 위해서. 그다음은 책을 팔아 돈을 만들기 위해서다. 간혹 두 가지 이득을 다 챙기는 도둑도 있다. 훔친 책을 정성껏 읽은 다음 다른 헌책방이나 인터넷에 올려 파는 거다.

책 도둑은 어느 서점에나 있기 마련이다. 바퀴벌레 같다고나 할까? 언뜻 보면 없는 것 같지만 사실 상당히 많다. 책이 있는 곳이라면 어디나 도둑이 있다고 해도 심한 말이 아니다. 대형서점, 마트의 도서 코너, 지하철 대기실에 마련한 공공문고, 심지어 교회나 성당에 몰래 들어가 성경책을 훔쳐다 파는 사람도 있다.

헌책방은 특히 책 도둑이 들끓는 곳이다. 절판된 책이 많기 때문이다. 찾는 사람이 많지만 판이 끊겨 다른 서점에서 살 수 없는 책은 정가보다 비싸게 팔린다. 수요가 많은 절판본은 보통 정가의 두세 배 정도 값이 올라간다. 어떤 책은 열 배, 스무 배까지 껑충 뛰기도 한다. 유능한 책 도둑은 헌책방에 들어갔을 때 무심하게 책장을 한 번 쓱 훑어보는 것만으로도 이런 책을 단번에 알아본다.

또 하나 헌책방 책 도둑의 특징이라면 면식범이 많다는 거다. 비싼 책을 훔치려고 일부러 목표한 가게의 단골이 되기도 한다. 책방에 자주 나타나 저렴한 책을 여러 권 사들이며 주인장과 친해진 다음, 경계심이 풀어진 틈을 이용해 비싼 책을 훔치는 수법이다. 다른 범죄도 비슷하겠지만 어떤 책방에 처음 방문한 사람이 그날 바로 책을 훔치는 경우는 드물다.

처음 방문한 가게에서 책을 훔쳤다면 그는 분명 다음과 같은 두 부류 중 하나다. 도둑이 아닌데 어쭙잖게 흉내를 낸 것, 아니면 경험치 레벨이 엄청나게 높은 도둑이다. 어느 쪽도 아니라면 그 책을 훔쳐야만 할 사연이 있는 게 확실하다.

어느 해 가을, 예순 살 정도로 보이는 한 남성 손님이 책방 문을 열고 들어왔다. 나는 그가 보통 손님이 아니라는 걸 단박에 알아봤다. 조금 구부정한 어깨에 불안한 표정이 그 증거다. 평범한 손님은 책방에 들어올 때 표정이 편안하다. 책방에 오는 손님은 기본적으로 책을 좋아하는 사람이다. 그런 사람이 책으로 가득한 가게에 들어올 때 표정이 일그러져 있다는 것 자체가 말이 안 된다. 그런 표정을 짓고 있는 사람이라면 책방에서 어떤 식으로든 사고를 칠 확률이 높다. 나는 가볍게 인사를 한 다음, 다른 일을 하는 척 몸을 돌리고 곁눈질로 그 손님을 주의 깊게 살폈다.

손님은 조심성이 많은 초식동물처럼 냄새를 맡듯 책장 이곳저곳에 머리를 대고 책을 살폈다. 딱히 찾는 책이 있는 것 같지는 않았다. 그는 손가락으로 자기 오른쪽에 있는 책을 훑으면서 눈은 왼쪽 위를 향해 다른 책을 보고 있었다.

그리고 잠시 후, 우려했던 일이 벌어졌다. 그는 소설 책장 앞에 잠시 멈춰 있는가 싶더니 책 한 권을 뽑아 들어, 입고 있는 싱글 코트 안주머니에 넣었다. 그 동작을 정확히 보고 있던 나는 두 가지를 확신했다. 첫째, 그는 책을 훔쳤다. 둘째, 그는 도둑이 아니다. 만약 책 도둑이었다면 저렇게 부자연스러운 자세로 책을 코트에 숨기지는 않았을 것이다. 어쩌면 본인도 지금 자기 행동이 엉성했다는 걸 알고 있을지도 모른다. 책을 겨드랑이 안쪽 어느 곳에 숨긴 뒤부터 그의 행동은 더욱 이상해졌다. 알 수 없는 주사를 맞은 실험용 쥐처럼 안절부절못하면서 책방 이곳저곳을 빠르게 왔다 갔다 하더니 갑자기 발걸음을 문 쪽으로 향했다. 그는 문손잡이를 잡더니 잠깐 망설이는 것처럼 동작을 멈췄다. 그의 얼굴을 보니 이마에서부터 뺨, 그리고 턱까지 이어지며 땀이 흥건했다.

나는 그가 문을 완전히 열 때까지 기다렸다가 일부러 조금 큰 소리로, 하지만 정중한 태도로 불러세웠다.

"손님! 잠시만요. 혹시 책 계산하는 걸 잊으셨다면 제가 도와드리겠습니다."

이 말에 그는 프로그램 오류로 정지된 화면 속 게임 캐릭터처럼 작게 몸을 떨며 멈춰 섰다. 그는 아무 말도 하지 않고 가만히 있었다. 표정이 몹시 창백하게 변했다. 나는 그에게로 다가가, 이번엔 조금 낮은 목소리로 다시 말했다.

"무슨 문제가 있으신가요?"

그는 땀범벅이 된 얼굴을 내 쪽으로 돌리더니 이내 고개를 푹 숙이며 혼잣말처럼 작게 말했다.

"정말 운이 없군요."

"네? 뭐라고요?" 나는 놀라서 되물을 수밖에 없었다.

그는 대답 대신 코트 안주머니에서 책을 꺼내 내게 내밀었다. 헤밍웨이가 쓴 소설《에덴동산》이다. 이 책은 작가가 자살로 생을 마감하기 전 남긴 최후의 소설로, 우리말 번역본은 시사영어사에서 독점 계약해 1986년에 출판했다. 절판된 책이지만 위험을 무릅쓰고 훔칠 만큼 비싼 책은 아니다. 하지만 운이 없다는 건 또 무슨 말일까?

나는 그에게 손수건을 주면서 땀을 닦으라고 했다. 그리고 의자에 앉아 조금 쉬었다가 가는 게 어떻겠냐고 권했다. 그는 순순히 내 말을 들고 다시 책방으로 들어왔다. 의자에 앉고 나서 그는 비로소 내게 책을 훔쳐서 미안하다고 말했다.

"제가 책 뒤에 가격을 써놨듯이 이 책은 5천 원입니다. 책을 살 돈이 없으신가요?"

"돈은 있습니다." 그는 내게 지갑을 꺼내 보여줬다. 그 안에는 얼핏 봐도 몇만 원 정도 되는 지폐가 들어 있었다.

"이상하네요. 이 책은 비싸지도 않은데 왜 몰래 가져가려고 하셨나요?"

"제 운을 시험해보려고 그런 겁니다."

십수 년간 헌책방에서 일하며 책 도둑 현행범을 여럿 잡았는데 이런 이유는 처음이라 황당했다. 보통은 발뺌하는 게 기본이다. 계산하는 걸 깜빡 잊었다고 너스레를 떠는 건 애교 수준이다. 애초에 자기가 가져온 책이라고 우기는 사람도 있다. 나는 직감적으로 이 손님에게 뭔가 특별한 사연이 있다는 걸 알았다. 운을 시험해보려고 책을 훔치다니. 도대체 이 중년 남자와 헤밍웨이의 마지막 유작 사이에는 무슨 이야기가 얽혀 있는 걸까? 나는 한 가지 제안을 했다.

"비싼 책은 아니지만, 책을 훔친 건 절도입니다. 책값 5천 원은 주셔야겠습니다. 그런데 제 생각에는 선생님이 이 책을 가져가려고 한 사연이 있을 것 같은데요? 그 사연을 제게 들려주신다면 오늘 일에 대해서는 비밀로 하겠습니다. 어떠신가요?"

그는 한동안 생각에 잠겨 말이 없다가 마침내 고개를 끄덕이며 "이 책은 제가 몇 년 동안 찾아다니던 겁니다."라고 털어놓았다.

그의 이름은 O이고 내가 처음에 짐작했던 것과 달리 쉰두 살로 노인 같은 생김새와 다르게 실제 나이는 한참 적었다. 얼굴 곳곳에 깊이 팬 주름과 찡그린 듯한 불안한 표정 때문에 나이가 더 들어 보였던 것이다.

O씨는 이야기를 시작하면서 내게 "세상 모든 일이 운에 따라 결정된다는 걸 믿으십니까?"라고 물었다.

"글쎄요. 가끔은 그런 생각을 할 때도 있습니다. 하지만 모든 일이 단지 운으로 결정된다면 노력이나 계획 따위는 의미가 없으니 사는 게 따분할 것 같네요."

"어쩌면 사람마다 다를 수도 있겠지요. 하지만 제 경우엔 모든 게 운입니다. 그저 운이 맞아 이 세상에 태어났고 아직 죽을 운이 아니라 이렇게 살아 있는 거죠. 저는 그렇게 믿습니다. 생각해보세요. 신이 처음에 인간을 만들었을 때, 물론 신은 계획이 있었겠지만, 최초의 인간인 아담 처지에선 세상에 태어난 것 자체가 운입니다. 그것 말고 다른 게 또 있을까요? 그는 신의 계획을 전혀 모릅니다. 그게 고통의 시작이지요. 낙원에 살고 있다는 게 무슨 의미가 있습니까? 해결될 수 없는 근본적인 고통이 아담을 지배하고 있다면 에덴동산은 그야말로 세상에서 가장 아름답게 꾸며놓은 지옥이나 다를 바 없습니다."

나는 그가 무슨 말을 하려는지 짐작할 수도 없었다. 사이비 종교에 빠져 정신이 조금 이상해진 것일지도 모른다는 생각마저 들었다. 하지만 무엇 때문인지 모르게 그가 하는 말에서 진심이 느껴졌다.

O씨는 계속 이야기했다. 그는 자신이 운 좋게 태어나서 지금껏 운 좋게 죽지 않은 것을 빼면 언제나 운이 나빴다고 말했다. 그는 가난한 집안에서 태어났다. 아버지는 알코올 중독자였고 어머니는 허름한 술집에서 일했다. 초등학교 5학년 때, 그는 처음으로 자기가 운이

나쁜 사람이라는 걸 깨달았다. 학교에서 시험을 보는데 실수로 연필을 바닥에 떨어뜨린 사건이 그 계기다. 어린 O씨는 자리에서 일어나 연필을 주우려 했는데, 순간 선생님이 큰 소리로 그의 이름을 불렀다. 선생님은 O씨의 말을 들어보려고 하지도 않고 커닝을 했다며 다른 친구들이 보고 있는 앞에서 시험지를 찢어버렸다. 그날 이후 O씨는 끔찍한 불안상태에 시달렸다. 그런 불안을 이겨낼 수 있었던 힘은 의외로 어머니의 한 마디 때문이었다.

"그 사건이 있고 나서 며칠 후 어머니는 제가 이상하다는 걸 눈치채고 왜 그러느냐고 물었습니다. 저는 시험시간에 있었던 일을 사실대로 말했습니다. 어머니는 맥빠진 목소리로 '네가 운이 나빴구나.'라고 하셨습니다. 제가 어머니 말씀을 듣고 실망했느냐고요? 오히려 반대입니다. 그 순간 저는 갑자기 마음이 상쾌해졌습니다. 제 탓이 아니었던 겁니다. 그저 운이 나빴을 뿐……."

그러나 기쁜 마음도 잠시, 그의 정신은 다시 어두운 터널로 깊이 빠져들었다. 도무지 좋은 운을 만날 수 없었기 때문이다. 돌이켜보면 그가 가난한 집에서 태어나고 무능력한 부모를 만난 것도 운이 나쁜 결과라고 여겼다. O씨는 자신의 삶을 불운이 지배하고 있다고 믿었다. 불운의 결정타는 재수해서 간신히 들어간 대학 신입생 때였다.

O씨와 같은 학과에 너무나도 아름다운 여학생이 있었다. 그 여학생과 같은 교실에서 공부하게 된 것 자체가 행운이라고 여겼다. 평소 책 읽기를 좋아한 O씨는 여름방학 직전에 여학생에게 책을 선물로 주며 마음을 고백하려는 계획을 세웠다.

"마침 그즈음 헤밍웨이의 유작인 《에덴동산》이 번역서로 출간됐습니다. 이것 역시 행운의 징조라고 생각했습니다. 제가 헤밍웨이 작품을 좋아했거든요. 읽어보니 작가인 남자주인공과 젊은 여성이 휴양지에서 만나 여러 우여곡절 끝에 사랑을 이루게 된다는 내용이더군요. 저는 그 책 속에 제 마음을 표현한 쪽지를 넣어 여학생에게 선물했습니다. 결과는 완전히 실패였습니다. 어쩌면 그럴 수가 있을까요? 여학생은 제가 준 책을 보더니 안에 있는 쪽지를 확인할 생각도 하지 않고 받지 않겠다고 하더군요. 이유를 물으니 자기는 불교 신자라고 합디다. 《에덴동산》이라는 제목 때문에 그 책이 기독교에 관한 내용인 줄 알았던 겁니다. 저는 종교 서적이 아니라고 말했지만, 여학생은 책 표지에 있는 번역자 이름을 가리키며 '여기 《순교자》의 저자 김은국이라고 쓰여 있잖아요.'라고 차갑게 말했습니다. 그걸로 끝이었습니다. 졸업할 때까지 그 여학생과는 두 번 다시 말도 섞지 못했습니다."

불운은 비구름처럼 계속해서 그를 따라다니며 가는 길마다 어두운 그림자를 만들었다. 학교 성적은 좋지 않았고 그러다 보니 졸업하고 취직을 하는 것도 어려웠다. 공사 현장에서 벽돌 나르는 일을 하다가 다쳐 팔이 부러진 일도 있다. 어쩌다 작은 회사에 취직했는데, 사장이 야반도주해서 월급도 받지 못했다. 친구가 동업하자고 제안했던 일도 있었다. 큰 물류회사에서 하도급을 받는 거라 일단은 작은 창고가 필요하다며 O씨에게 돈을 조금 투자하라고 했다. 그는 자기가 가진 모든 걸 다 그러모으고 그것으로 모자라 사채까지 빌려 친구에게 현금으로 건넸다. 당시엔 왜 그 친구가 굳이 현금을 원했는지 의심조차 하지 않았다. 며칠이 지나도 연락이 없자 그가 먼저 친구에게 전화를 걸었다. 이번에도 지독한 불운이었다. 친구는 이미 잠적했고 알고 보니 그에게 알려준 전화 연락처도 대포폰이었다.

이렇듯 O씨의 인생은 언제나 불운, 실패, 좌절, 그리고 고통의 연속이었다. 지금도 그는 여기저기 여관을 떠돌며 건설 현장에서 허드렛일을 한다. 이상이 그가 들려준 삶의 이야기다.
"가끔 제가 살아온 날들을 되돌아보면,《에덴동산》을 읽던 때가 그립습니다. 그 책을 여학생에게 선물하려고 마음을 담아 쪽지에 편지 썼던 그때는 얼마나 순수했던지요. 만약에 시간을 돌이켜 삶을 다시 시작할 수 있다면 그 책과 만났던 순간에서부터 시작하고 싶습니다. 하지만 그럴 수는 없겠지요. 대신에 저는 몇 년 전부터 헌책방에 다니며《에덴동산》을 찾았습니다. 만약 그 책을 어느 가게에서 발견하면, 훔쳐야겠다고 다짐했습니다. 우습게 들리실지도 모르겠지만, 책을 훔치는 데 성공하면 앞으로의 운은 잘 풀릴 거라는 뜻 모를 믿음이 있었습니다. 하지만 역시 이번에도 운이 나빴군요."
　O씨는 말을 마친 다음 낡은 지갑에서 5천 원짜리 한 장을 꺼내 내 앞에 놨다. 그러고는 아무 말 없이 책을 손에 들고 자리에서 일어났다. 그는 책방에 들어왔던 때와 마찬가지로 어깨를 늘어뜨리고 문 쪽으로 걸어갔다. 나는 그에게 무슨 말이라도 해주고 싶었다.
"그 책 내용을 아직 기억하시나요?"
　내가 부르는 소리에 그가 문 앞에 멈춰서서 뒤를 돌아봤다.
"워낙 오래전에 읽었으니까요. 자세히 기억하고 있지는 않습니다."
"3장 마지막 즈음일 겁니다. 주인공 데이빗이 사랑하는 여인 마리따를 진심으로 받아들이는 장면 말이죠. 그것도 실은 운이었어요. 마리따가 데이빗에게 정말로 우리가 운이 좋다고 생각하느냐고 물으니까 데이빗이 그렇다고 말합니다. 그 부분을 한번 찾아보세요."
　O씨는 책을 넘겨 내가 말한 장면을 찾았다. 내 기억이 맞는다면

데이빗의 답변이 그에게 조금은 위로가 될 수도 있다. 하지만 기억은 틀릴 수도 있다. 지금은 그야말로 운에 맡겨야 할 순간이다. O씨는 드디어 내가 말한 장면을 책에서 찾아냈다. 소설 거의 끝부분이다. 그는 데이빗이 한 말을 그대로 읽었다.

"오늘 아침, 아니면 밤사이에 운이 바뀐 것 같아."

나는 아무 말 없이 그의 얼굴을 봤다. O씨도 책을 덮더니 내 쪽을 향해 고개를 들었다. 그가 천천히 내게 다가오더니 손을 내밀어 악수를 청했다. 우리는 손을 맞잡고 가볍게 흔들었다. O씨가 말했다.

"책 내용이 생각납니다. 처음에 읽었을 때는 왜 이 부분을 발견하지 못했을까요? 데이빗과 마리따는 분명 여러 가지 운이 겹쳐서 사랑의 결실을 볼 수 있었습니다. 하지만 모험이 없었다면……."

그 뒷말은 내가 받아서 계속했다.

"운을 통과하려는 두 사람의 모험정신이 없었다면 결국 사랑은 이뤄지지 않았겠지요."

O씨는 고개를 끄덕였다. 우리는 가볍게 인사를 나눈 뒤 헤어졌다. 그는 문을 열고 나가면서 내게 "몇 년 동안이나 찾던 책인데 운 좋게 여기서 발견했습니다. 이런 책이라면 돈은 더 받으셔도 됩니다."라고 했다.

나는 그가 돌아간 뒤에도 한참이나 물끄러미 문 쪽을 보고 서 있었다. 주머니에 찔러 넣은 내 손에는 그가 주고 간 5천 원짜리 지폐 한 장이 만져졌다. 나는 책방에서 쓰는 조그만 돈 통을 열고 오늘의 첫 매출인 5천 원을 넣었다. 그런데 순간 내 눈을 의심했다. 그건 5천 원이 아니라 5만 원짜리 지폐였다. 지폐 색이 비슷해서 헛갈린 걸까? 나는 이제라도 뛰어나가 O씨를 찾아봐야 할까 고민했다. 그러다 그가 책방을 나가기 전 돈을 더 받아도 된다고 내게 했던 말을 떠올렸다. 그는 오늘 책을 훔친 일에 대한 미안한 마음도 보태서 책값으로 5만 원을 준 것일까? 그 후로 다시 O씨를 만나지 못했기 때문에 그날 일에 대한 진실은 알 수 없다. 하지만 나는 그의 운이 다음 날 아침, 아니면 밤사이에 좋은 쪽으로 바뀌면 좋겠다고 생각했다. 비록 책을 훔친 건 잘못이지만 그에겐 자신의 운을 향한 모험이었을 테니까 말이다. 나는 그렇게 이해하기로 했다. 우리 책방에서 겪은 일을 계기로 앞으로는 그에게 좋은 운이 더 많이 생겨나길 바란다.

동묘앞
책 찾기 대결

《도둑 일기》
장 주네 지음, 방곤 옮김
평민사, 1979년

가을은 역시 책의 계절이다!

하지만 진짜 책을 잘 아는 사람이라면 이 말이 현실과 다르다는 걸 알 거다. 가을은 날씨가 좋으므로 다들 야외 활동을 즐기기 때문이다. 높은 하늘, 깨끗한 공기, 예쁜 옷을 갈아입은 산과 들판—1년에 고작 몇 주뿐인 이 계절에 고리타분하게 책방에 와서 책을 고를 사람이 얼마나 될까?

"그런 사람이 진짜 단골이지요. 안 그래요?"

무료할 정도로 손님이 없는 오후, 혼자서 책을 고르고 있던 M씨가 나를 보며 웃으며 말했다. M씨는 그리 달가운 손님이 아니다. 가끔 책방에 오기는 하지만 정작 책을 사는 일은 별로 없다. 나이는 나보다 몇 살 아래일 것 같은데 도무지 정체를 알 수 없는 사람이다. 금요일 오후에 책방에 와서 몇 시간째 책을 둘러보고 있는 걸 보면 직장인 같지도 않다. 말과 행동이 가벼워서 그렇지 책에 대해서는 아는 게 많은 사람이다.

"자주 온다고 단골이 아녜요. 오랜만에 오더라도 책을 많이 사는 사람이 단골이죠."

M씨가 또 무슨 화제로 말을 걸어올 것 같은 분위기라 나는 조금 빈정대는 투로 대답했다. 이렇게 선을 그어놓지 않으면 M씨는 만담가처럼 자기 얘기를 줄줄 늘어놓기 때문이다.

"좋은 책이 있어야 사죠. 사장님은 아끼는 책을 따로 보관해놓는 방이 있다고 들었는데, 사실인가요? 거기 구경 좀 시켜주면 안 돼요?"

"그런 얘기 아무한테도 안 했는데 어떻게 알아요?"

나는 깜짝 놀라 M씨를 쳐다보았다. 그는 여전히 내게 등을 보인 채로 책장에 얼굴을 박고 있었다. 그러다 갑자기 킬킬거리면서 고개를 돌렸다.

"어? 정말이군요? 혹시나 하고 넘겨짚은 건데 역시 그렇군요. 하하하!"

이런. 또 당하고 말았다. 항상 이런 식이다. M씨는 그야말로 여우와 곰을 섞어놓은 것처럼 어슬렁거리며 다가와서 갖가지 꼼수로 사람 골탕 먹이는 방면에는 선수급이다.

"뭐, 어쨌든 M님에게 보여줄 만한 곳은 아니니까 단념하세요."

"저도 큰 기대는 안 했어요. 하지만 거기서 뭔가 값나가는 책이 없어지면 제가 훔쳐간 줄로 아세요. 하하하, 농담이에요, 농담……."

저런 소리를 농담이라고 하다니. 정말이지 뭐라도 하나 맘에 드는 구석이 없는 사람이다.

그렇게 우리 두 사람이 옥신각신하고 있을 때, 오늘 방문하기로 미리 약속했던 B씨가 책방 문을 열고 들어왔다. 다부진 작은 체구에 희끗희끗한 머리가 그의 나이를 말해주고 있다. 하지만 얼굴빛이 유난히 붉고 명랑한 표정이라 매우 건강해 보였다.

"재미있는 일을 하신다기에 저도 그 재미를 조금 나눠 갖고 싶어서 이렇게 왔습니다."

B씨는 아이처럼 호기심에 가득 찬 동그란 눈으로 나를 보며 말했다. 책에 얽힌 사연을 듣는다는 건 분명히 재미있다. 하지만 어디에 있는지 알 수 없는 오래된 책을 찾는 일이란 생각만큼 재밌지도 않고 더구나 쉽지 않은 일이다. B씨는 어떤 책을 찾고 있는 것일까? 과연 내가 찾을 수 있는 책일까? 이런 생각을 하면 사연을 듣기 전부터 몸과 마음이 한꺼번에 긴장된다.

"프랑스 작가 장 주네의 책을 찾고 있습니다. 워낙 유명한 작품이라 지금도 시내 서점에 가면 살 수 있지만, 읽어보니 영 맘에 안 들더라고요. 제가 젊은 시절에 읽었던 그 느낌이 아니에요."

"예전에 읽은 느낌이란 구체적으로 어떤 의미인가요? 그보다, 장 주네의 어떤 책을 찾으시는지 먼저 말씀해주세요."

"좀 거친 느낌이라고 할 수 있겠죠. 제대로 된 교육을 받지 못한 사람이잖아요, 장 주네라는 사람. 그런 작가가 쓴 책이니까 기본적으로 문장이며 내용이 거칠죠. 나는 책 읽기를 그리 즐기는 편은 아니었어요. 우리 집은 넉넉한 살림이 아니라 일찍 사회생활을 시작한 탓도 있지요. 고등학교를 마치고……."

그때 갑자기 M씨가 불쑥 끼어들었다.

"장 주네, 《도둑 일기》 아닌가요?"

나와 B씨는 동시에 M씨 쪽으로 고개를 돌렸다. M씨는 아랑곳하지 않고 말을 이었다.

"선생님께서 거친 느낌이라 말씀하셔서 감이 딱 왔습니다. 《도둑 일기》야말로 정말 날것 그대로의 작품이니까요. 그 소설은 1940년대에 작가가 감옥에 있을 때 쓴 것이고, 제 기억에 우리말 번역본은 삼성출판사 세계문학전집에 실렸습니다. 그게 처음일 거예요. 1970년? 아마 그즈음일 겁니다."

"손님과 대화 중이잖아요. 조용히 해주세요." 나는 의도적으로 목소리를 조금 높였다. 하지만 B씨는 별로 신경 쓰지 않는 것 같았다. 심지어 B씨는 싱글벙글 웃으며 손짓으로 M씨를 불렀다.

"《도둑 일기》 맞아요. 내가 찾는 건 삼성출판사가 아니라 평민사에서 펴낸 단행본이지만요. 책을 잘 아는군요? 여기 직원인가요?"

"직원이 아니라 저도 손님입니다. 단골손님이랄까요? 하지만 주인장보다 책을 조금 더 잘 아는 손님이라는 게 중요하죠. 하하."

M씨는 너스레를 떨면서 자기 마음대로 의자를 하나 빼내 B씨 옆자리에 앉았다. 나는 화가 나서 뭐라도 한마디 쏘아붙일 심산으로 M씨를 노려봤다. 그러다가 어차피 화를 내봐야 나만 손해라는 생각이 들어서 다시 B씨를 향해 자세를 고쳐 앉으며 말했다.

"평민사에서 펴낸 단행본 《도둑 일기》라면 1970년대 후반이죠. 젊은 시절 추억이 깃든 책이니까 꼭 찾아보겠습니다."

그때 다시 M씨가 비아냥거리는 투로 내 말을 받아쳤다.

"과연 찾을 수 있겠어요, 사장님? 제가 대신 찾아드릴까요? 아시다시피 저는 늘 한가하니까 돌아다니면서 책 찾는 건 일도 아녜요."

이 이상으로 참고 있는 건 앞에 있는 손님에게도 실례라고 생각해서 드디어 큰소리를 냈다.

"그만하시죠. 책은 제가 찾을 테니까 여기서 볼일 끝났으면 얼른 돌아가세요."

책방이 갑자기 조용해졌다. 손님 앞에서 이렇게 화를 내다니, 오히려 내가 더 무례한 게 아닐까 싶어서 B씨에게 "죄송합니다." 하며 고개를 숙였다. B씨는 아무 말 없이 나와 M씨를 번갈아 쳐다보더니 갑자기 호탕하게 웃었다.

"하하하. 정말 재밌군요. 제가 장 주네의 소설을 좋아했던 이유도 재미있었기 때문이에요. 작가 자신이 실제로 부랑자에 도둑질을 일삼았던 전력이 있었기 때문에 《도둑 일기》에 나오는 묘사가 너무 현실감 있게 다가왔거든요. 장 주네처럼 저도 어릴 때 무척 가난했어요. 덕분에 도둑질까지는 아니지만 별별 일을 다 겪으며 살았지요. 그런데 이렇게 직장에서도 은퇴하고 나니 사는 게 도무지 재미가 없어요. 재미없게 살면 더 빨리 늙는답니다. 그래서 말인데, 제가 오늘 두 분께 재미있는 제안을 하나 해도 되겠습니까?"

B씨는 말을 마치면서 나와 M씨의 얼굴을 차례로 쳐다봤다. 우리가 아무런 대답도 하지 않자 B씨는 뭔가 혼자만의 비밀스러운 계획을 숨기고 있는 듯 몸을 앞으로 숙이더니 장난스럽게 손바닥을 싹싹 비비면서 말을 이었다.

"보아하니 두 분 다 책에 관해서라면 자신이 있으신 것 같은데, 그렇다면 제가 두 분께 공평하게 기회를 드리는 건 어떨까요? 하지만 그것만으로는 재미가 없으니까 책을 먼저 찾으시는 분께 상금을 걸겠습니다. 현금 50만 원이면 어때요? 구미가 당기시나요?"

말을 마치자 M씨가 곧장 반응을 보였다.

그는 마치 사극에 나오는 탐관오리처럼 몸을 방정맞게 굽신거리더니 "좋습니다. 좋고 말고요!" 하면서 내 팔을 손가락으로 툭 쳤다. "어때요? 여기 계신 훌륭한 선생님 말씀대로 이건 아주 재밌는 대결이 될 것 같은데요?"

나는 여전히 화가 풀리지 않았지만, 가만히 생각해보니 이 대결에서 이기면 그동안 M씨에게 당했던 크고 작은 수모를 한꺼번에 갚을 수 있을 것 같았다. 하지만 이 여우 같은 M씨가 또 무슨 얕은 수작을 부릴지 알 수 없는 일이다. 고민 끝에 나는 대결을 받아들이기로 했다.

"좋아요. 합시다. 대신, 선생님 말씀대로 공평하게 해야겠죠. 마침 내일이 토요일이니까 아침에 동묘 지하철역에서 만나는 겁니다. 그곳 주변에 있는 헌책방들을 돌면서 《도둑 일기》를 먼저 찾는 사람이 승자입니다."

"저야 당연히 오케이죠!" M씨는 하얀 이를 드러내 보이며 웃었다. "《도둑 일기》는 어느 헌책방에든지 찾아보면 여러 판본으로 한 권 정도는 있을 겁니다. 최종 승자는 평민사에서 펴낸 초판을 먼저 찾는 사람으로 하면 되겠죠? 어떻습니까, 선생님?"

B씨는 한층 더 쾌활한 목소리로 대답했다.

"그럼, 합의는 이것으로 된 겁니다. 이 좋은 재미를 주최자인 제가 놓칠 수는 없는 거니까, 저도 아침에 동묘로 가겠습니다. 지하철역 앞에 있는 카페에서 기다리고 있을 테니까 책과 그 책을 구매한 영수증을 먼저 가져오시는 분께 약속한 상금을 드리겠습니다."

"좋습니다."

나와 M씨는 동시에 그렇게 말하면서 심각한 표정으로 서로 눈을 마주 봤다. B씨는 지금 이 상황이 어찌나 즐거운지 책방을 나서면서도 줄곧 싱글벙글 웃는 얼굴이었다.

다음 날, 우리 셋은 미리 정한 대로 아침 10시에 지하철 동묘앞역 3번 출구 앞에서 만났다. 이제부터 이 근처 헌책방들을 대상으로 책을 탐색한다. 종료 시각은 오후 3시. 그때까지 책을 찾은 사람이 없으면 당연히 상금도 없다. 간략하게 규칙을 함께 공유한 다음 B씨는 카페 쪽으로 걸음을 옮겼다.

3번 출구는 동묘공원과 벼룩시장이 시작되는 곳으로, 멀지 않은 곳에 '영광서적', '헌책백화점', '청계천서점' 등 큰 헌책방이 여럿 몰려 있다. 게다가 주말이면 길거리에 자리를 펴고 잡다한 물건을 파는 상인 중에서도 책을 다루는 분들이 적지 않기에 이 근방을 모두 둘러보자면 종일이라도 시간이 모자랄 게 분명하다. 오후 3시까지라면 당연히 계획이 필요하다. 그리고 두 사람이 같은 가게에 들어가서 책을 찾는다는 것도 모양이 좀 우습다. 우리는 우선 가장 가까이에 있는 영광서적으로 누가 먼저 들어갈 것인지 정했다.

"제가 가지고 있는 동전으로 결정하죠. 던져서 앞면이 나오면 제가 영광서적으로 먼저 가고, 뒷면이 나오면 M님이 영광서적입니다. 어때요?"

M씨는 아무래도 좋다는 듯 건방진 표정을 지으면서 내게 그러라고 했다. 동전은 앞면이 나와서 내가 먼저 영광서적으로 갔다. M씨는 가게를 지나쳐 헌책백화점 쪽으로 향했다. 그는 뒤도 돌아보지 않고 계속 걸었다. 나는 책방 사장님께 가볍게 인사를 한 뒤 본격적으로 책장을 뒤지기 시작했다.

책이 바닥부터 천장까지 쌓여 있어서 이런 곳에 처음 와본 사람이라면 당황할 수밖에 없다. 하지만 자주 다녀본 사람은 안다. 책들의 카오스 속에서도 나름의 코스모스가 존재한다는 걸. 책을 아무렇게나 쌓아둔 것 같지만, 주인이 자기만의 방식에 맞춰 분야별로 정리를 해둔 것이다. 그 정리 방법을 파악하는 게 책을 찾는 첫 번째 단서다.

영광서적의 경우,《도둑 일기》같은 외국 소설은 서점의 중간에서 안쪽으로 더 들어간 곳에 몰려 있다. 이 가게를 방문하는 손님들의 특성상 우리나라 작가의 소설이 더 잘 팔리기 때문에 그런 책을 입구 쪽 서가에 배치한다. 그리고 최근에 입고된 책들은 언제나 먼저 팔릴 수 있도록 들고나는 문 앞에 쌓아뒀다가 팔고 남은 책을 나중에 따로 정리한다.

예상했던 대로 2000년대 이후 민음사에서 펴낸 세계문학전집 중 하나인《도둑 일기》는 쉽게 눈에 보였다. 평민사판은 보이지 않았다. 내 경험상 찾는 책이 보이지 않는다고 해서 몇 시간이고 책장에 얼굴을 박고 있으면 오히려 집중력이 떨어진다. 그래서 나는 한 가게에서 최대 30분 동안만 책을 살피고 다음 책방으로 옮긴다. 그런 다음 처음에 왔던 가게에 다시 와서 봤을 때, 신기하게도 그때는 보이지 않았던 책을 발견하는 경우가 더러 있다.

영광서적 책장을 집중해서 살핀 뒤, 나는 길에 늘어서 있는 좌판 위에 있는 책들을 천천히 살피며 다른 책방으로 이동했다. M씨는 지금 어느 가게에 있을까? 그보다 내가 궁금한 것은 M씨가 어떤 모습으로 책을 찾고 있을지다. 그렇게까지 호언장담한다면 자기만의 어떤 특별한 책 찾기 비결이라도 있는 게 아닐까?

그렇게 생각하며 가게를 기웃거리다 보니 나는 어느새 책을 찾는 게 아니라 M씨를 찾고 있는 모양이 됐다. 하지만 첫 번째 들른 곳은 물론 두 번째 책방에도 M씨는 없었다. 설마 벌써 이곳을 다 살피고 다른 곳으로 간 것일까? 그럴 리가 없다. 이 두 곳도 영광서적 만큼 매장이 넓기에 대강 훑어본다고 하더라도 한 시간 이상은 머물러야 할 것이다. 이곳 반대편에 있는 초등학교 뒤쪽 골목에는 중고 레코드판과 책을 함께 파는 가게가 있다. 거기도 좋은 책이 꽤 있다. 내 예상과 달리 M씨는 처음부터 그쪽으로 향했는지도 모를 일이다.

하지만 거기에서도 M씨를 만날 수 없었다. 하는 수 없이 나는 다시 책 찾기에 집중하기로 했다. 그를 찾느라 괜히 아까운 시간만 버린 것 같아서 약이 올랐다.

뜻밖에도 그를 발견한 곳은 책방이 아니라 식당이었다. 오후 1시가 조금 넘은 시간, 나는 책을 찾느라 점심도 거른 채 동묘 골목을 뒤지며 걷고 있었는데 바로 그때 길옆 허름한 국밥집에 앉아 있는 M씨를 보았다. 그는 천연덕스럽게 밥을 먹고 있었다. 놀라움을 넘어 조금 허탈한 느낌마저 들었다. 설마 벌써 책을 찾고 여유롭게 식사를 하는 건가?

그는 거의 식사를 마쳤는지 휴지로 입을 닦더니 배낭을 들고 일어났다. 조금 떨어진 곳에서 그 모습을 지켜보던 나는 몰래 그를 따라가 보기로 했다.

M씨는 길에 있는 가게나 좌판에는 눈길도 주지 않고 성큼성큼 걸어 동묘공원 쪽으로 향했다. 잠시 후 그가 도착한 곳은 내가 오전에 영광서적 다음으로 들렀던 헌책백화점이다. 이 가게는 책장 사이 통로가 좁아서 대개 가방은 입구 쪽에 두고 안으로 들어간다. M씨도 배낭을 입구에 두고 가게 안으로 들어갔다.

그는 오래지 않아 손에 책 한 권을 들고 계산대 앞에 섰다. 《도둑 일기》는 아니었다. 땅에 있던 배낭을 들어 올려 앞쪽 주머니에서 지갑을 꺼내 카드로 책을 계산한다. 산 책은 큰 주머니 지퍼를 열고 안에 집어넣는다. 그런데 순간, 가방 안에서 다른 책 한 권이 바닥으로 툭 떨어졌다. 표지만 봐도 그게 뭔지 단박에 알 수 있었다.《도둑 일기》다. 게다가 평민사 초판! 그렇다면 M씨는 정말로 점심시간도 되기 전에 책을 찾았단 말인가? 그는 떨어뜨린 책을 급히 주워 다시 배낭 속에 넣고는 가게를 빠져나왔다.

이제 M씨가 향하는 곳은 물을 필요도 없이 B씨가 기다리는 카페다. 그는 또다시 성큼성큼 걸어 지하철역 쪽으로 갔다. 나는 열 걸음 정도 거리를 두고 뒤따라 갔는데 주말이라 길에 사람이 많아 M씨는 카페에 들어설 때까지 내가 뒤에 있다는 걸 눈치 채지 못했다.

B씨는 앉아 있다가 M씨가 들어오는 걸 보더니 손목시계를 확인하고는 일어나 반갑게 맞이했다. 카페 벽에 걸린 시계는 2시 15분을 가리키고 있었다.

"여어, 어서 와요. 두 분이 동시에 들어오게 될 줄은 몰랐는데요?"

M씨는 그제야 내가 바로 뒤에 있다는 사실을 알고 고개를 돌리더니 깜짝 놀란 표정을 지었다. 그러더니 곧 다시 거만한 몸짓으로 어깨를 한 번 으쓱한 다음 가방에서 《도둑 일기》를 꺼내 탁자 위에 올려놓으며 말했다.

"평민사 1979년 초판입니다. 역시 제가 헌책방 주인장보다 한 발 빨랐죠? 하하."

"오오, 맞군. 이 책이에요. 영수증도 있고. 둘이 거의 동시에 도착했지만 처음 문을 열고 들어온 건 M씨니까, 상금을 드려야겠군요."

B씨는 손가방 안에서 흰 봉투를 꺼냈다. 나는 아무리 생각해도 뭔

가 이상하다는 생각이 들어서 M씨에게 물었다.

"죄송하지만, 그 책 어느 책방에서 찾으셨는지 물어봐도 될까요?"

"안 될 것 없죠. 영수증에 상호가 나와 있으니까요. 헌책백화점입니다. 책이 많이 쌓여 있어서 찾는 데 고생했네요."

나는 《도둑 일기》 표지 위에 놔둔 영수증을 집어 내용을 확인했다. 내 짐작이 맞았다. 그 영수증은 헌책백화점의 것이고 판매금액 2만 원이 찍힌 시간은 오후 1시 55분, 그러니까 내가 M씨를 뒤따라가 엿보고 있던 그때 발행된 전표였다. M씨가 산 것은 《도둑 일기》가 아닌 다른 책이었다. 나는 B씨에게 말했다.

"솔직히 말씀드리자면, 저는 《도둑 일기》를 못 찾았습니다. 하지만 M씨도 이 책을 동묘 헌책방에서 찾은 건 아니라고 확신합니다. 조금 전 우연히 M씨가 헌책백화점에서 책 계산하는 걸 제가 봤거든요. 산 건 《도둑 일기》가 아니었습니다. 헌책방이라 영수증에 판매한 책 제목까지 나오지는 않으니까요. 가방 속에 실제로 산 책이 있을 겁니다. 《도둑 일기》는 이미 집에 갖고 있던 책을 배낭 속에 넣어 가지고 온 것 아닙니까?"

"아니, 왜 제가 그런 짓을 합니까?" M씨는 당황한 듯 목소리가 커졌다.

듣고 있던 B씨는 표정이 굳어지더니 영수증을 다시 확인했다.

"아무래도 확실히 해두는 게 좋을 것 같습니다. 지금 바로 헌책백화점에 가서 이 영수증으로 산 책이 무엇인지 확인해봐도 될까요? 시간이 얼마 지나지 않았으니까 《도둑 일기》인지 아니면 다른 책인지 정도는 기억하겠죠."

별도리가 없겠다 싶었는지 M씨는 사실대로 고백했다. 내가 짐작한 대로 그가 헌책백화점에서 산 책은 《도둑 일기》가 아니었다. 그 책은 원래 소장하고 있던 것인데 마침 어제 B씨가 상금이 걸린 제안을 하자 즉흥적으로 이런 일을 꾸미게 된 거라고 했다. 잘만 하면 책 한 권을 50만 원과 바꿀 기회였다.

"이건……. 그야말로 도둑질과 다르지 않습니다." B씨는 단호하게 말했다. M씨는 아무 말도 하지 않고 고개를 숙였다. B씨는 다시 M씨를 향해 말했다.

"당신은 《도둑 일기》를 읽어보기나 하셨나요? 이 책은 제목 그대로 도둑의 이야기입니다. 장 주네는 이 책을 쓸 때 실제로 감옥에 있었어요. 하지만 책을 읽은 당시의 지식인들은 이 작품에서 범죄행위 이상의 것을 보았습니다. 장 콕토가 그의 시詩에 감탄했고, 사르트르는 이 작가를 '장Jean 주네'가 아니라 '생Saint(성자) 주네'라고 불러야 한다고 말했습니다. 하지만 당신이 오늘 보여준 행동은 해석의 여지 없이 그냥 도둑질입니다. 상금 도둑. 돈의 많고 적음을 떠나 저는 여러분과 함께 오늘 재미있는 하루를 보내려고 했습니다. 하지만 다 망쳤군요. 저는 이만 일어나겠습니다."

B씨는 우리를 향해 가볍게 묵례를 하고는 자리에서 일어났다. 나는 차라리 이런 제안을 처음부터 받아들이지 않았다면 어땠을까 하는 생각에 속이 상했다. 그때 M씨가 조용히 자리에서 일어나 B씨를 불러세웠다.

"선생님, 죄송합니다. 제가 생각이 짧았습니다." 그렇게 말하면서 M씨는 탁자 위에 놓인 《도둑 일기》를 들어 B씨 앞에 내밀었다.

"사과드리는 의미로 제가 가지고 있던 《도둑 일기》를 선생님께 드리고 싶습니다. 괜찮으시다면 받아주십시오."

B씨는 잠시 우리 두 사람을 물끄러미 바라보더니, "받지 않는 게 좋겠습니다." 하고는 그대로 뒤돌아 나가버렸다. 나와 M씨는 커피 두 잔을 시켜서 아무 말 없이 마시고는 카페를 나와 헤어졌다. 밖은 여전히 밝고 쾌청한 가을 오후였다.

며칠 후, M씨가 다시 책방에 왔다. 그의 손엔 전에 봤던 《도둑 일기》가 들려 있었다. M씨는 여느 때와 달리 어색한 목소리로 내게 말했다.

"이 책, 저는 다 봤는데 여기에 팔아도 되나요?"

나는 잠시 고민하다가 대답했다.

"마침 찾으시는 분이 있는데 잘됐네요. 대신, 오래된 책이고 본문 종이 변색된 부분에 모서리도 좀 낡았으니 매입 가격은 많이 못 쳐 드려요."

"괜찮습니다. 저는 이제 필요 없는 책이라서요."

책을 받고 나는 준비해뒀던 봉투를 M씨에게 건넸다. 봉투를 받은 그는 금액을 확인해보지도 않고 도망치듯 책방 문을 열고 나갔다.

사실 그 봉투 안에는 50만 원이 들어 있었다. 동묘에서 우리 셋이 그 일을 겪은 바로 다음 날, B씨가 책방에 들러서 놓고 간 돈이다. B씨는 그때 자기가 너무 매정하게 M씨의 사과를 거절한 것 같다며 미안하다고 말했다. 그리고 자기 생각에 조만간 M씨가 《도둑 일기》를 가지고 책방에 찾아올지도 모르니 그때 주라며 내게 돈 봉투를 맡겼다.

"만약 그분이 다시 오지 않는다면, 그 돈은 주인장이 갖고 있다가 책을 찾는 데 수고비로 써주십시오. 워낙 재밌는 책이라 나는 꼭 다시 읽어보고 싶거든요."

그 일이 있고 난 뒤 M씨의 말과 행동이 전과 많이 달라졌다. 우리 두 사람은 딱히 그때 일을 다시 말하지는 않았지만, 서로를 조금 더 이해하게 됐다. 여전히 M씨는 책방에 왔을 때 가끔 내게 책 얘기를 하면서 은근슬쩍 도발한다. 하지만 나도 전처럼 너무 예민하게 반응하지는 않는다. 감옥에서 글을 쓴 장 주네가 영원히 도둑의 삶을 살지 않았던 것처럼 M씨도 속마음은 그리 나쁜 사람이 아니라는 걸 이제 알기 때문이다.

수상한 의뢰

《소설문학》
소설문학사, 1980년 5월 창간호

"서삼치書三痴"라는 말이 있다. 말 그대로 책에 관한 세 가지 어리석은 행동을 하는 사람을 그렇게 부른다. 그 내용을 살펴보면, 첫째가 책을 빌려달라고 하는 사람이요, 둘째는 빌려달란다고 순순히 빌려주는 사람이다. 마지막으로 셋째는 빌린 책을 돌려주는 사람, 혹은 빌려준 책을 돌려받으려 하는 사람이다.

그런데 책을 좋아하는 사람치고 이런 세 가지 어리석은 일을 한 번도 안 해봤다고 하면 거짓말일 것이다. 책은 묘한 물건이다. 책은 사람을 똑똑하게 만들기도 하지만, 아이러니하게도 세상을 똑똑하게 살려면 약간 바보 같은 면이 있어야 한다는 걸 가르쳐준다.

몇 년 전, 서울문화사에서 초판을 펴낸 마광수 소설 《즐거운 사라》를 빌려준 일이 있다. 빌려간 사람은 평론가 아무개 씨인데, 한 잡지에 내가 운영하는 헌책방에 관한 이야기를 쓰려고 인터뷰하러 들렀다가 절판본 모아둔 책장에서 그 책을 발견했다. 인터뷰를 마친 다음, 그는 자기가 지금 마광수에 관한 글을 쓰고 있어서 마침 그 책이 필요하다고 했다.

여기서 나는 이미 그의 작전을 간파했다. 그는 책이 필요하지만 사지는 않을 것이다. 어떻게 알았냐고? 별거 없다. 헌책방에서 오래 일하다 보니 책에 관해선 거의 셜록 홈스만큼이나 직감이 발달했을 뿐이다. 책을 사려는 마음이 있는 사람은 자기가 그 책이 왜 필요한지 구구절절 설명하지 않는다. 원하는 걸 발견했을 때 돈을 내고, 책을 산다. 이게 깔끔한 결론이다.

하지만 아무개 씨는 절판된 서울문화사판《즐거운 사라》가 헌책방에서 얼마나 비싸게 거래되는 책인지 이미 알고 있는 거다. 어차피 글 쓸 때 잠깐 참고만 하면 되는 것이기 때문에 굳이 사고 싶지는 않은 책이라는 얘기다.

마광수에 관한 일장 연설을 마친 후, 마침내 아무개 씨는 그 책을 한 일주일 정도만 빌려달라고 했다. 아예 모르는 사람도 아니고 장르는 다르지만 우리 둘 다 글을 쓰는 사람이기에 책을 빌리고픈 마음도 이해할 수 있었다. 아아, 나는 왜 이리 이해심이 많은 것인가! 결국 그 책을 빌려줬다. 그리고 7일이 무언가? 7년이 넘은 지금 이 순간까지도 돌려받지 못하고 있다.

돈과 책은 빌려주고 나면 받을 생각을 하지 말라는 얘기가 있지만, 자꾸 미련이 남는 것은 어쩔 수 없다. 과연 책을 다시 찾을 수 있을까? 잊어버리고 살면 언젠가 내게 돌아올까? 아무리 오랜 시간이 걸린다고 하더라도 결국 책은 자기가 있던 자리로 돌아가게 되는 것일까?

몇 년 전 누추한 옷차림을 한 어떤 남자가 책방에 와서 자기 이야기를 들려줬을 때, 나는 책과 사람이란 끝내 떨어뜨릴 수 없는 끈으로 연결되어 있다는 사실을 다시 한 번 깨달았다.

그는 키가 작았고 나이를 짐작할 수 없을 만큼 얼굴에 표정이 잘 드러나지 않았다. 그는 내가 무슨 일을 하는지 잘 알고 있다며 이야기를 시작했다.

"제 딸이 여길 추천해줬습니다. 사장님이 책을 찾아주신다고요?"

"네. 하지만 모든 책을 다 찾아드릴 수는 없고요, 찾는 책에 흥미로운 사연이 있으면 그 이야기를 수수료 대신 받습니다. 책은 빨리 찾을 수도 있지만, 아예 못 찾는 경우도 있습니다. 그 점은 양해 부탁드립니다."

"그 말도 들었습니다. 하지만 비밀은 꼭 지켜주시는 거죠? 제 이야기 말입니다."

누추한 사나이는 어딘지 모르게 많이 긴장하고 있었다. 무언가에 쫓기는 사람처럼 불안해 보였다. 말을 하면서 나와 눈을 마주치지도 않았다. 도대체 무슨 이야기를 하려는 것일까?

"물론이죠. 비밀은 반드시 지킵니다. 잡지나 책에 이야기를 소개할 수 있지만, 그래도 선생님의 개인정보는 공개하지 않는 걸 원칙으로 합니다. 우선 성함과 연락처, 그리고 찾으시는 책이 무엇인지 말씀해주세요." 나는 서랍에서 수첩과 펜을 꺼내며 말했다.

"저는 S라고 합니다. 그리고 사실 그 책은 제가 가지고 있습니다."

나는 순간 귀를 의심했다. 그는 내가 자기 말을 이해하지 못했다고 판단했는지 다시 한 번 말했다.

"그러니까, 사장님이 책을 찾을 필요가 없다는 말입니다. 이상하게 들리겠지만, 어쨌든 그렇습니다. 책은 저한테 있습니다."

도대체 무슨 말을 하는 거지? 찾으려고 하는 책을 본인이 갖고 있으면서 왜 그 책을 찾아달라고 하는 걸까? 정신이 이상한 사람 같지는 않은데, 그가 하는 말을 도무지 이해할 수 없었다.

"선생님 말씀은, 책을 찾아야 하는데 그 책을 이미 갖고 있으니 제가 책을 찾지 않아도 된다는, 그런 뜻인가요?"

"말하자면 그렇습니다."

S씨는 가지고 온 허름한 가방에서 책 한 권을 꺼냈다. 《소설문학》이라는 문학잡지 창간호였다. 오래된 책이었지만 상태는 꽤 말끔했다. 책을 사놓고 보관만 했던 것 같다.

"조만간 L이라는 사람이 이 책을 찾아달라는 부탁을 하러 여기 올 겁니다. 그러면 이걸 가지고 계시다가 건네주실 수 있을까요? 저한테 받았다는 말은 하지 마시고요."

이상한 부탁이었다. 내 앞에 앉아 있는 S와 아직 누구인지 모르는 L, 그리고 이 책까지. 셋 사이에 어떤 복잡한 사건이 얽혀 있다는 예감이 들었다.

"실례가 되지 않는다면 L이라는 분과 이 책에 어떤 사연이 있는지 말씀해주실 수 있으실까요? 당연히 비밀은 지켜드립니다."

"물론 그래야지요. 그러기 위해서 여기 온 거니까요. 이제는 무거운 짐을 그만 내려놓고 싶습니다."

그렇게 말하면서 S씨는 길게 한숨을 내쉬었다. 나는 보온병에 내려두었던 보이차를 한 잔 따라 그에게 권했다. 따뜻한 기운이 몸 안에 퍼지면 이야기를 시작하는 데 도움이 될 것이다. S씨는 차를 마시기 전 유리잔을 두 손으로 감쌌다. 순간 그의 얼굴이 잔에서 피어오른 뜨거운 수증기에 가려 희미해졌다.

"제가 L을 처음 만난 것은 대학에 들어가서였습니다. 우린 둘 다 영문과 신입생이었고 통하는 점이 많아서 자주 어울려 다녔죠. 공부하려고 시골에서 서울로 상경했다는 점도 비슷하고, 가난한 집안 살림, 외동아들이라는 것까지. 우린 얘기가 잘 통했습니다. 하지만 기본적인 성격에 있어서만큼은 판이했습니다. L은 밝고 긍정적인 면이 있었지만 저는 그렇지 않았습니다. 저에게 세상은 늘 어두운 밤이었습니다. 그게 우정에는 좋은 영향을 주었다고 생각합니다. 둘 다 밝은 성격이었거나 그 반대였다면 아마도 그렇게 친해지지는 못했을 겁니다."

차를 마시며 일단 말을 시작하자 잔뜩 움츠려 있던 S씨의 어깨도 조금 편안해지는 모습이었다. 나는 앞에 놓인 책을 손으로 쓰다듬었다. 1980년 5월 창간이라. 나는 그때 너무 어렸기 때문에 세상에 무슨 일이 있었는지 전혀 몰랐다. 그러나 성인이 된 지금 1980년 5월이라고 하면 단 하나의 사건만이 떠오른다. 광주민주화운동. 군부의 폭력적인 진압. 계엄령. 그에 비해 잡지 표지를 장식한 젊은 박범신 작가의 해맑은 웃음은 비현실적일 만큼 묘한 기분을 들게 했다.

"대학 신입생이 되던 해가 1980년이었나요?" 나는 책을 들어 올려 S씨에게 표지를 보여주며 말했다. 그는 내 손에 있던 잡지를 다시 가져가서는 책장을 획획 넘기면서 말을 이었다.

"맞습니다. 그해죠. 하지만 책에 관한 이야기는 조금 뒤에 해야겠군요. 아시겠지만 당시에 워낙 여러 가지 일들이 일어났으니까요. 하지만 저는 줄곧 그것들을 피해 다니느라 바빴습니다. 뭔가 하고 싶은 일도 많았지만 언제나 마음뿐인, 태생부터 겁쟁이였습니다."

그렇게 말하는 사이 책은 다시 내 손으로 돌아와 있었다. S씨는 이

제 한결 편해진 목소리로 이야기를 계속했다.

"대학생이 됐다는 멋진 감상에 젖는 것도 잠시, 입학하고 얼마 지나지 않아 휴교령이 내려졌고 학생들은 매일 등교 대신 시위대가 모인 서울역으로 갔습니다. L도 거의 매일 그리로 갔습니다. 저는 처음부터 안 갔습니다. 어쩐지 무서웠거든요. 반면에 L은 마치 즐기는 것 같았습니다. 그러는 사이에도 우리는 자주 만나 밥도 먹고 하숙방에서 술도 마셨습니다. 제가 지내던 방은 누굴 초대하기도 뭣할 정도로 작고 지저분했는데 L의 하숙방은 말끔하더군요. 크기는 제 방하고 다를 바 없이 작았지만, 책이며 옷가지들이 잘 정리되어 있었어요. 특히 책이 많았습니다. 무슨 돈으로 책을 샀는지 모르겠더라고요. 그리고 더 부러웠던 것은 L 주위엔 저 말고도 친구가 많았다는 점입니다. 하숙방엔 언제나 저 말고도 두세 명이 더 있어서 우리는 발을 뻗고 있지도 못했어요. 가끔 여학생들도 찾아오곤 했습니다. L은 그들 모두에게 친절하게 대했습니다."

그해 오월엔 참으로 많은 일이 있었다. 휴교, 시위, 계엄령, 광주……. S씨는 그 모든 것을 외면하면서 밤낮으로 소설을 읽으며 지냈다. 애초에 영문학과에 지원한 이유도 김승옥처럼 대학생 신분으로 문학상을 받아 멋지게 문단에 데뷔하고 싶은 욕심이 깔려 있었다. 그러나 L을 비롯하여 누구에게든 그런 마음을 들켜서는 안 되는 시절이기도 했다.

"이런 참담한 세상에서 문학이라니!"

S씨는 갑자기 감정이 격해지더니 목소리가 커졌다.

"어느 날 L의 하숙방에 갔는데 그 친구가 자신이 읽은 책에 관해서 이야기했습니다. 그때 방에는 저 말고도 두 명이 더 있었습니다.

저는 구석에 웅크리고 앉아서 들었습니다. 톨스토이와 도스토옙스키가 나오더니 갑자기 케루악을 들먹이더군요. 개연성도 없이 그저 어디서 주워들은 멋있어 보이는 말을 늘어놓는 것처럼 들렸습니다. 그러면서 이번 달에 새로 창간한 문학잡지라면서 이불 밑에서 이 책을 꺼내 보여줬습니다."

그렇게 말하며 S씨는 손가락으로 책을 툭툭 쳤다.

"물론 저도 그 잡지를 알고 있었습니다. 하지만 저는 돈이 없어서 못 샀습니다. 그 책이 너스레를 떨고 있는 L의 손에 들려 있는 겁니다. L은 거기에 이병주 선생의 컬러화보가 있다면서 마치 월부책 영업사원처럼 그 페이지를 펼쳐 보였습니다. 같이 있던 친구들이 동시에 우와, 하면서 탄성을 내질렀습니다. L이 페이지를 넘겨서 이번엔 존 업다이크의 단편소설이 있는 부분을 보여줬습니다. 우리나라에서 처음으로 번역된 거라고 했습니다. 친구들은 서로 그 책을 보려고 좁은 방에서 엎치락뒤치락 난리였습니다. 그때 L이 제 이름을 불렀습니다. L은 연극배우처럼 목소리를 한껏 높여서, 동지들, 저 친구야말로 이 책을 가장 먼저 봐야 할 사람입니다, 라고 선언하듯 말했습니다. 이어서, 이름을 잘 알아두라고, 제2의 김승옥이 될지도 모르는 예비작가니까, 라고 했습니다. 그러면서 책 든 손을 제 쪽으로 뻗었습니다."

"그럼, 이 책은 그때 L씨에게 받으신 건가요?" 나는 몸을 S씨 쪽으로 기울이며 물었다.

"아니요. 저는 대신 큰소리로 발악했습니다. 이런 참담한 세상에 문학이라니! 그러고도 너희가 애국청년이라고 할 수 있냐! 분위기가 한순간 싸늘해졌습니다. 왜 제가 그런 말을 내뱉었는지 모르겠습니다. 저 같은 게 지껄일 소리가 아니니까요. 그들도 다 같은 생각이었을 겁니다. 저는 다시 몸을 웅크렸습니다. 그날 일은 그렇게 끝났습니다."

그런 일이 있은 지 며칠 후, S씨는 비어 있는 L씨의 하숙방에 몰래 들어가 《소설문학》 창간호를 훔쳤다. 미묘한 감정이 섞여 있는 우발적인 행동이었다. L씨는 한동안 그 책에 대해서 주변에 말하고 다녔지만 끝내 범인은 찾지 못했다. 모든 사람은 두어 달 정도 지나자 그 사건을 완전히 잊어버렸다. 정작 S씨는 그 책을 가져가서 한 번도 보지 않았다.

"여기 표지에 있는 박범신 작가 말이죠. 책을 볼 때마다 이 사람이 나를 보고 이죽거리며 비웃는 것 같은 기분이 들었거든요. 대학 졸업할 때까지도 이걸 처박아두고 꺼내 보질 않았어요."

그런 일이 있었음에도 불구하고 둘은 이후로도 계속 친구로 남았다. L씨는 졸업 후 공부를 더 이어가기 위해 미국으로 유학을 다녀왔다. 지금은 무역회사 이사가 되었고 그가 대학 시절 가난했다고 하면 믿는 사람이 별로 없을 정도로 넉넉한 생활을 하고 있다. S씨는 졸업하고 외국소설 번역하는 일을 잠시 하다가 작은 학원에 취직해 중고등학생을 대상으로 영어를 가르쳤다. IMF 이후로는 원어민 강사가 아니면 학원 일도 쉽지 않게 되어 은퇴하고, 현재는 가끔 동네 문화센터에 나가 영어 회화 수업을 한다. 그는 그때나 지금이나 똑같이 가난하다.

이렇게 두 사람의 삶이 달라졌는데도 우정은 계속됐다. 만나서 식사를 하면 언제나 L씨가 돈을 냈지만, 그는 언제나 S씨가 불편하지 않도록 말과 행동을 배려했다. 그리고 지금으로부터 일주일 전, 두 사람은 술잔을 기울이다가 대학 다닐 적 일이 화제에 올랐다. 이야기는 실타래처럼 늘어져서 마침내 《소설문학》 창간호가 감쪽같이 없어진 일까지 다다랐다.

"L은 그저 추억 삼아 그 얘기를 꺼냈을지 모르지만, 저는 심장이 멎는 것 같았습니다. 그동안 책을 돌려줘야겠다는 생각을 처음 해본 것도 아닌데, 그때마다 용기가 나질 않았습니다. 제가 바로 그 책을 훔친 책 도둑이라는 사실은 숨기고 가족에게 이 얘기를 했더니 딸이 여기로 가보라고 하더라고요. 사연이 있으면 책을 찾아주는 이상한 책방이라면서요."

이야기는 여기서 끝났고 책은 내 손에 들려 있었다. S씨는 비밀을 꼭 지켜달라는 약속을 다시 한 번 확인하고 나서야 책방을 나섰다.

그로부터 한 달 정도 지났을 때 정말로 자신을 L이라고 소개하며 책을 찾아달라는 손님이 책방에 방문했다. 말끔하게 차려입은 모습이 S씨가 묘사한 외모 그대로였다. 그는 S씨가 이미 여기에 다녀갔다는 사실을 전혀 모른 채 대학 시절 이야기를 내게 들려줬고, 아끼던 창간호 잡지가 사라진 사건에 대해서도 자세히 설명했다. 얼마 전 술자리에서 S씨와 그 얘기를 하고 헤어졌는데, 나중에 그가 다시 연락을 해와서 여기를 추천했다는 것이다.

"제가 S의 이런 면을 참 좋아합니다. 그래서 이렇게 오랫동안 친구로 남은 거겠지요. 그 친구는 언제나 생각이 깊고 감수성이 풍부하거든요. 반면에 저는 좋은 게 좋다는 식으로 가볍게 생각하는 성격이에요. 닮고 싶은 점이 많은 친구죠."

S씨는 나와 대화하는 내내 L씨를 상대적으로 우위에 두고 있었는데, 만나보니 L씨도 다르지 않았다. 누가 그랬던가. 친구가 된다는

건 나에게 없는 어떤 부분을 상대에게서 찾아내는 특별한 기쁨이자 기분 좋은 사건이라고.

S씨와의 약속대로 《소설문학》 창간호는 내가 몇 주 더 가지고 있다가 마치 다른 곳에서 입수한 것처럼 살짝 이야기를 꾸며 L씨에게 전해줬다. 이로써 책은 거의 40년 만에 제자리를 찾아갔다. 빌려준 일이 없고 빌린 것도 아니지만 두 친구는 책을 주고받았다. 그중 한 사람은 이 책에 얽힌 비밀을 모르겠지만 말이다.

책은 자기가 있어야 할 곳을 알고 있기에 때론 사람의 마음을 움직여 여행한다. 시간이 오래 걸려도 괜찮다. 어떤 시인이 그렇게 노래한 것처럼, 모든 것들이 제자리로 돌아가는 풍경이야말로 가장 아름다운 모습일 테니까. 그들의 우정도 이처럼 오래 아름답기를 기도한다.

사라진 책,
사라진 친구

《원형의 전설》
장용학 지음
사상계사출판부, 1962년

운명이라는 게 정말로 존재할까? 나는 인간의 삶이 결국 정해진 길을 따라 흘러간다는 이야기를 믿지 않는 편이다. 하지만 책과 사람 사이에는 운명이라고 부를 만한 보이지 않는 끈이 있는 것 같다. 대개 그 끈은 직선으로 연결되어 있지 않다. 사람의 인생처럼 이리저리 얽혀 있으며, 빙빙 돌고 돌아 자신조차 알 수 없는 곳에 닿아 있기도 하다.

한 손님이 내게 찾아달라고 부탁한《원형의 전설》이라는 책 내용이 딱 그렇다. 나이가 지긋한 그 손님을 처음 봤을 때, 나는 이 작고 낡은 책 한 권에 그처럼 복잡한 운명의 실타래가 둘러 있을지 상상조차 하지 못했다. 어쩌면 책을 찾고 있는 본인도 감히 알아차리지 못했을 것이다. 단지 말 없는 책만이 이 모든 이야기의 비밀을 간직하고 있다.

《원형의 전설》은 소설가 장용학의 대표작으로 한국전쟁이라는 우리나라의 아픈 현대사를 중심에 두고 펼쳐지는 한 인간의 속절없는 운명에 관한 이야기다. 관념적인 내용과 더불어 작가 특유의 어려운 문체 때문에 수십 년이 지난 지금까지도 많은 연구가 이뤄지고 있는 작품이다. 따라서 새책을 팔고 있는 서점에 가면 얼마든지 살 수 있는데 왜 헌책방을 찾은 것일까? 손님은 1962년에 사상계사에서 펴낸 초판을 찾고 있었다.

"꼭 초판이어야 합니다. 그게 제가 읽은 책이거든요. 초판 말입니다. 그걸 다시 가지고 싶은 겁니다."

P씨는 낮고 차분한 목소리로 '초판'이란 단어를 강조하며 말했다.

"쉬운 일은 아니겠네요. 수십 년 전에 출판된 책이기도 하지만, 당시 펴낸 발행 부수도 지금처럼 많지 않았을 테니까요. 그런데 왜 하필 초판을 찾으시는 건가요? 뭔가 사연이 있다면 들어볼 수 있을까요?"

내 말에 P씨는 엷은 미소를 띠며 고개를 끄덕였다.

"사연이 있다마다요. 실은 제 후배가 여기에 가보라고 했습니다. 사연을 들려주면 그 이야기를 수고비로 대신 받고 책을 찾아주신다고 들었습니다. 말씀하신 대로 찾기 어려운 책이라는 건 저도 압니다. 수고비도 넉넉히 드려야겠지요. 아마 제 얘기라면 책 찾는 대가로 받으시기에 맘에 드실 거로 생각합니다."

"사연이 맘에 들고 안 들고는 크게 따지지 않습니다. 손님께서 개인적인 이야기를 저에게 들려주시는 것만 해도 큰 용기가 필요한 거니까요. 그런 이야기들은 모두 특별하죠. 자, 그럼 지금부터 이야기를 들려주시면 제가 수첩에 받아 적도록 하겠습니다. 사소한 내용이라도 좋으니까 생각나시는 대로 다 말씀해주세요."

나는 P씨에게 의자를 권한 뒤 물을 한 컵 준비해서 그의 앞에 놓았다.

"책을 읽었던 1960년대 얘기부터 해야겠지요? 그때 저는 대학생이었고 열혈청년이었습니다. 더 나은 세상을 만들어보겠다는 일념으로 평생을 사회운동에 헌신하겠다고 다짐했지요. 그러나 저는 공산주의자도, 아나키스트도 아니었습니다. 마르크시스트가 뭔지도 몰랐습니다. 모든 사람이 자유롭고 정의로운 환경 속에서 살아가는 그림만 머릿속에 상상할 뿐, 무슨 이념 같은 게 있지는 않았어요."

P씨는 환경 쪽에 특히 관심이 많아 외국 서적을 자주 찾아 읽곤 했다. 당시 우리나라 정부는 환경오염이나 지구 온난화 같은 문제에 거의 관심이 없었다. 그와 관련된 NGO 단체도 전혀 없는 상태다 보니 P씨는 스스로 레이첼 카슨의 《침묵의 봄》 같은 책 일부를 번역해 사람들에게 소개하는 일을 했다.

처음에 P씨는 그 일을 전부 혼자서 했지만, 대학생들 사이에서 P씨가 번역 소개하는 외국책들이 호응을 얻자 그는 이 일을 좀 더 크게 발전시킬 구상을 했다. 그렇게 하려면 우선 사람이 필요했다. P씨의 최종 목표는 외국에 선보여도 부끄럽지 않은 환경 잡지를 만드는 일이었기에 그 준비단계로 여러 사람과 함께 얇은 무가지를 만들기로 했다.

학교 근처 서점에 있는 홍보 게시판에 '환경문제를 함께 고민할 뜻있는 학우들을 기다립니다.'라는 제목으로 글을 붙여놓으니 일할 사람은 금방 모였다. 당시엔 작은 서점이 학생들의 사랑방 역할을 하던 때였다. 열 명 남짓한 그들은 일주일에 두세 번씩 모여 함께 외국 사상가들의 책을 읽으며 공부하는 한편, 일본을 거쳐 들어온 다른 나라의 환경 서적과 세미나 자료들을 번역해 팸플릿 형태로 만들었다.

P씨는 그 모임에서 함께 일한 사람들 이름을 아직도 다 기억하고 있었다. 비록 오래 함께하지는 못했지만 거기서 만난 맘씨 좋은 사람들이 지금의 자신을 만들었다고 고백했다.

"더러는 지금까지 느슨하게 연락하며 지내는 이들도 있습니다. 몇 명은 일찍 세상을 떠났고요. 우리는 '국제환경연합'이라는 거창한 이름까지 만들어서 활동했습니다. 마치 그런 단체가 외국에 있고 우리는 그 조직의 한국 지부라도 되는 것처럼 행세했지요. 장난스러운 발상이었지만 뿌듯했습니다. 또 누가 압니까? 나중에 우리가 만든 단체가 진짜로 국제환경연합의 본거지가 될지! 거기서 만난 사람들은 다 훌륭한 친구들이었어요. 그중에서 L이라고 하는 후배가 특히 기억에 남습니다. 나이는 저보다 몇 살 아래였는데, 생각과 행동이 꽤 어른스러웠어요. 얼마 지나지 않아 우리는 서로 허물없는 사이가 되었고 문학을 좋아한다는 것도 비슷해서 둘이 따로 만나 책이야기를 자주 했습니다. 그러던 어느 날 제가 아끼던 《원형의 전설》을 그 친구에게 빌려줬어요. 그 친구 생일이었나, 그랬을 겁니다. 생일 선물 사줄 돈이 없어서 대신 그 책을 빌려줬습니다. 언제든 다 읽으면 돌려달라고 했지만, 딱히 돌려받지 않아도 저는 서운하지 않았을 거예요. 그런데 그 책은 정말로 제게로 돌아오지 못했습니다."

한참 옛날이야기에 빠져 있던 나는 P씨가 말을 끊고 물을 마시는 사이에 그 책이 어떻게 됐는지 추리해봤다. 일부러 돌려주지 않은 것은 아닐 것이다. 가지고 있다가 책을 잃어버렸을지도 모른다. 또 한 가지 가능성은, 책을 집중해서 읽다 보니 자연스럽게 그 책이 원래 자기 것이라고 믿게 되는 경우다. 흔한 일은 아니지만, 주변에서 그런 일을 겪었다는 얘기를 가끔 들었다. 하지만 P씨가 밝힌 이유는 조금 더 충격적이었다.

"무슨 이유였는지 지금도 모르겠지만, 갑자기 경찰이 우리 사무실에 들이닥쳐서 서류와 책들을 압수해갔습니다. 그들은 수색영장 대신 몽둥이를 들고 들어왔죠. 깡패나 다름없었어요. 경찰들은 우리가 읽은 책, 번역한 책들이 불온서적이라며 모두 가져가겠다고 했습니다. 환경을 보호하자는 책이 어째서 불온하다는 건지 모르겠어요! 그날 저는 경찰서에 연행되어서 밤새 조사를 받았습니다. 불미스러운 일은 없었지만, 제 삶을 통해 가장 두려운 하룻밤이었습니다. 저는 그날 아침에 쫓겨나듯 경찰서 밖으로 나왔습니다. 압수당한 책들을 돌려받지 못했기 때문에 우리는 모든 걸 처음부터 다시 시작해야 할 판이었습니다. 힘든 일이었지만 다들 젊은이들이었으니까 곧 다시 시작할 수 있을 거란 희망을 품고 우리는 거의 매일 사무실로 출근했습니다. 그런데 L의 모습이 보이지 않았습니다. 며칠 동안 연락도 없이 L이 사무실에 나오지 않아서 저는 그의 집으로 찾아갔습니다. 문을 두드리자 뜻밖에도 L의 부모님이 저를 맞아주셨는데, 표정이 좋지 않았습니다. 순간 이상한 예감이 들었지요. 부모님은 그가 집에 들어오지 않은 게 2주 정도 됐다고 했습니다. 경찰서에는 이미 가출 신고를 해놓은 상태더군요. 도대체 이해할 수가 없었습니다. L의 짐은 모두 방에 그대로 있었거든요."

L씨가 갑자기 행방불명이 된 것은 국제환경연합 사무실에 경찰이 들이닥친 날보다 이틀 전이었다. P씨가 생각하기에 L씨가 사라진 사건에 대해 어떤 상관관계가 있다면 단지 그것뿐이었다. 하지만 사무

실 책임자인 P씨도 별문제 없이 조사를 마치고 풀려났기 때문에 꼭 그것이 L씨와 관계가 있다고 단정할 수는 없었다.

L씨는 여느 때와 다름없이 학교에 가겠다며 간단한 옷차림에 가방 한 개만 들고 집을 나섰다고 한다. 《원형의 전설》은 아마도 그 가방 속에 다른 책들과 함께 들어 있었으리라.

P씨는 사무실 일을 뒤로한 채 L씨를 찾기 위해 백방으로 뛰어다녔다. 하지만 아무 소용이 없었다. 누구도 그를 봤다는 사람이 없고, 그가 자주 다니는 식당과 다방에서도 흔적을 찾을 수 없었다. L씨는 어느 날 갑자기 수증기처럼 증발해버린 것 같았다.

"다만 한 가지 걸리는 점이 있긴 했어요. 나중에 L의 부모님을 몇 번 다시 만나 이야기를 나눠봤는데, L이 우리 사무실 일 말고 다른 쪽 활동도 하고 있었던 것 같았습니다. 뭐랄까, 좀 과격한 단체에 관여하고 있었던 게 아닐까 짐작했습니다. 부모님도 그 점을 조금은 알고 계시더라고요. 아니나 다를까 L의 방을 조사하다가 장판 바닥을 걷어보니 그 아래서 공산주의 혁명에 관련된 얇은 팸플릿 몇 장이 나왔습니다. 그래서 저는 그 이유로 L이 경찰에 붙들려간 게 아닌가 하는 생각을 하게 됐습니다. 장판 밑에서 나온 팸플릿은 부모님이 모르시게 몰래 갖고 나와서 태워버렸습니다. 제 이야기는 여기까지입니다."

"그 후로 지금까지 책은 물론 L님에 관한 소식을 전혀 듣지 못하신 건가요?"

나는 수첩에 적은 것을 훑어보면서 물었다. P씨는 L씨의 부모님을 도와 거의 20년 가까이 행방불명된 후배를 찾았지만 결국 아무런 단서도 발견하지 못했다며 한숨을 내쉬었다.

"L의 부모님도 지금은 두 분 다 세상을 떠나셨습니다. 돌아가시기 전에 L은 사망신고를 했습니다. 그의 존재는 이제 서류상으로도 세상에 남아 있지 않게 된 겁니다. 하지만 사람이 어디 그렇게 쉽게 잊히던가요? 《원형의 전설》을 찾는 이유는 그 책을 보면서 다시금 L을 기억하고 싶기 때문입니다."

P씨가 처음 했던 말처럼 책에 얽힌 사연은 장용학의 소설만큼이나 마음을 복잡하게 만들었다. 어렵다는 걸 알지만, 책을 꼭 찾고 싶었다. 하지만 출판사마저 없어진 수십 년 전 책을 찾는 건 쉬운 일이 아니다. 여기저기 내 나름으로 수소문을 해봤지만, 소득이 없었다.

그로부터 거의 1년 정도 지났을 무렵 우연한 기회에 책이 내 손에 들어왔다. 우리 책방 근처에 오래된 주택가가 있는데 그곳이 재개발지역으로 지정되어 집들이 헐리고 있었다. 그곳에 사는 한 어르신이 우리 책방에 연락을 해와서 출장 매입을 통해 서재를 통째로 인수하게 됐는데 그렇게 가져온 책들 가운데 《원형의 전설》 초판이 들어 있었다.

나이가 지긋해 보이는 그분은 가지고 있는 모든 책을 다 우리 책방에 넘겼다. 자신은 집을 처분한 다음 여생을 나그네처럼 살고 싶다는 수수께끼 같은 말을 했다. 나는 그의 신사적인 태도에 뭐라 설명하기 힘든 존경심 같은 걸 느꼈다.

"아무리 그래도, 가지고 있는 책을 하나도 남김없이 다 처분하는 일은 흔치 않아서요. 어디로 이사를 하는지 알려주시면, 아니, 선생님 존함이라도 말씀해주시면 제가 나중에 꼭 다시 찾아뵙고 인사드리고 싶습니다."

어르신은 허허, 하고 웃으면서 내 어깨를 어루만졌다. 그는 자기도 젊은 시절엔 나처럼 건강했다고 말했다. 그러면서 무슨 의미인지 알 수 없는 대답을 했다.

"나는 이름이 없는 사람이야. 여태 이름 없이 살았으니 알려줄 것도 없지."

우스개려니 생각하고 나는 가볍게 웃어넘겼다. 어르신은 말씀하신 대로 지금은 몸이 불편하신지 책을 끈으로 묶고 차에 싣는 동안 옆에 서서 내가 일하는 걸 내내 지켜보고 있었다. 나는 책을 차에 다 실은 다음 미리 준비해뒀던 흰 종이봉투를 꺼내 어르신에게 드렸다.

"연락 주셨을 때 책값을 말씀해주지 않으셔서 제가 맘대로 조금 준비했습니다. 주신 책에 비해 너무 약소한 금액이지만 부디 이사하시는 데 보탬이 되면 좋겠습니다."

어르신은 봉투를 들고 있는 내 손을 밀어냈다.

"돈은 됐어요. 나는 돈이 많아요. 그저 이 책들이 다른 분들 손에서 소중히 쓰이도록 해준다면 나한테는 그게 더 고마운 일입니다."

몇 번 더 권했지만 결국 어르신은 봉투를 받지 않았다. 하는 수 없이 나는 봉투를 다시 주머니에 넣고 책방으로 돌아왔다. 책을 실은 트럭이 골목을 꺾어 사라질 때까지 어르신은 우리를 향해 손을 흔들었다. 언제라도 인연이 닿는다면 다시 만나고 싶은 어르신이었지만, 그 후로는 소식을 듣지 못했다.

《원형의 전설》을 찾고 있던 손님에게는 거의 1년 만에 연락했고 책방을 다시 찾은 P씨는 답례라면서 만 원짜리 몇 장이 들어 있는 봉투를 내게 주고 돌아갔다.

이 이야기는 여기서 일단락됐다. 하지만 그로부터 2년 정도가 흘렀을 때 문득 이런 생각이 들었다. 혹시 그때 나에게 책을 파셨던 그 어르신이 《원형의 전설》을 찾던 손님의 후배가 아닐까? 연배도 P씨와 비슷해 보였고, 지금 와서 기억을 떠올려보니 마당까지 배웅하셨던 그분은 한쪽 다리를 절고 있었다. 마치 오래전부터 그런 상태로 지내온 것처럼 기우뚱한 몸이 자연스러워 보였다. P씨는 L씨가 그때 경찰에 잡혀갔다고 확신하고 있었다. 그 시절엔 그렇게 붙들려갔다가 고문을 당해 죽거나 크게 다쳐 장애를 입는 사람이 더러 있었다. 어쩌면 그때 갑자기 사라져버린 후배가 바로…….

 몇 해 전 어르신에게 책을 넘겨받았던 그곳엔 이제 높은 아파트가 들어섰다. 거기가 전에는 허름한 주택가였다는 사실조차 기억에서 흐려졌다. 하지만 50년 전 책을 주고받았던 청년들의 운명은 여전히 이 땅 어딘가에 살아 있다. 두 사람과 한 권의 책. 이들은 운명이라는 끈으로 여전히 연결되어 지내는 게 아닐까? 그 끈이 사라지지 않고 남아 있는 한, 두 사람의 운명도 역시 끝은 아니다. 내가 오래된 책 다루는 일을 하며 얻은 여러 배움 중에 가장 깊이 의미를 새긴 것이 바로 여기에 있다. 세상에 책이 남아 있는 동안, 그 책과 함께한 사람들의 인연도 사라지지 않는다.

4부
책과 삶
— 인생 편

완전을 위한 불완전

《완전주의자의 꿈》
장석주 지음
청하, 1981년

무더웠던 어느 여름날 오후, 우리 두 사람은 드디어 마주 보고 앉았다. L씨를 처음 만난 후 반년 만이다. 그때는 한겨울이었다. L씨는 변함없이 짧은 머리에 반듯한 와이셔츠, 그리고 넥타이를 매고 있다. 정확히 좌우 대칭이 맞는 넥타이 매듭과 한 치의 오차도 없이 벨트 끝에서 딱 떨어지는 삼각형 꼭짓점을 보고 있으니 숨이 막힐 지경이다. 긴장 상태에 있는 나와는 달리 L씨는 한없이 편안한 표정이다. 그가 나를 보더니 말없이 살짝 입꼬리를 올려 웃었다. 어느 한구석에도 빈틈이 느껴지지 않는, 묘한 미소다. 6개월 전에도 나는 저 표정을 보고 마음이 불편했다. 이제는 그가 나쁜 사람이 아니라는 걸 알지만, 저 미소는 역시 기분이 좋지 않다.

"역시 정확한 시간에 와주셨군요." 침묵을 깨고 내가 먼저 말했다. 그는 곧바로 "시간의 존재 이유는 지키기 위해서니까요."라고 대답했다.

"말씀드렸다시피 이건 테스트가 아니라 그저 개인적인 호기심 때문입니다. 그러니까 너무 불쾌하게 생각하지는 말아주십시오."

"불쾌하긴요. 저는 오히려 즐겁습니다. 사장님께 연락을 받고 모처럼 가슴이 뛰더군요. 자, 시작하시죠."

나는 시선을 그에게 고정한 채, 미리 준비해둔 종이를 꺼내 위에서부터 읽기 시작했다.

"16에 3."

"〈바다 풍경〉이군요." 놀랍게도 L씨는 거의 생각이라는 걸 하지 않고 있는 것처럼 즉시 반응했다. 그는 마치 기계처럼 다음 말을 이었다. "나는 끝없이 끝없이 지쳐빠져 사막을 건너가는 낙타가 되어 문득 뒤돌아 본다."

설마 이 정도일 줄이야. 나는 너무도 놀랐지만 애써 태연한 척 표정을 억누르면서 다음 문제를 냈다.

"이번엔 6에 4입니다."

"〈나는 꽃을 피우고 싶어 타는 몸〉이죠. 거기에 4라면, '나는 사소하고 우리는 사소하지 않다.'"

한없이 단조로운 목소리로 그는 답을 말했다. 내가 입력하면 즉시 답을 내놓는, 그는 마치 기계 같았다.

"지금 L님께서 말씀하신 게 정확한 답인지 혹은 틀렸는지 궁금하지는 않으십니까?" 나는 이렇게 말하면서 그를 슬쩍 떠봤다. 책에서 읽은 대로라면, 이런 질문은 심리적으로 상대를 압박해 실수하도록 만드는 방법이기도 하다. 하지만 그는 나의 이런 공격에도 아랑곳하지 않고 태연하게 대답했다.

"전혀 궁금하지 않습니다."

"왜죠?"

"그야, 제가 틀리지 않았다는 걸 아니까요."

생각했던 것 이상으로 강적이다. 그는 도무지 틈이 없는 사람이다. 나는 헛기침을 한 번 한 다음 다시 종이에 쓴 걸 읽었다.

"그럼, 마지막입니다. 34에 1……."

이번엔 내가 말을 다 끝마치기도 전에 그가 치고 들어왔다.

"그건 〈공기〉입니다. 마침 제가 좋아하는 시(詩)입니다. '괴로운 잠에서 깨어나 조심스럽게 톱질을 시작했다.'로 시작합니다."

이제 나는 인정할 수밖에 없다. 나는 책상 서랍에 준비해둔 책을 꺼냈다. 그는 이 책을 가질 자격이 있다. 나는 책을 L씨에게 건네며 말했다.

"완벽하군요. 한 글자도 틀리지 않았습니다."

"하하, 고맙습니다. 하지만 처음 봤을 때 말씀드렸다시피, 이번에도 저는 '완벽'이 아닌 '완전'하다는 평가를 자신에게 주고 싶군요."

L씨는 내게 악수를 청했다. 그리고 책을 다시 만날 수 있게 해줘서 고맙다며 고개를 숙였다. 이 미스터리한 손님과 얽힌 이야기는 그렇게 마무리됐다. 하지만 내겐 여전히 한 가지 의문이 남아 있다. 모든 게 완벽해 보이는 L씨가 어쩌다가 완벽하게 망하게 됐느냐 하는 거다. 그 사정을 알기 위해선 시간을 뒤로 돌려 그를 처음 만났던 겨울로 가보아야 한다.

양복을 말끔하게 차려입은 L씨는 특유의 노려보는 듯한 눈매와 굳게 다문 입술 때문에 썩 좋은 첫인상은 아니었다. 책을 찾는 사연을 말해달라 하니 그는 차가운 인상을 넘어 무협 소설에나 나올 법한 살기마저 느껴지는 서늘한 표정으로 알 수 없는 말을 늘어놨다.

"…나는 너무 취했다. 흐르는 세월, 술, 어둠에. 내 혈관들은 너무 혹사당했다."

 처음부터 끝까지 한순간도 머뭇거림 없이 노래하듯 읊은 그 시는 장석주의 〈완전주의자의 꿈〉이라는 작품이다. 짧은 시가 아닌데 그는 한 글자도 틀리지 않고 암기하고 있었다.

 "어떻습니까? 완전하게 다 외웠지요? 아니, 이 경우엔 완벽하다고 해야겠지만요. 허허."

 L씨는 그렇게 말하면서 커다란 눈을 몇 번 끔뻑거렸다. 나는 그가 정말 시를 완벽하게 암기하고 있는지 알 수 없었다. 제목만 들어봤을 뿐 실제로 그 시가 어떤 내용인지 모르기 때문이다. 나는 컴퓨터를 켜고 인터넷 검색창에 '완전주의자의 꿈'을 입력했다. 누군가 블로그에 시 전문을 올려놓은 게 있었다. 확인해보니 틀림없었다. L씨는 정말로 그 시를 한 글자도 틀림없이 암기하고 있는 게 분명했다.

 "정말 놀랍네요. 학교 다닐 때 암기과목 때문에 골머리를 썩이던 저로선 신기하다고 말씀드릴 수밖에 없겠는데요?"

 내가 말하자 그는 대수롭지 않다는 듯 한쪽 어깨를 살짝 움직이고는 대답했다.

 "뭐, 별거 아닙니다. 그리고 저는 지금 들려드린 것뿐만 아니라 그 시집에 나오는 모든 작품을 암기하고 있습니다. 나름 편리합니다. 책을 가방에 넣고 다닐 필요 없이 여기서 꺼내 읽으면 되니까요."

 그는 유독 길고 가느다란 검지를 펴서 자기 자신의 머리를 톡톡 두드렸다.

 "그렇다면 왜 그 책을 찾으시는 건가요? 어차피 다 머릿속에 들어 있는 책이라면 말이죠. 게다가 제 생각엔, 내용을 다 외울 정도로 애착이 있는 책이라면 이미 가지고 계셔야 할 것 같은데요."

"사장님 말씀이 맞습니다. 가지고 있었죠. 그런데 한 10년 전에 그 책을 내다 버렸습니다. 집에 꽤 큰 서재가 있었는데 그때 다른 책들도 다 버렸죠. 작은 사업을 하나 벌이다가 시쳇말로 망했거든요. 도망치듯 서울을 떠나면서 모두 처분했습니다."

그렇게 처분한 책 중에서 오직 하나, 《완전주의자의 꿈》만큼은 다시 갖고 싶다며 내게 다음과 같은 사연을 풀어놓았다.

L씨의 아버지는 매우 엄격해서 어릴 때부터 자식이 실수하거나 학교성적이 떨어지면 불같이 화를 냈다. 이 세상은 약육강식의 논리가 지배하고 있으니까 앞서지 않으면 뒤처질 뿐이라는 얘기를 지겹게 반복했다. L씨는 그런 아버지가 무서워서 자신을 완벽주의자로 만들기 위해 단련했다.

"이제는 돌아가시고 안 계시지만, 제 아버지는 실로 완벽한 분이었습니다. 스스로 모범을 보이셨죠. 마치 철학자 칸트처럼 매사에 철저하고 빈틈이 없었습니다. 특히 시간 관리에 있어서는 여전히 저는 아버지의 영향 아래 있습니다. 당신은 늘 말씀하셨죠. 인간의 수명이 100년이라고 가정했을 때, 사는 동안 한 사람이 과연 얼마나 많은 의미 있는 일을 이룰 수 있겠냐고. 책으로 말하자면, 평생 다른 일 하지 않고 독서에만 집중해도 일주일 동안 전 세계에서 출판되는 양을 다 읽을 수 없다는 예를 드셨습니다. 인간은 노력에 따라 무엇이든 성취할 가능성이 있지만, 시간의 벽만큼은 뛰어넘을 수 없다는 겁니다. 그러니까 그 한정된 시간을 철저하게 관리하는 것만이 인생을 잘 사는 첫 번째 방법이라고 가르치셨습니다. 저는 어느덧 아버지의 말씀에 종교적인 믿음이라고 할 정도의 신뢰가 생겼습니다. 그도 그럴 것이, 당신의 말씀을 따라 사니까 모든 일에 실패하지 않았기 때문입니다."

《완전주의자의 꿈》은 L씨가 고등학생일 때 만난 책인데, 당연히 그 솔직한 제목에 이끌려 충동적으로 샀다. 그러나 정작 시를 읽어보니 도무지 무슨 의미인지 알 수 없는 말만 가득한 책이었다. L씨는 화가 났지만 늘 그렇듯 곧 그 시집을 정복하고 싶은 욕망에 휩싸였다. 내용이야 어찌 됐든 무작정 시를 외우기 시작했다. 어린 완벽주의자는 한 달 정도 시집을 닳도록 읽고 쓰면서 거기 있는 모든 작품을 암기했다.

그 사건은 L씨에게 커다란 자신감을 가져다주었다. 시집은 마치 그에게 부적과 같았고 어디를 가든 늘 지니고 다녔다. 여전히 시의 의미를 알 수는 없었지만, 책 한 권을 완벽하게 정복했다는 승리감은 여러 해 동안 그를 도취감에 사로잡힌 상태로 살게 하기에 충분했다.

"그야말로 승승장구였지요. 대학 입시, 자격증 시험, 대기업 취직도. 단 한 번의 실패도 없었습니다. 어릴 때부터 자신을 혹독하게 단련하며 노력한 결과라고 믿었습니다. 회사에서 나와 제 사업을 시작한 초창기에도 행운은 계속 이어졌습니다."

여기까지 단숨에 이야기를 이어오던 L씨는 잠시 말을 끊었다.

자신을 완벽한 사람이라 믿었고, 그런 그는 자기 세상을 완벽하게 만들 수 있다고 자신했다. L씨는 20대 나이에 이미 자기가 생을 마감할 때까지 가야 할 길과 거기서 이루고 싶은 목표를 목록으로 정리해두었다. 때론 다른 길이 나타나 유혹할 때도 있었지만 그럴 때마다 아버지가 하신 말씀을 떠올렸다.

"인생은 돌아서 가기엔 너무 짧다."

 단호한 그 한 마디는 마치 세상을 움직이는 물리법칙처럼 여겨졌다. 물론 인간의 삶 앞엔 수많은 길이 존재한다. 그리고 그 어떤 길도 정답이라고 할 수 없다. 곧장 가거나 샛길로 접어들거나 결론은 하나다. 결국 인간은 죽을 때까지 자기가 선택한 길 하나만을 경험할 수 있다. 샛길로 갔다가 거기가 아닌 것 같아 다시 왔던 길을 되돌아가 다른 길을 선택하는 일은 불가능하다. L씨는 이러한 인생의 진리를 일깨워준 아버지에게 늘 감사했다.

 하지만 어느 날 우연한 계기로 인해 잘나가던 사업은 바닥으로 꺼꾸러졌다. L씨는 이해할 수 없었다. 서울 시내에 건물까지 갖고 있던 그가 방 두 개짜리 월셋집으로 이사하기까지는 채 1년도 걸리지 않았다. 그는 괴로웠다. 계획하지 않았던 일이었기 때문이다. 그의 인생에서 있어서는 안 될 일이었다.

 "서울을 떠나 여기저기 떠돌며 허드렛일을 하며 사업 빚을 갚아나갔습니다. 그렇게 10년 넘게 지냈습니다. 그런데도 아직 그 돈을 다 갚지 못했습니다. 제게 남은 건 이제 아무것도 없습니다. 문득 어릴 때 좋아했던 장석주 시집이 그리워지더군요. 친구 같은 책이에요. 그 책이 있다면 저는 또 기쁜 마음으로 무엇이든 해나갈 수 있을 것만 같은 기분이 듭니다. 그러니 책을 꼭 찾아주시면 감사하겠습니다."

 이야기를 마친 그는 깊은 한숨을 내쉬었다. 나는 꼭 책을 찾아드리겠다고 약속했다. 완벽하게 망해버린 이 완벽주의자에게 필요한 것이 작은 시집 한 권뿐이라고 생각하니 괜히 측은한 마음이 들었다. 나는 그에게 "곧 좋은 일도 있겠지요. 힘내세요."라며 위로의 말을 건넸다. L씨는 처음보다 훨씬 부드러워진 표정으로 말했다.

"그래도 저는 지금 생활에 더 만족합니다. 세상은 완벽하게보다는 가치 있게 사는 게 좋다는 걸 배웠기 때문이죠. 앞서기 위해 끊임없이 자기를 다그치기보다 나와 타인을 사랑하면서 함께 걸어가야지요. 저는 이제 완벽주의자도 완전주의자도 아니지만, 어릴 때 전혀 알 수 없던 그 시들이 하는 말을 이젠 조금씩 이해할 수 있습니다. 그게 저를 기분 좋게 합니다."

그렇게 말하면서 L씨는 시집의 다른 구절을 암송했다.

"친구여 우리를 매달고 있는 나무는 무엇일까. 그것은 사슬인가, 아니면 사랑인가?"

〈애인에게〉라는 시다. 그의 목소리를 듣고 있으니 자기 자신은 물론 세상을 더 사랑하게 되었다는 그의 깨달음이 어떤 의미인지 알 것 같다. 그는 마치 그 시를 자기가 쓴 것처럼 감정을 깊이 실어 낭송했다. 나는 가만히 눈을 감고 시를 향해 귀를 열었다. 한겨울 추위가 시와 함께 가만히 녹아내렸다.

그리고 반년 뒤, 드디어 우리 둘은 다시 만났다. 나는 L씨가 말한 책 초판을 책상 서랍 안에 넣어두고 우선은 내 궁금증을 풀어보기로 했다. 정말 그는 이 시집 한 권을 완벽하게 암기하고 있을까? 그게 과연 가능한 일이기는 할까? 하긴, 미국 예일대학에서 강의한 유명한 문학 평론가 해럴드 블룸도 엄청난 양의 시를 암기하고 있었다고 하니 L씨의 말이 뻔뻔한 거짓말이라고 단정 지을 수는 없다.

책을 찾았으니 다시 이곳에 방문해달라는 연락을 하면서 정말로 시집을 다 외우고 있는지 확인해보고 싶다는 말도 함께 전했다. L씨는 내가 원한다면 책방에 들렀을 때 첫 번째 시부터 마지막까지 전부 낭송해주겠다고 했다.

"아니요, 그럴 필요까지는 없습니다. 테스트하려는 게 아니라 궁금해서 그럽니다. 정말로 이 시집을 다 외우신 것인지. 책 한 권을 다 외웠다면 제가 아니라 누구라도 신기하게 여길 겁니다."

"책을 찾아주셨으니 기꺼이 제가 그 호기심을 풀어드려야지요. 그럼, 약속하신 날 헌책방에서 뵙겠습니다."

전화기 너머로 들리는 그의 목소리가 한층 더 건조하게 느껴졌다. 나는 시집에 있는 작품의 순서와 그 작품의 몇 번째 연인지를 힌트로 말하고 그는 거기에 맞춰 시의 제목과 제시한 연에 나오는 첫 번째 문장을 말하기로 했다. 예를 들어, 내가 "16에 3."이라고 하면 그는 열여섯 번째 시의 제3연 문장과 함께 작품 제목을 알아맞히는 것이다.

이야기를 시작하며 밝힌 것처럼 L씨는 단 한 번의 실수나 주저함도 없이 완벽하게 이 게임을 통과했다. 믿을 수 없지만 믿을 수밖에 없는 상황이었다. 나는 그에게 시집을 건넸고 우리는 악수로 이 사건을 깔끔하게 마무리했다.

아니, 아직 깔끔한 게 아니다. 내 궁금증은 하나가 더 남았다. 나는 뒤돌아서 나가는 그를 불러세웠다.

"괜찮으시다면 한 가지 질문을 더 드려도 될까요?"

"네, 얼마든지요." 그는 손목시계를 확인했다. "무슨 질문인지 모르겠지만 대답에 쓸 시간이 4분 정도는 있습니다."

"사업 말입니다. 완벽하게 준비하셨고 그대로 잘 진행되어서 돈도 많이 버셨다고 그러셨잖아요? 그게 어떻게 한순간 망하게 된 건가요? 완벽했던 사업이었잖아요?"

"그거라면 대답하는 데 30초도 안 걸리겠군요." 그는 다시 시계를 봤다. 그러곤 아주 짧게 대답했다.

"이 세상 자체가 애초에 완벽하지 않은 거예요. 저는 그 단순한 사실을 몰랐던 겁니다."

L씨는 이를 드러내고 소리 내 웃었다. 그렇게 크게 웃은 것은 처음이다. 한참을 웃더니 그는 한마디 덧붙였다.

"세상이 완벽했다면, 장석주는 시를 쓰지 않았을 겁니다. 시라는 게 존재하지도 않았겠지요. 이제야 알겠더라고요. 제가 머리로는 이 시를 완벽하게 알았지만, 마음으로는 전혀 몰랐다는 사실을요. 그래서 이 책을 찾고 싶었던 겁니다. 이제부터는 마음으로 읽어보려고요."

낡은 시집을 손에 들고 책방 문을 나서는 L씨의 얼굴이 환하다. 무언가를 깨달은 사람의 얼굴은 늘 저렇게 깨끗하다. 완벽하지는 않지만 온전한 사랑을 마음에 품은 따뜻한 표정이 부러웠다. 내게도 어느 날 그런 순간이 오겠지. 마음으로, 그리고 몸으로도 이 복잡한 세상을 이해하는 법을 알게 되는 날까지, 나는 시처럼 순수한 마음으로 계속 책이 가득한 이 가게를 지켜야겠다.

일생의 유일한 친구

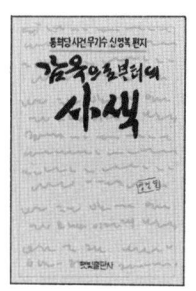

《감옥으로부터의 사색》
신영복 지음
햇빛출판사, 1988년

통신판매를 하지 않는 헌책방을 운영하고 있지만, 인터넷 서점에 올라오는 신간 목록은 하루에도 몇 번씩 확인한다. 중고책을 팔면서 왜 새책에 관심을 가지느냐고 묻는다면, 중고책도 처음엔 새책이었기 때문이라고 말하겠다. 이게 무슨 엉뚱한 대답이냐고 하겠지만, 이유를 설명하면 다들 "아, 그렇구나." 하면서 고개를 끄덕인다.

헌책방에서 책을 사는 이유는 뭘까? 가장 큰 이유는 역시 책을 정가보다 싸게 팔기 때문이다. 한 사람 이상의 주인을 거친 중고품이기 때문에 당연히 값이 싸다. 하지만 모든 책이 저렴한 건 아니다. 중고책이지만 때론 정가보다 비싼 가격표를 달고 있는 책도 있다. 가장 쉬운 예는, 속지에 유명한 저자가 직접 쓴 사인이 있는 경우다. 사인이 없더라도 절판된 책은 가격이 오른다. 물론 이 경우도 모든 책이 절판됐다고 해서 가격이 오르는 건 아니고, 찾는 사람이 많아야 자연스럽게 가격이 올라가는 거다. 이쪽 세계도 나름 자유시장 경제

시스템을 따르고 있다고 보면 된다.

그러니까 헌책방 입장에선 비싼 절판본을 팔아야 수익을 올릴 수 있다는 얘기다. 그런 책을 많이 수집해놓는 것도 헌책방 일꾼의 능력이라고 말하겠다. 하지만 그게 전부가 아니다. 가장 중요한 지점이 하나 남았다. 절판본을 비싸게 판다는 바로 그 이유로 날마다 신간 목록을 살펴봐야 하는 번거로움이 생긴다.

절판된 책이라고 해서 마냥 비싸게 팔 수 있는 건 아니다. 그 책의 개정판이 나오는 순간 비싼 몸값을 자랑하던 '절판본'은 '구판'이라는 초라한 이름으로 바뀐다. 개정판이 나오면 기존의 절판본은 희소가치가 없어지기 때문에 가격은 정가 이하로 떨어진다. 만약 개정판이 나온 줄도 모르고 그 책을 여전히 비싸게 팔고 있다면 손님에게 폐를 끼치는 것이 되는 것은 물론이고, 책에 대해 잘 모르는 헌책방 일꾼이라는 소리를 듣게 된다. 이는 곧 단골손님을 잃게 된다는 말과 같다. 그러니 헌책방 일꾼은 언제나 신간 목록을 유심히 보고 있다가 개정판이 나온 걸 발견하면 갖고 있던 구판의 가격을 조정해야 한다.

그런데 개정판이 출판됐는데도 일부러 구판을 찾는 사람들이 있다. 왜 굳이 구판을 찾느냐고 따져 묻는다면 나도 뭐라 답하기가 어렵다. 어떤 책을 꼭 갖고 싶은 이유에 관해 말하자면 세상에 있는 책의 숫자만큼 또 다른 책이 필요할 것이다. 보르헤스가 말한 '바벨의 도서관'은 바로 이런 식으로 무한히 증식하는 우주가 아닐까? 책의 우주! 그리고 그곳 어딘가에 있을지도 모르는 절판된 책 한 권…….

나보다 대여섯 살 정도 더 들어 보이는 외모의, 평범한 회사원처럼 보이는 이 손님은 한참 동안 우리 책방 이곳저곳을 둘러보고 난 다음 차분한 목소리로 몇 해 전 세상을 떠난 신영복 선생 이름을 꺼냈다. 《감옥으로부터의 사색》을 찾고 있는데 꼭 초판을 구해 읽고 싶어서 회사에 출근하지 않는 주말이면 헌책방을 돌아다니고 있다는 거다.

"왜 초판을 찾으시나요? 돌베개 출판사에서 개정판이 나온 건 알고 계시죠?"

그 책은, 유명한 책이긴 하지만 저자 서명이 들어가 있는 게 아니라면 초판이 사실상 크게 의미가 없다. 초판의 내용이 개정판에 전부 수록됐을 뿐 아니라 초판에서는 빠졌던 '청구회 추억' 부분이 개정판에는 들어가 있기 때문이다. 개정판보다 분량이 더 적은 책을 일부러 찾을 때는 분명히 이유가 있지 않을까?

"1988년이지요, 햇빛출판사 초판이……." 손님은 말끝을 흐렸다.

그는 자기 이름이 H이고 초판이 나왔던 당시 대학생이었다고 했다. 물론 개정판이 나온 사실도 이미 알고 있었다. H씨는 무언가를 회상하듯 고개를 약간 들어 올려 내 등 뒤에 있는 책장을 보면서 말했다.

"1980년대에 대학을 다닌 사람들 전부가 운동권은 아니었습니다. 저처럼 소극적인 사람도 있었습니다. 저는 친구들이 데모하고 있을 때 도서관에서 공부했습니다. 친구들이 학사 징계받고 수업을 다시 들어야 했을 때 저는 졸업해서 취직했습니다. 그리고 지금껏 별 탈 없이 잘 살아왔습니다."

그렇다고 해도, 이게 책을 찾는 이유가 될 것 같지는 않다. 남들이 데모할 때 거기에 가담하지 않았다고 해서 잘못 산 것도 아니고.

"그때 한 친구가 저에게 이 책을 읽어보라고 했습니다. 책을 준 건 아니고 제목만 알려줬어요. '감옥으로부터의 사색'이라니. 어쩐지 기분 나쁜 제목이라 한 귀로 흘려듣고는 안 읽었습니다. 그 친구가 누구였는지도 지금에 와서는 기억이 나지 않네요. 한동안 친하게 지냈던 것 같은데."

H씨는 말을 끊고 길게 한숨을 내쉬었다. 나는 그의 심정을 조금은 이해하면서도 한편으론 이제 그 복잡한 마음을 내려놓을 때도 되지 않았나 하는 생각이 들었다. 벌써 수십 년이나 지난 일 아닌가.

"저는 그 당시에 워낙 어린 나이라 기억이 별로 없지만, 힘든 시절이었다는 건 압니다. 디킨스의 소설 제목처럼 '어려운 시절' 아니겠습니까? 하지만 이제 시간이 꽤 흘렀잖아요? H님도 조금은 가벼운 마음으로 사셔도 되지 않겠어요?"

"그러기엔 제 마음의 짐이 여전히 무겁습니다. 그때 저는 진심으로 그들을 미워했으니까요. 친구는 신영복이라는 사람의 책을 권하면서 그를 대단한 사람이라고 소개했습니다. 원래는 육군사관학교에서 학생들을 가르치는 강사였는데 억울하게 간첩 누명을 쓰고 20년 동안 감옥에 있었다고 하더군요. 저는 냉랭한 반응을 보였습니다. 당시 제 철학이 그랬으니까요. 악법도 법이라는 유명한 말이 있잖아요? 만약 그가 누명을 쓴 게 사실이라면, 누명을 쓸 만한 행동을 했거나, 혹은 그를 누명까지 씌워서라도 감옥에 가두어야 할 만한 중대한 이유가 있었던 겁니다. 한마디로 신영복이라는 사람이 그냥 평범한 학자는 아니었던 것이죠. 아무리 독재국가라고 하지만 그저 장난삼아 한 사람을 감옥에 가두고 엄청난 분량의 증거 서류를 위조했을까요? 만약 독재국가의 법이 악법이라면, 그 법을 고칠 수 있는 역량을 길러야죠. 화염병이나 각목을 휘두르는 건 너희들이 맞서고 있는 독재국가의 그것과 하나도 다를 바 없는 폭력이다, 라고 저는 말했습니다. 친구와 저는 한동안 말싸움을 하다가 헤어졌습니다."

 이야기를 듣고 있던 나는 H씨의 감정이 너무 격해지고 있는 것 같아 "정말로 마음이 복잡하셨겠습니다."라고 하면서 잠시 마음을 가다듬도록 여유를 만들었다. H씨는 한동안 말을 다시 잇지 않았.

 "그러면, 그 이후로 《감옥으로부터의 사색》은 완전히 잊고 지내신 건가요?"

 H씨는 고개를 저었다.

 "친구에게 말은 그렇게 했지만, 사실 저도 그 책에 관심이 있었습니다. 20년 동안 감옥에 있던 사람이 쓴 책이라고 하면, 그게 설령 소설이라고 하더라도 흥미롭지 않겠어요? 친구가 학교 앞에 있는 서점에 가면 책을 살 수 있을 거라 말했기 때문에 저는 한 일주일쯤 있다가 그 서점에 갔습니다. 그런데 저는 거기서 또 뜻밖의 사건과 마주하게 됐습니다. 여태 가족에게도 말하지 못한, 부끄러운 일입니다."

 의자 등받이에 몸을 기댄 H씨는 그날 있었던 일을 떠올리는 것인지 잠시 눈을 감았다 떴다. 나는 수첩을 한 장 넘겨 그가 하는 말을 받아 적었다.

 "오후 늦은 시간에 저는 친구가 알려준 서점에 갔습니다. 흔히 사회과학서점이라고 부르던 곳이죠. 당시엔 학교 근처에 그런 서점이 꽤 있었습니다. 하지만 저는 사회과학서점에는 한 번도 가본 적이 없습니다. 딱히 사회과학이라는 분야에 관심이 없었을뿐더러, 책을 살 때면 언제나 시내 대형서점에 갔거든요. 서점 문을 열고 들어갔더니 그 안은 묘한 분위기더군요. 작은 공간에 어찌나 책을 빽빽하게 쌓아뒀는지 헌책방과 구분이 안 될 정도였습니다. 서점엔 학생 몇 명이 책을 살펴보고 있었습니다. 저는 주인에게 가서 《감옥으로부터의 사색》이 어디 있는지 물었습니다. 주인은 환하게 웃으면서 곧바로 책상 아래로 손을 넣어 그 책을 한 권 꺼내줬습니다. 그러면서 주인은, '학생, 오늘 모임 때문에 왔지? 이리로 오게.' 하면서 제 팔을 잡아끌었습니다. 저는 당황스러웠지만, 너무 순식간에 일어난 일이라 뭐라 말도 못 하고 주인 손에 이끌려 서점 옆에 딸린 작은 곁방으로 들어갔습니다. 거기엔 이미 대여섯 명 정도 되는 제 또래 학생들이 모여 있었습니다. 그들은 제 손에 들린 것과 똑같은 책을 가지고 있었습니다. 학생들은 '환영합니다', '어서 오세요'라고 하면서 저를 반겼습니다. 저는 기어들어가는 목소리로 뭔가 오해가 있는 것 같다고 말했습니다. 모임이 아니라 그저 책을 사러 온 것뿐이라고 해명했죠. 모여 있던 학생들은 그 상황이 우스웠든지 왁자하게 웃으면서 손뼉을 쳤습니다. 저를 데려온 주인도 뒤에서 껄껄 웃었습니다. 분위기에 휩쓸려서 저도 웃었습니다. 학생들은 어차피 지금 한 자리 비었으니까 잠깐 앉았다 가라고 권했습니다. 제가 보니 워낙 공간이 협소해서 다들 무릎을 세우고 앉아 어깨가 맞닿아 있을 지경이었거든요. 어디에 자리가 비었다는 건지 모르겠더군요."

이야기를 계속하는 동안 H씨는 조금 편해졌는지 입가에 엷은 미소를 짓기도 했다. 뜻하지 않게 신영복 책 읽기 모임에 섞이게 된 H씨는 그 상황이 몹시 불편했지만, 다른 한편으론 오랜만에 사람들의 온기가 전해지는 즐거운 분위기를 느끼게 되어 마음이 따뜻해졌다고 고백했다.

"말씀을 들어보니 딱히 부끄러운 일은 아닌 것 같은데요? 시트콤에 나오는 한 장면처럼 재밌습니다."

"부끄러운 건 모임 때 했던 제 행동 때문입니다."

H씨 입가에서 다시 웃음기가 사라졌다. 그는 차분한 목소리로 이야기를 계속했다.

"책 읽기 모임이라고는 했지만, 모인 사람 중에 《감옥으로부터의 사색》을 읽고 온 사람은 아무도 없었습니다. 그날이 첫 모임이었거든요. 다들 간단히 자기소개를 마친 다음, 모임에 앞선 각오 같은 걸 말했습니다. 그때 왜 그랬는지 지금도 모르겠습니다만, 저는 상당히 우쭐한 마음에 사로잡혔습니다. 그 자리엔 여학생들도 있었으니까 잘 보이고 싶어서 그랬는지도 모르죠. 저는 신영복 씨가 원래는 육군사관학교의 교관이었다는 것, 그리고 그가 통일혁명당이라는 비밀조직에 가담한 것에 연루되어 수사받고 감옥에 갔다는 걸 얘기했습니다. 그 자리에 있던 사람들 모두 아직 책을 읽지 않은 상태였기 때문에 제가 그런 말을 했을 때 꽤 놀라는 눈치였습니다. 저는 뭔가 대단한 사람이 된 것 같아 기분이 좋았습니다. 하지만 제가 그런 내용을 다 어떻게 알았겠습니까? 친구가 그 책을 권해줄 때 말한 것을 듣고 기억했을 뿐입니다. 그걸 마치 제가 이미 알고 있던 것인 양 신나게 입을 놀렸습니다. 그뿐만 아닙니다. 저는 그날 학생들과 함께 열을 올리며 정부를 비판하고, 평소엔 관심도 없었던 마르크스, 엥겔스 따위 이름이 나올 때마다 맞장구를 쳤습니다. 심지어 모임을 마친 다음, 함께 있었던 한 여학생과 저는 나중에 따로 한두 번 개인적으로 만나기도 했습니다."

말 그대로 H씨는 한동안 우쭐한 기분에 젖어 살았다. 하지만 그는 이후로 다시는 그 서점에 가지 않았고 이런저런 핑계를 대고 책모임에도 나가지 않았다. 당연히 잠깐 만났던 여학생과도 자연스럽게 관계가 멀어졌다. H씨에게 찾아온 처음이자 마지막 대학 시절 추억은 싱겁게 지나가버리고 말았다. 그다음은 H씨가 처음에 했던 말 그대로다. 평범하게 살았고, 가족도 꾸렸으며, 특별한 어려움 없이, 부족한 것 없이 지금에 이르렀다. 하지만 그의 생활엔 중요한 한 가지가 없었다.

"그러니까 저에게는 친구라는 게 없습니다. 사회생활 하면서 친구를 사귈 수도 있겠지요. 그런데 회사에서 만난 사람은 친구라기보다는 동료라고 하는 게 맞습니다. 저는 친구가 없습니다. 그런 생각이 때때로 저를 슬프게 합니다. 친구가 권해줬던 그 책을 다시 찾아봤는데 이미 절판됐고 개정판이 나왔더군요. 어쩔 수 없이 그걸 사서 읽었지만, 그건 친구가 권해준 책이 아니잖아요? 다시 그때로 돌아갈 수는 없지만, 그때 친구가 권했던 바로 그 책을 읽고 싶은 겁니다. 저는 그 책을 싫어했지만, 지나고 생각해보니 그 책이야말로 제 대학 시절 추억을 만들어준 유일한 친구였던 겁니다."

수십 년 전에 펴낸 책이지만 지금 다시 그 책을 찾는 게 생각만큼 어려운 일은 아니다. 당시에 워낙 많이 팔렸기 때문일까. 그 책은 여전히 어느 동네 헌책방에서 문득 눈에 띄곤 한다. 두어 달 지난 다음 책을 찾아드렸고 손님은 다시 그 특유의 침착한 목소리로 고맙다는 말을 남기고 돌아갔다.

"고맙습니다. 사실 큰 기대는 안 했거든요. 정말 찾을 수 있을 줄은 몰랐습니다. 이 책은……."

H씨는 무슨 말을 하려고 했지만 단념한 듯 입을 다물었다. 그가 다시 말을 이은 건 책을 가방에 넣고 돌아가기 위해 문을 열 때였다.

"이 책은 예전 모습 그대로네요. 기억이 납니다. 수십 년 전 일들이요. 부끄럽던 제 생각과 행동도 이 책은 다 알고 있는 것만 같습니다. 변한 건 접니다. 진짜 감옥에 있던 건 신영복 선생이 아니라 저였어요. 저 자신을 가둔 생각의 감옥에 갇혀 살면서도 부끄러움을 몰랐어요."

책방을 나가는 뒷모습을 보면서, 나는 그가 찾던 책 한 권이 과연 어떤 의미였을지 상상해봤다. 저 가방 속에 들어 있는 작은 책은 책이 아니라 얼굴조차 떠오르지 않는 잊힌 친구다. 젊은 시절 막연하게 꿈꾸었던 세상이며, 우주로 향해 나 있던 작은 창문이었을 것이다. 거기에 바벨이라는 거창한 이름은 붙일 수 없더라도, 오늘은 그만의 친구를 다시 만나게 되었으니 한동안 부끄러운 생각은 떨쳐버릴 수 있기를 바란다. 개정판이 나왔지만 일부러 초판을 찾는 이유처럼, 때론 오래된 친구가 더 속 깊은 위로를 해줄 수 있는 법이니까.

나의
아는 형 이야기

《미확인 미행 물체》
시마다 마사히코 지음, 김난주 옮김
정암문화사, 1994년

이 이야기는 나와 내가 한때 알고 지낸 J씨, 그리고 우리가 함께 찾던 어떤 책 한 권에 관한 짧은 추억이다. 인연은 때로 책상 서랍 안에서 우연히 발견한 오래된 사진 한 장처럼 작고 보잘것없는 크기로 남는다. 하지만 누군가에게는 평생 잊히지 않는 삶의 한 장면이 있기 마련이다. 영화로 치자면 잠깐만 비췄다 지나가는 아주 짧은 장면 말이다. 하지만 그 부분이 없다면 세 시간짜리 영화를 제대로 봤다고 말할 수 없는, 그만큼 소중한 기억의 한 조각이 내게 있다.

나는 대학에서 컴퓨터공학을 전공한 뒤 곧바로 IT회사에 취직했다. 당시엔 벤처기업이 인기 있는 사업이었다. 그러나 종일 의자에 앉아 모니터를 들여다보고 있는 게 도무지 나하고는 맞지 않았다. 회사를 그만두고 출판사에서 일했다. 이것도 적성에 맞지 않았다. 그때 깨달았다. 나는 책을 좋아하는 게 아니라 헌책을 좋아한다는 사실을. 신간에는 별로 흥미가 당기지 않았다. 그리하여 출판사도 한 2

년 다니다가 그만두고 서울 금호동에 있는 한 헌책방에서 일하게 되었다.

지금이야 금호동 일대가 개발되어 멋진 아파트가 즐비하지만, 내가 G 헌책방에서 일할 때만 하더라도 그 동네는 골목이 많고 고즈넉한 분위기였다. 그곳 헌책방은 규모가 꽤 커서 나 말고도 열 명이나 되는 직원이 함께 일하고 있었다.

입사하고 얼마 되지 않아 신입 직원을 환영하기 위한 회식 자리가 마련됐다. 컴퓨터 회사나 출판사에서 보던 사람들과 달리 모든 이들의 얼굴이 활기차 보여 맘에 들었다. 나는 아직도 그 장면을 아주 흥미로운 기억으로 간직하고 있다. 최첨단의 컴퓨터로 일하는 사람들보다, 따끈따끈한 신간을 언제나 제일 먼저 만나는 출판사 직원들보다 수십 년 전에 태어난 책들에 둘러싸여 온종일 땀 흘리는 이들의 얼굴빛이 훨씬 밝은 이유가 뭘까? 그 이유는 한두 주일 만에 알 수 있었다.

다 같이 저녁 식사를 하면서 자연스러운 분위기 속에 차례로 돌아가며 자기소개를 했다. 그때 J씨를 처음 알았다. 큰 눈에 갸름한 그의 얼굴은 묘하게도 알베르 카뮈를 닮았고 운동선수처럼 몸에 군살이 별로 없어 보였다. 그리고 왁자하게 웃고 떠드는 자리였음에도 그는 말수가 극히 적었다. 자기소개 차례가 되어서도 이름 정도만 말할 뿐이었다. 아직 읽지 않은 책처럼 묘한 구석이 있는 사람이었지만 우리는 좀처럼 친해질 기회를 찾지 못했다.

그즈음 나는 집이 있는 일산에서 금호동까지 오토바이를 타고 출퇴근했는데, 뜻밖에도 이게 J씨와 나를 이어주는 첫 번째 계기가 되었다. 얘기를 나눠보니 J씨도 오토바이에 취미가 있었다. 헌책방에서 일하기 전에는 오토바이 잡지사에서 프리랜서 기자로 일하며 시승기를 쓰기도 했다.

오토바이를 시작으로 우리는 여러 가지 이야기를 나눴다. 그는 해병대에서 군복무를 마치고 오지 여행을 좋아해 아프리카로 몇 번인가 여행을 다녀왔다고도 했다. 카뮈와 니체, 보르헤스, 박상륭을 좋아하고 지금 전세로 지내고 있는 삼청동 집엔 절판된 책을 가득 모아놨다는 말도 들었다. 우리는 며칠 사이에 금방 친해졌고 나이가 몇 살 위인 J씨를 나는 형이라고 부르기 시작했다.

믿을지 모르겠지만 헌책방 직원들은 일을 마치고 종종 다른 헌책방에 가서 책 구경을 했다. 온종일 책더미 속에서 일하다가 또 다른 가게에 가서 책을 보다니. 처음엔 나도 이상하게 여겼으나 곧 적응했다. 직원들은 일주일에 두세 번 정도, 다른 회사 사람들이라면 회식을 하는 것처럼 헌책방에 몰려가 책을 샀다. 이 정도로 책을 좋아하는 사람들이 모여 책 다루는 일을 하고 있으니 다들 얼굴빛이 좋을 수밖에 없다.

우리가 단골로 삼은 곳은 신촌의 '공씨책방'과 '숨어있는 책'이었다. '숨어있는 책' 사장님은 유명한 출판사에서 일하다가 헌책방을 차린 분이기 때문에 늘 좋은 책이 많았다. 우리는 그 가게 이름을 줄여 '숨책'이라고 부르며 자주 들렀다.

지금과 마찬가지로 나는 당시에도 사람 사는 이야기에 관심이 많아 자서전, 평전, 일기 같은 책을 주로 숨책에서 샀다. 뿌리깊은나무 출판사에서 펴낸 《숨어사는 외톨박이》와 《민중 자서전》 시리즈라면 보이는 족족 사 모았다. 고은 시인이 쓴 이중섭 평전과 1970년대 한림출판사에서 펴낸 스물네 권짜리 《세계의 대회고록전집大回顧錄全集》

도 숨책에서 몇 권 발견했다. 한편, J씨는 절판된 열린책들 출판사의 러시아문학 시리즈를 자주 샀다. 사르트르나 카뮈의 책도 종종 선택하는 걸 보면 그의 취향은 확실히 유럽 작가 쪽인 것 같았다.

한번은 J씨가 조금 떨어진 곳에서 책을 고르고 있던 나를 손짓으로 불렀다. 가보니 그의 손엔 장 그르니에의 책 《섬》이 들려 있었다. J씨는 내 얼굴을 처다보며 책 표지를 손가락으로 툭툭 쳤다. 그러고는 "장석주 시인."이라고 말했다. 나는 책을 받아들고 조금 어리둥절한 표정으로 가만히 서 있었다. 느닷없이 장석주 시인이 여기서 왜 나온 걸까? 말수가 적은 J씨와 대화하기 위해서는 그가 하는 함축적인 말을 어느 정도 추리를 해야 하는 어려움이 있었다.

살펴보니 그 책은 청하출판사에서 펴낸 장 그르니에 선집 중 한 권이었다. 책을 살피다 서지를 보니 발행인의 이름이 장석주였다. 그러니까 J씨는 장 그르니에 선집을 출판할 당시 장석주 시인이 청하출판사에서 일하고 있었다고 내게 알려주려는 것이었다. 그의 손에는 청하에서 펴낸 또 다른 책인 니체의 《이 사람을 보라》가 들려 있었다.

각자 책을 몇 권씩 사서 나오는데 또 J씨가 나를 불러세웠다. 그는 내 쪽으로 책 한 권을 내밀면서 "이거, 선물." 하며, 역시 짧게 말했다. 시마다 마사히코라는 일본 작가의 소설 《미확인 미행 물체》였다. 제목은 물론 작가 이름도 내겐 생소한 책이다. 나는 "형, 시마다 마사히코가 누구예요?" 라고 물었다. J씨는 "마사히코가 마사히코지." 하면서 지하철 입구 계단으로 걸어 내려갔다. 마사히코가 마사히코라……. 뭐지, 이 선문답스러운 대답은? 이건 아무래도 더 고차원적인 추리력을 동원해야 할 것 같았다.

책 내용이 그리 길지 않아 《미확인 미행 물체》는 그날 밤 잠들기 전에 다 읽을 수 있었다. 줄거리도 복잡하지 않다. '루치아노'라고 불리는 성전환수술을 받은 한 사람이 유부남인 산부인과 의사를 좋아해서 그의 곁을 미행하듯 맴돈다. 루치아노는 자신이 에이즈에 걸렸다는 사실을 알고 의사에게 사랑을 고백한 뒤 스스로 목숨을 끊는다. 의사는 루치아노가 죽기 전에 만들어놓은 영상 유언이 있음을 알게 되고, 그것을 본 다음 에이즈 환자들이 모여 있는 공동체 아지트에 찾아가 그들에게 도움이 될 수 있는 일을 찾는다는 것으로 이야기는 마무리된다.

처음에 산부인과 의사는 자신을 스토킹하는 루치아노에게 심한 거부감을 느끼며 그가 인간이 아니라 외계인일지도 모른다고 상상하기에 이른다. 그렇다면 루치아노는 인간처럼 보이지만 사실 그 안에는 외계 생명체가 들어 있는 것이다. 그야말로 미확인 미행 물체인 셈이다.

따로 조사를 해보니 시마다 마사히코는 떠오르는 신예 작가로 일본에서 큰 주목을 받는 모양이었다. 그런 분위기에 힘입어 우리나라에서도 1990년대 이 작가의 책을 몇 권 번역해서 펴냈는데 아쉽게도 10여 년이 흐른 지금 시마다 마사히코의 책은 대부분 절판되고 말았다. 하긴 우리나라에서라면 하루키 말고 또 누구의 책이 오래 살아남을 수 있을까?

나는 J씨가 이 책을 왜 내게 선물로 줬는지 궁금했다. 여러 날을 두고 생각해봤지만 역시 풀리지 않은 수수께끼다. 하는 수 없이 언젠가 기회가 될 때 직접 물어봐야겠다고 마음먹었다.

한 달 정도 지난 후, 우리는 다시 숨책에 갔다. 나는 지금이 좋은 기회다 싶어 책을 고르고 있는 J씨에게 다가갔다. 그런데 그때 다시 수수께끼 같은 장면을 목격했다. 전에 내게 선물했던 것과 똑같은 책이 J씨 손에 또 들려 있는 게 아닌가. 나는 그게 무슨 의미인지 전혀 알 길이 없었다.

"같은 책을 또 사셨네요? 지난번에 주신 책 다 읽었는데, 필요하시면 다시 드릴까요?"

"괜찮아. 그건 선물이니까 가져." 그렇게 말하면서 J씨는 《미확인 미행 물체》를 포함해 몇 권을 계산대에 올려놓았다.

나는 참을 수 없는 궁금증 때문에 그날 J씨와 함께 지하철을 타고 그의 집 방향으로 가면서 이야기를 나눴다. 그는 내가 물어보는 것에 시원스레 대답해주지 않고 늘 그렇듯 짧게만 반응했다. 내가 귀찮은 걸까? 나를 소설 속 루치아노처럼 이상한 사람이라 여기는 건 아니겠지? 별별 생각이 다 들었다.

그런데 우리가 그만 헤어져야 할 안국역 근처에 왔을 때 뜻밖에도 J씨는 내게 자기 집에 가서 술 한잔하지 않겠느냐고 제안했다. 도대체 이 사람 머릿속에는 뭐가 들었는지 모르겠다.

J씨 집에 가보니 과연 책이 많았다. 그 집은 작은 마당이 있는 전형적인 삼청동 한옥인데, 거실은 물론 안방에도 책이 가득했다. 흡사 책 외에 다른 살림은 일절 가지고 있지 않은 것처럼 느껴졌다. J씨는 친구에게 받은 선물이라며 절반쯤 남은 양주를 한 병 내왔다. 다른 한 손에는 책이 대여섯 권 들려 있었다. 모두 같은 책이었다. 나는 깜짝 놀라서 물었다.

"전부 시마다 마사히코 책이잖아요? 계속 《미확인 미행 물체》를 수집하고 있는 거예요?"

"뭐, 어쩌다 보니 그렇게 됐어."

'어쩌다 보니'라니. 같은 책을 계속 모으고 있는 것에 대한 그 이유가 어쩌다 보니, 라는 건 너무 성의가 없는 대답 아닌가? 나는 작은 잔에 담긴 독한 술을 한 모금 마신 다음, 제대로 된 이유를 듣기 전에는 이 집을 나가지 않겠노라 다짐했다.

"실은 그 이유라는 게, 그리 대단치도 않은 거라⋯⋯." J씨도 술을 마시며 작은 목소리로 이야기를 시작했다. 나는 마당으로 나 있는 나무 마루에 걸터앉아 귀를 기울였다.

"대학 다닐 때부터 나하고 같이 오토바이를 자주 타던 친구가 있었거든. 성격이 좀 우울한 게 흠이었지만 우린 책이나 영화 보는 취향도 비슷해서 자주 만났어. 그런데 그 녀석이 오토바이를 타고 강릉에 갔다가 교통사고를 당했어. 헬멧, 장갑은 물론 슈트까지 보호장구를 다 갖추고 있었지만, 워낙 큰 사고라 많이 다쳤지. 병원에 가보니 내가 생각했던 것 이상으로 크게 다쳤더라고. 의사는 이 친구가 회복하더라도 오토바이는커녕 걸어 다니기조차 쉽지 않을 거라고 했어. 큰 수술을 몇 번 받고 나서 집으로 돌아왔지. 평생 누워서 지낼 줄 알았는데, 그래도 간신히 몸을 움직일 정도로는 회복했어. 다행이라고 해야 할지, 불행이라고 해야 할지 모르겠어."

여기까지 말하고 난 다음 J씨는 숨을 길게 내쉬더니 술을 한 잔 더 따라서 입으로 가져갔다. 마당 위로 드러난 하늘을 올려다보니 이미 밤은 깊어서 별이 총총 빛났다. J씨의 목소리가 귀뚜라미 소리와 섞여 있어서 가만히 듣고 있으니 몸이 간질거리고 눈이 감겼다.

"그 친구가 종일 집에 있으니 무료했던지 나한테 책을 좀 사달라고 그랬어. 남미 소설을 좋아해서 보르헤스하고 마르케스를 몇 권 보내줬어. 마침 일본에서 인기 있는 시마다 마사히코라는 작가의 책이 번역되었는데 그것도 좀 보내달라고 그러더군. 그런데 일이 좀 어긋났어. 나는 그때 오토바이 잡지사에서 기사 쓰는 일을 했거든. 외국에 있는 멋진 라이딩코스를 소개하는 기획이 있어서 급히 출국하게 된 거야. 돌아와서도 이것저것 바쁜 일에 휘둘리다 보니 책을 보내주지 못했어. 가끔 수첩에 적어둔 《미확인 미행 물체》라는 글씨를 볼 때마다, 다음에 사서 보내야지, 하면서 계속 미뤘어. 정신없이 바쁘게 지내던 그때, 너무도 충격적인 소식을 들었지. 그 친구가 스스로 목숨을 끊었다는 거야."

J씨가 너무도 차분하게 말을 이어가고 있어서 내가 잘못 들은 건 아닌지 귀를 의심했다. 평소에도 가벼운 우울증이 있었던 그 친구는 오토바이를 탈 수 없게 된 사실을 받아들이기 어려웠던 것인지, 아니면 다른 이유가 있었는지 확실하지 않지만, 최악의 선택을 하고 만 것이다.

"읽었던 책을 다른 사람들한테 다 나눠주고 아무것도 남지 않았을 때 세상을 떠나기로 마음먹은 것 같아. 만약 내가 시마다 마사히코 책을 사줬더라면 그런 안타까운 일은 없었을 텐데. 마치 내가 그 친구를 죽음으로 몰고 간 것 같아서 오랫동안 힘들었어. 잡지사 일도 그만두고 몇 년 동안 방황했는데, 그래도 죄책감은 나를 놓아주지 않아. 서점에 가서 《미확인 미행 물체》를 사려고 했더니 그땐 이미 절판되었더군."

그때부터 J씨는 헌책방에 갈 때마다 《미확인 미행 물체》가 보이면 사두었다가 주변 사람들에게 한 권씩 나눠주었다. 그런 행위를 통해서 조금이나마 죄책감에서 벗어나려고 했던 것일까. 어쩌면 J씨에게 그것은 세상을 떠난 친구를 기억하는 유일한 방법이었는지도 모르겠다.

　이야기가 끝나자 세상이 다 침묵하기로 약속이라도 한 것처럼 주변이 조용해졌다. 마당에 바람도 불지 않아 어색한 기분이 들었다. 나는 애서 밝은 목소리로, "그 책이 보이면 저도 사두었다가 형한테 줄게요."라고 했다. J씨는, "그러면 고맙지." 하면서 술을 또 한 잔 비웠다.

　기억을 되짚으며 돌아보니 이것도 거의 20년 전 이야기다. 나는 그 헌책방에서 2년 정도 일하다 나와 얼마 뒤 내 이름으로 헌책방을 만들어 일하게 됐다. 금호동이 개발되어 헌책방을 경기도 수원으로 옮기면서 J씨도 일을 그만두었다.

　J씨는 내가 일하는 헌책방에 종종 들렀다. 나는 약속했던 대로《미확인 미행 물체》를 입수하면 따로 모아뒀다가 그에게 줬다. 딱히 돈을 받고 싶은 마음은 없었다. J씨는 공짜로 받으면 더 미안하다며 밥이나 술을 사곤 했다. 헌책방 일을 그만둔 그는 서울역에서 기차에 택배 물건 싣고 내리는 일을 한다고 내게 말했다. 힘든 일이지만 헌책방 일하고 노동 강도는 비슷하다며 큰소리로 웃었다.

　2016년 여름, J씨는 마지막으로 내가 일하는 책방에 들렀다. 그는 여전히 택배 일을 하고 있다면서, 새삼스레 헌책방을 하는 내가 부럽다고 몇 번이나 말했다. J씨는 책을 많이 찾아줘서 고맙다며 내게 아프리카 원주민이 만들었다는 작은 라마 인형 한 개와 탄자니아 지폐 몇 장, 그리고 오래된 100루피짜리 인도네시아 동전 한 개를 선물로 줬다.

　"그 동전 말이야. 인도네시아 여행할 때 얻은 거야. 행운을 점칠 수 있는 동전이라고 하더라. 일하다가 뭔가 결정하기 힘든 일이 생기면 그걸 던져보는 것도 좋겠지."

J씨는 여느 때처럼 웃는 모습으로 손을 힘차게 흔들며 집으로 돌아갔다. 그게 J씨의 마지막이었다. 그해 가을 J씨는 갑작스럽게 몸에 암이 번져 세상을 떠났다. 나이 오십도 안 된 건강했던 사람이 어쩌면 그리 갑자기 떠날 수가 있나. 이해하기 힘들었다. 내 생각에 그의 병은 오래됐고 자기가 아프다는 사실을 진작 알고 있었던 것 같다. 여름에 나를 만난 건 마지막 인사를 하기 위해서였을 거다.

나는 그가 집으로 돌아가고 난 다음 책방에 와서 장난삼아 100루피 동전을 책상 위에 굴렸다. J씨가 조만간 다시 올 것인가, 안 올 것인가를 동전에게 물었다. 결과는 앞면. 온다는 쪽이었다. 분명히 온다는 쪽이었는데 그는 끝내 오지 않았다. 멍청한 동전 같으니!

그 후로 나는 돌아다니다가 《미확인 미행 물체》를 발견하면 J씨가 나를 찾아온 것처럼 반가운 마음에 가슴이 뛴다. 그때 나온 동전의 앞면은 바로 이런 걸 말해주는 것이었을까? 떠난 사람이지만 아주 가버린 건 아닌 모양이다.

루치아노에게 미행당한 의사 사사카와 씨는 소설 마지막 장면에서 어떤 깨달음을 얻고 "아프리카로 가는 거다!"라고 외친다. 말 그대로 J씨 역시 그가 평소에 좋아하던 아프리카에 가 있을 것 같다. 넓고 평화로운 초원 위를 둥실 떠올라 자유로이 날아다니고 있는 것은 아닐까. 먼저 간 친구와 함께 오토바이 여행을 하고 있을 것 같기도 하다. 나는 알 수 없다. 하지만 그가 살아 있을 적 읽은 많은 책과 함께 J씨의 영혼이 늘 평화롭기를 빈다.

제주의 밤과
추억의 한라산

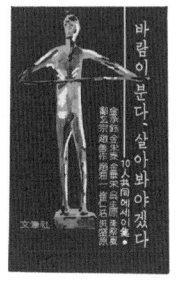

《바람이 분다, 살아봐야겠다》
이제하 외 지음
문장사, 1977년

H씨는 내가 아는 사람 중에서도 특별한 괴짜에 속하는 인물이다. 가게 없이 바퀴 달린 여행 가방에 책을 넣고 여기저기 옮겨 다니며 팔기 때문에 오래전부터 나는 그를 '보부상'이라고 부르는데, 정작 H씨는 그런 별명을 싫어한다. 차라리 '책 마니아'라고 불러 달라고 했을 때 나는 그걸 잘못 듣고는, "책 많이?"라고 되물은 적이 있다.

차림새가 누추하고 걸을 때 자세가 구부정해서 모르는 사람이 길을 가다 그를 만나면 분명히 노숙자라고 여길 것이다. 하지만 책 이야기를 할 때만큼은 큰 눈을 부리부리하게 뜨고 상대방을 무섭게 쳐다보는 버릇이 있어서, 그럴 때면 조금 전까지 실험실에서 일하다 나온 박사님 같은 인상을 풍긴다.

나는 그의 연락처를 알고 있지만, 괴짜 H씨는 좀처럼 전화를 받는 일이 없다. 처음엔 나한테서 오는 전화만 안 받는 줄 알고 약간 서운했는데, 벨소리 자체를 무음으로 해놓고 걸려오는 모든 전화를 받지 않는다. 그러다가 마음이 내키면 부재중 전화 목록 중에서 몇 개를 골라 연락한다. 그것도 무슨 기준인지 도통 알 수가 없다. 책에 관련해서 뭔가 물어볼 게 있어 전화를 하면 빨라도 수 주일 후, 심지어 몇 개월이 지난 다음 연락해서 아무렇지도 않게 왜 전화했느냐며 묻는다. 이 정도로 괴짜에 불편하기 짝이 없는 사람이지만, 그래도 때때로 전화하는 이유는 그가 절판된 책에 관해서라면 모르는 게 없을 정도로 해박한 책의 고수이기 때문이다.

요즘에 나는 전략을 바꿨다. 전화 대신 H씨가 있을 법한 곳에 직접 찾아다니는 것이다. 그는 여행 가방을 끌고 광화문이나, 신촌, 홍익대학교 근처, 상암동 등지를 돌아다닌다. 장소 선택 역시 기준이 뭔지 알 길이 없지만, 사람들이 모여 있는 공원 같은 곳에 자리를 펴고 책을 판다. 말하자면 좌판인데, 장사 시간도 자기 맘대로다. 한 자리에서 30분일 수도, 서너 시간일 수도 있다. 그곳을 찾으면 H씨를 만날 수 있다. 언제 어디서 좌판을 벌이는지 미리 공지하는 법이 없으니 무작정 찾아다녀야 하는 수고가 있으나, 앉아서 전화를 기다리는 것보다는 차라리 이게 빠를 때가 많다.

그런 H씨가 먼저 우리 책방에 찾아온 적이 있다. 처음 있는 일이었다. 문을 열고 들어오는 H씨를 보면서 나는 놀라움 반, 반가움 반인 이상한 표정을 지으며 인사했다. 그는 몇 주 동안 제주도에 다녀왔다고 했다. 그러면서 한 손에 든 비닐봉지를 내밀었다. 거기엔 한라봉 초콜릿 상자가 들어 있었다.

"정말 제주도에 갔다고요? 이건 인사동에서도 파는 거잖아요?" 나는 농담하는 식으로 말하면서 초콜릿 포장지 하나를 깠다. 초콜릿 싼 종이에서도 귤 향기가 잔뜩 묻어났다.

"다녀왔어요. 바람도 좀 쐴 겸 해서요. 비행기는 좀 겁나서 버스 타고 완도 갔다가 거기서 배 타고 제주도까지 갔어요. 올 때도 그렇게 왔고."

기본적으로 괴짜인 줄 알고 있었지만, 이 정도일 줄이야. 김포에서 비행기 타고 한 시간이면 닿는 제주도인데 버스에 배라니. 게다가 얘기를 들어보니 서울에서 완도까지 직행 고속버스를 탄 것도 아니고 시내버스만 이용했다는 것이다. 그 일정만도 2박 3일 정도 시간이 걸렸다. 왜 그런 말도 안 되는 고생을 하면서 제주도에 간 것일까? 드디어 이 사람은 괴짜를 넘어 광인의 경지에 이른 것인가?

"제가 궁금한 거 못 참는 성격이잖아요? 예전에 코미디언 전유성 씨가 서울에서 부산까지 시내버스만 이용해서 갔다는 얘기를 들은 적이 있어요. 그래서 그게 진짜 가능한 일인지 이번에 확인해본 거죠. 부산은 아니고 완도지만요."

그 얘기는 유명한 일화라 나도 익히 알고 있다. 어느 곳이라도 도시에는 버스가 다니기 마련이니까 대중교통으로 어디든 간다는 게 불가능한 일은 아닐 테지만, 굳이 그걸 직접 해보다니. 이 사람, 제정신인가? 내가 뭣 하러 그런 고생을 했냐고 물었더니 H씨는 큰 눈을 꿈뻑거리면서 말했다.

"세상엔 굳이 하지 않아도 될 일이 있지만요, 해보지 않으면 영 모르는 일도 있으니까요. 저는 거기서 누구도 느껴보지 못한 전혀 새로운 제주도를 만나고 왔습니다. 사장님은 모르실 거예요. 어쩌면 앞으로도 계속."

괴짜 보부상 H씨는 결국 자기가 제주도에 가서 무엇을 어떻게 느끼고 왔는지 내게 말해주지 않고 돌아갔다. 게다가 선물이라며 내게 준 한라봉 초콜릿 열 개 중에서 일곱 개는 자기가 먹고 갔다.

남은 초콜릿을 입에 넣고 오물거리고 있으니 몇 년 전 한 손님에게 제주도와 관련된 책을 찾아준 일이 떠올랐다. 그분도 보부상이 했던 것처럼 버스와 배를 이용해 제주에 갔다. 그리고 거기서 뜻밖의 선물을 마음에 품고 돌아왔다. 책을 찾아준 나는 그 선물을 나눠 가진 기분이었다.

봄이었다. 며칠 동안 온풍기를 켜지 않았는데도 낮에는 책방 안 온도가 20도를 넘었다. 날씨는 꽤 건조해서 문을 열면 '끼이익' 하는 소리가 신경을 거슬리게 했다. 어디론가 여행이라도 다녀오고 싶은 계절이다. 하지만 나는 여느 때와 다르지 않게 책으로 둘러싸인 가게에 출근해 책 여행이나 하고 있다. 그때 거슬리는 문소리가 났다. 손님이 조심스럽게 문을 열수록 나무문 소리는 더 크고 길게 난다.

"미리 연락 드렸던 K입니다. 찾고 싶은 책이 있어서요."

K씨는 며칠 전 이메일로 내게 사연을 의뢰했던 사람이다. 그는 책 찾는 수수료를 대신하기에는 너무 보잘것없이 간단한 사연이라도 괜찮냐고 물었다. 그렇게 말하는 사람치고 이야기가 짧은 사람을 못 봤다. 반대로 정말 별것 없는 이야기를 하려는 사람은 처음부터 대단한 것이 있는 것처럼 허세를 부린다. 나는 만나서 이야기를 들어보고 싶으니 여유가 되면 책방에 방문해달라고 답장했다.

나는 그가 결국 책방에 오지 않을 거라고 생각했다. 왜냐하면 책에 얽힌 사연을 다른 사람에게 풀어놓는다는 것은 사실 큰 용기가 필요한 일이기 때문이다. 연예인 같은 공인이 아닌 이상 자기 얘기라는 것은 곧 개인적인 부분에 속하는 것이기에 이걸 자기하고 아무 관계도 없는 다른 개인에게 들려주는 일은 생각만큼 쉬운 일이 아니다. 게다가 이메일에 쓴 문체로 짐작해보건대, K씨는 상당히 내성적인 사람일 것 같다.

"반갑습니다. 이쪽으로 앉으시죠. 그런데, 사실 저는 K님이 안 오실 줄 알았습니다. 그런 경우가 제법 있는 편이거든요."

"저도 고민이 좀 됐습니다. 말씀드렸듯이 사연이랄 것도 없이 짧은 이야기거든요." 50대 정도 되어 보이는 K씨는 마치 고등학생처럼 수줍게 말하며 몸을 움츠렸다.

"한 개인에게는 짧고 보잘것없게 여겨지는 이야기가 다른 사람에겐 큰 울림을 줄 수도 있으니까요. 괜찮으시다면 지금부터 이야기를 들어보고 싶네요."

K씨가 찾고 싶다고 한 책은 《바람이 분다, 살아봐야겠다》이다. 출판사는 문장사, 1977년에 초판을 펴냈다. 이 책은 1970년대 인기를 누리던 우리나라 작가 열 명이 공동으로 참여한 에세이집이다. 지금도 책 한 권에 정상급 작가 열 명을 모으기란 쉽지 않은데, 수십 년 전에 이런 기획을 했다니 놀랍다.

"저는 전라도 전주에서 나고 자랐습니다. 중학생 때까지는 전주에서 살았고 고등학교는 서울로 와서 다녔습니다. 친척 집에 머물기는 했지만, 부모님과 떨어져 있다 보니 많이 외로웠죠. 그래서 방학이 되면 곧바로 전주에 갔습니다. 무엇보다 어릴 때 같이 놀던 친구들이 거기에 다 있으니까 어울려 놀다 보면 방학은 너무도 짧게 느껴졌습니다."

때는 아직 1980년대 초라 전주 친구들은 서울에 있는 학교에서 공부하는 K씨를 부러워했다. 하지만 그는 반대로 삭막한 도시 생활이 몹시 힘들었다. 그 시절 단 하나 위로가 된 것은, 서울엔 큰 서점이 있다는 거였다. K씨는 집에서 보내주는 얼마 되지 않는 용돈을 아꼈다가 달마다 시집을 한두 권씩 사 읽었다.

"이제하 작가의 작품을 좋아했어요. 그분도 학생 때 이미 잡지에 글이 실렸다고 하더라고요. 서점에 서서 '청솔 푸른 그늘에 앉아 서울 친구의 편지를 읽는다. 보랏빛 노을을 가슴에 안았다고 해도 좋다.'라며 시작하는 시를 읽었는데 괜히 눈물이 주룩 나오더군요. 틈날 때마다 서점을 돌아다니며 이제하의 작품을 찾아 읽었어요. 그리고 방학 때면 책을 가져와서 친구들에게 소개도 해줬고요."

사건은 이제부터 시작이다. 그렇다. 분명히 이건 사연이 아니라 사건이다. K씨는 전주에 올 때면 늘 시내 헌책방에 들러 책을 구경하는데 거기서 우연히 《바람이 분다, 살아봐야겠다》라는 책을 발견한 것이다. 그게 발레리 Paul Valery(1871~1945)의 시에서 따온 제목인 것도 당시엔 몰랐지만, 묘하게 끌리는 기분이 들어 책을 펼쳤다.

"그 책에는 유명 작가 열 명이 쓴 산문이 들어 있었습니다. 그런데 거기 이제하도 있는 거예요. 기쁘기도 하고, 제가 좋아하는 작가가 김승옥, 최인호 같은 베스트셀러 작가들과 함께 소개되고 있어서 자랑스러웠습니다. 당연히 저는 맨 먼저 이제하의 글이 실린 부분을 찾아 읽었습니다. 짧은 글 몇 편이 들어 있었는데 가장 처음이 〈한라원경漢拏遠景〉이었습니다. 저는 그게 무슨 뜻인지 몰랐는데 읽어보니 제주도 한라산에 갔던 기행문이더군요. 그도 그럴 것이, 저는 그때까지 제주도에 한 번도 가보지 못했어요. 그러니 '한라'라는 글자를 봐도 생소할 수밖에요."

K씨는 카뮈가 장 그르니에의 《섬》을 받아들고 기쁜 마음에 집으로 뛰어가 책을 읽은 것처럼, 설레는 마음으로 헌책방에서 발견한

그 책을 사서 돌아왔다. 이불을 뒤집어쓰고 엎드려서, 그가 한 번도 가보지 못한, 그러나 너무도 유명한 한라산에 대한 글을 몇 번이나 다시 읽었다. 그날 밤엔 짙은 안개에 싸인 바다 건너로 보이는 한라산까지 훨훨 날아가는 꿈을 꾸었다.

  목표는 정해졌다. 그는 한라산에 가보기로 마음먹었다. 그러나 혼자 가기는 싫었다. 글 속에서 이제하가 그랬던 것처럼 친구들과 함께 제주도로 가서 그 신비로운 경험을 똑같이 하고 싶었다.

  "그 글에 보면 작가는 배를 타고 제주에 갔더라고요. 밤에 제주도로 가는 배 위에서 별을 보는 장면이 나와요. 흔들리는 갑판 위에서 별을 보며 '여기서는 별도 막 굴러다니는구나'라고 표현했는데, 과연 시인이라 표현력이 남다르구나 하며 고개를 끄덕였습니다. 그렇게 밤새도록 항해하다 해가 뜰 무렵 제주항에 도착했습니다. 허나 아쉽게도 안개 때문에 한라산을 못 봤다고 합니다. 도착한 다음 날엔 제대로 한라산을 보고 느꼈습니다. 거기서 놀라운 경험을 합니다. 제가 읽고 감격했던 그 장면입니다. 한림에서 협재로 넘어가는 길에서 앞서가던 친구 세 명이 어깨동무를 하고는 공중으로 붕 뜨는 환상을 본 겁니다. 그런 기적은 이후로 두 번 다시 볼 수 없었다고 이제하 작가는 쓰고 있습니다."

  K씨는 자신도 친구들과 함께 이와 똑같은 여행을 해보기로 다짐했다. 방학 기간은 아직 많이 남았고, 가보지는 않았지만 완도항에서 제주도까지 가는 배편이 있다는 걸 알고 있었다. 완도까지는 전주에서 버스로 가면 된다.

  내성적인 그에게 이 모든 건 대단한 모험이었다. 하지만 그의 짐 가방 속엔 이제하가 함께 있었다. 든든한 지원군이다. 당장 다음 날부터 K씨는 이 멋진 여행에 동참할 친구를 모집했다. 두 명이 선뜻 같이 가겠다며 나섰다. 부모님의 허락을 받는 것까지 족히 일주일이 걸렸지만, 고교 2학년의 여름방학은 길었고 날씨는 매우 쾌청했다.

"우리는 낮에 배를 탔기 때문에 아쉽게도 하늘에서 별이 굴러다니는 걸 보지는 못했습니다. 하지만 제주항에 도착했을 때 안개에 가려 한라산을 못 본 작가 일행에 비하면 우린 운이 좋았습니다. 건물들 사이로 넓게 펼쳐진 멋진 한라산이 어서 오라 손짓하는 것만 같았습니다. 그리고 이 여행의 하이라이트는 역시 한림에서 협재로 이어지는 그 길을 책에서 읽은 것하고 똑같이 걸어보는 것이었죠. 결론을 말씀드리면 좀 허무하긴 한데, 이제하가 겪은 그런 환상을 저는 경험하지 못했어요. 그래도 우린 마냥 즐겁고 신나게 그 시간을 마음껏 누렸습니다. 뜨거운 태양과 짙푸른 바다, 그리고 멀리 보이는 한라산이 모두 우리를 위해서 존재하는 것 같았습니다."

K씨 일행은 가지고 온 돈이 별로 없었기 때문에 제주도의 여러 곳을 둘러보지는 못했지만, 한라산 등반은 꼭 해보고 싶었다. 그게 책을 들고 떠난 제주도 여행의 마지막 일정이었다.

"별 사고 없이 다녀오신 걸로 이야기는 끝인가요?" 그렇게 말하며 나는 적고 있던 수첩에서 눈을 떼고 고개를 들어 K씨를 보았다.

"여행 중에 특별한 일은 없었습니다. 우리 모두 장난기가 있거나 대담한 성격은 아니어서요. 다만 한라산에 오르다 한 친구가 주위 풍경을 보고 감격스러웠는지 이런 말을 했습니다. 나중에 자기가 죽으면 꼭 이곳 한라산에다가 묻어달라고 말이죠. 우리는 그 얘길 듣고 다 같이 키득거렸습니다. 그 녀석이 우리 중에서 가장 건강하고 운동도 잘했거든요."

그 얘기를 듣는 순간 나는 K씨가 이 책을 찾는 이유를 알 것 같았다. 그는 고개를 끄덕이고는 이내 담담하게 최근에 있었던 일을 말했다.

"그 친구는 몇 년 전, 일하다가 갑자기 쓰러져서 최근까지 병원을 오가며 치료를 받았습니다. 제가 가끔 병원에 가거나 전화로 안부를 물으면 우리가 같이 한라산에 올랐던 그 추억을 자주 얘기했어요. 만약 자기가 잘못되면 그때 했던 약속을 지키라며 웃으면서 말했죠. 농담인 걸 알면서도 저는 그때마다 진지하게 그런 말 좀 하지 말라고 타일렀습니다. 그 친구가 한 달 전에 세상을 떠났어요. 가기 며칠 전에 아내에게 그랬다는군요. 고등학생 때 친구가 알려준 이제하의 글을 읽어달라고 했대요. 〈한라원경〉 말입니다. 그때 제주도로 여행 가자고 설득하면서 제가 그 부분을 읽어줬거든요. 그런데 그 책은 저도 갖고 있지 않았어요. 이사 다니면서 처분했는지 찾아봐도 없더군요. 그래서 오늘 선생님께 부탁하러 온 겁니다. 조금 늦었지만, 책을 구하게 되면 이제라도 친구를 찾아가서 읽어주고 싶어서요."

이야기를 다 듣고 나서 나는 한동안 아무 말도 할 수 없었다. K씨 역시 달리 덧붙일 말이 없다는 듯 입을 열지 않았다. 나는 수첩을 덮고 만년필 뚜껑을 돌려 닫으며 마지막 인사를 건넸다.

"짧은 이야기가 아니네요. 사연 들려주셔서 고맙습니다. 책을 꼭 찾아드리겠습니다."

"이제하 작가처럼 극적인 경험을 한 건 아니지만 그래도 우린 꽤 즐거웠습니다. 책을 찾아주시면 제가 친구한테 가서 〈한라원경〉을 읽어줄 때 선생님 얘기도 꼭 하겠습니다. 그러면 선생님도 이 추억을 함께하는 사람이 되시는 겁니다. 그래도 괜찮을까요?"

K씨는 소년처럼 수줍게 웃으며 그렇게 말했다. 나는 이 멋진 추억을 조금 나눠 가질 수 있다면 영광이라고 대답하며 고개를 숙였다. 조만간 날씨가 좋을 때 제주에 다녀오고 싶다는 생각이 들었다. 그렇지만 이번엔 혼자가 아니다. 친구들에게 나눠 받은 소중한 추억이 있으니 발걸음이 한결 가벼울 것이다.

여행지에서의 속삭임

《여자와 남자가 있는 풍경》
박완서 지음
한길사, 1978년

삶은 여행과 같다는 말을 처음으로 했던 사람은 누구일까? 찾아보면 세상엔 좋은 말들이 많지만, 나도 이제 중년이라 불리는 나이가 되고 보니 이 말이 특히 마음에 와닿는다. 여행은 제아무리 탄탄하게 계획을 세우고 떠난다고 해도 실제로 그대로 되지 않는다. 예상 못 했던 갈림길 앞에서 망설이고, 아름다운 풍경을 만나면 한참 머무르기도 한다. 어떤 사람들은 계획이 쓸모없어지는 이 순간이 여행의 진짜 재미라고 말한다.

그래서일까. 여행할 때 처음부터 아무런 계획을 세우지 않는 사람들도 꽤 있다. 그들은 우연한 만남과 가보지 않은 낯선 길로 일부러 발걸음을 옮기는 모험을 즐긴다. 나는 반대로 되도록 계획을 철저히 해놓는 편이다. 나중에 틀어지는 일이 있다고 해도 일단은 어설프게나마 계획을 잡아두는 게 마음 편하다.

하지만 이 두 부류에 속하지 않는 사람이 있다. 여행 자체를 좋아하지 않는 이들이다. 겉으로는 다른 사람들과 구별하기 힘들지만, 흔히 '집돌이, 집순이'라고 부르는 인류의 또 다른 종족이 우리 주변에 아무렇지도 않게 섞여 생활하고 있다.

여행하기 딱 좋은 어느 계절, 나보다 적어도 열 살 정도는 위로 보이는 한 여성분이 절판된 책을 찾아달라며 부탁하러 왔을 때 처음 한 말이 바로 '집순이 고백'이었다.

"제가 아주 전형적인 부류죠. 여행이라면 책 여행이 전부예요. 어릴 때부터 조용한 성격이라 책을 좋아했고 몸을 움직이는 건 싫어했어요. 그런 제가 처음으로 용기를 내어 떠나도록 만들어준 책이 바로 박완서 작가의 산문집이랍니다."

C씨는 평소 책을 자주 읽는 사람이라 그런지 책 찾는 사연을 들려달라고 하니 은근히 기대하고 있던 눈치였다. 내가 사연을 수집하고 있다는 걸 알고 찾아온 사람이라고 해도 대개 처음 보는 이에게 자기만의 비밀스러운 이야기를 풀어놓는 건 쉽지 않다. 하지만 그녀는 오늘 뭔가 단단히 준비하고 온 것처럼 눈빛이 밝게 빛났다. 나는 어디서부터 시작하면 좋을지 몰라 우선 박완서 작가 이야기부터 했다.

"저도 실은 집 밖으로 나가는 걸 좋아하는 편은 아닙니다. 그래서 이렇게 책방에 앉아 다른 사람들이 들려주는 이야기를 모으고 있는지도 모르죠. 그런데 박완서 작가가 1990년대 이전에도 여행에 관한 책을 썼던가요?"

박완서 작가의 여행기라면 2005년에 펴낸 《잃어버린 여행가방》이라는 책이 있긴 하다. 하지만 그 책이라면 굳이 나를 찾아오지 않더라도 쉽게 구할 수 있다. 티베트 여행기 《모독》 역시 2004년에 개정판이 나왔으니 절판본을 찾는 내 영역은 아니다.*

"여행기는 아녜요.《여자와 남자가 있는 풍경》이라는, 에세이 모음집을 찾고 있어요. 거기에 여행에 관한 짧은 단상 한 꼭지가 나오거든요."

"그 책이라면 나중에《우리를 두렵게 하는 것들》이라는 제목으로 다시 나왔죠.《여자와 남자가 있는 풍경》은 유명한 일본 작가가 쓴 책 제목을 그대로 따르고 있는 거라 후에 다른 출판사에서 펴낼 때 제목을 바꾼 게 아닐까 싶습니다."

"와타나베 준이치!" C씨가 명랑한 목소리로 내 말허리를 끊고 들어왔다.

"맞습니다. 잘 아시는군요.《실낙원》의 작가죠. 그 작가가 쓴 책 제목입니다."

"저 그 작가 책 좋아하거든요. 어릴 때 자주 읽었어요. 삿포로에 와타나베 준이치 문학관이 있는데 몇 년 전에 거기도 가봤답니다."

"전형적인 집순이라고 하시더니 여행을 좋아하시군요? 일본 작가의 문학관까지 찾아갈 정도면 말이죠."

"또래에 비하면 여행 경험이 많지는 않아요. 지난 10년 정도 기억을 떠올려보면 두어 번 정도네요. 이렇게나마 다니는 것도 다 박완서 작가 책 때문이에요."

"그렇게 말씀하시니까 그 책을 찾으시는 사연이 더 궁금해지네요. 지금부터 이야기를 들려주시면 제가 수첩에 적겠습니다."

C씨가 찾고 있는 책은 1978년에 출판된 초판이다. 첫 책은 인쇄 부수가 많지 않고 나중에 개정판도 계속 나왔기 때문에 이 경우 초

---

* 이 책을 쓰고 있는 2021년, 작가 사망 10주기를 기념해 내용을 새로이 정리한 책이 '문학관' 출판사에서 다시금 출판됐다.

판을 구하는 건 쉽지 않다. 그녀는 마치 소설처럼 자신이 살아온 이야기를 풀어놓기 시작했다. 여고를 졸업하고 어떤 회사 경리부에 취직하기까지는 삶에 특별한 사건이라곤 전혀 없었다. 불편 없이 살 만한 가정 살림에 학교 성적은 중상위권을 줄곧 유지해 튀지 않았고, 학창시절 친구들도 비슷한 성격이라 주말이면 시내 서점이나 제과점에 나들이하는 게 전부였다.

그러나 회사와 학교는 너무도 달랐다. C씨는 처음으로 또래가 아닌 사람들 틈에서 사회생활을 하게 되었고 몇 달 지나지 않아 자신이 낯선 사람과 사귀는 일에 도무지 재주가 없다는 것을 깨달았다. 많은 사람이 들어찬 무미건조한 사무실 풍경 자체가 감옥처럼 여겨졌다.

"그러다 한번은 회사에서 무슨 이벤트를 하느라 여의도에서 열리는 큰 축제에 가게 됐어요. 그해가 1981년이었어요. 축제 이름이 '국풍國風 81'이라서 연도를 기억하고 있어요. 나라에서 주도한 이벤트라 참가한 단체가 어마어마하게 많았어요. 그러니까 관광객도 엄청났죠. 저는 그렇게 많은 인파를 생전 처음 봤어요. 차에서 내려 물건을 들고 이벤트 장소로 걷고 있는데 눈을 어디에 둬야 할지도 모를 만큼 사방이 복잡했어요. 한순간 머리가 어지럽고 하늘이 빙글거리는 기분을 느꼈어요."

그러곤 기억을 잃었다. 마치 영화처럼 눈을 떠보니 병원이었고 스트레스성 불안장애라는 소견을 받았다. 평소에 불안을 느끼는 성격이 아니라 그런 사건을 겪고 보니 불치병 선고를 받은 사람처럼 삶이 허무하다는 생각에 사로잡혔다.

"'국풍 81'이라. 말씀하신 대로 엄청나게 큰 행사였죠. 당시 어린 나이긴 했지만, 저도 부모님 손에 이끌려 여의도 광장에 다녀온 기억이 있습니다. 그런데 어쩌다 불안장애라는 소견을 받게 되신 건가요? 원인을 생각해보신 적이 있나요?"

"그걸 잘 모르겠어요. 의사에게 상담을 받으면서 비로소 알았는데, 한 가지 의심 가는 부분이 있긴 했죠. 사람은 낯선 환경이 닥치면 처음엔 당황하다가도 곧 그것에 맞게 적응하잖아요? 저의 경우엔 그 적응력이 보통사람과 비교하면 현저하게 떨어진 상태라는 거예요. 처음엔 의사의 그 말을 이해하지 못했어요. 그런데 곰곰이 생각해보니 여태 제가 그렇게 살아왔더라고요. 고등학교 다닐 때 수학여행 가기 싫어서 아프다고 핑계를 댔어요. 초등학생 때도 마찬가지였어요. 소풍 때마다 꾀병을 부려서 집에 있었으니까요. 할 수만 있다면 새로운 경험이나 낯선 분위기를 늘 피해 다녔어요. 그나마 학교는 친구들이 있는 곳이니까 괜찮았나 봐요. 회사라는 낯선 환경은 제게 무인도 같았어요. 혼자 외따로 남은 로빈슨 크루소처럼 무서웠어요. 그렇게 살면서도 저는 뭐가 잘못됐는지 전혀 몰랐어요. 그러다가 인파로 가득한 여의도 광장이라는 극단적으로 낯선 환경을 만나면서 한순간 정신이 무너진 거예요."

"조금은 이해할 수 있을 것 같습니다. 저도 모르는 사람이 많은 곳을 가면 머리가 아프거나 속이 메스껍거든요. 명동 같은 번화가나 대형마트에 가면 자주 그래요."

얼마간 치료를 받고 회사로 복귀했지만, C씨는 그 뒤로 1년을 채우지 못하고 결국 일을 그만두었다. 한동안은 밖에 나가는 것도 두려워서 히키코모리처럼 방에서만 지냈다. 일생을 통해 가장 많은 책을 읽은 시기도 바로 이때였다.

여러 책 중에서도 박완서 작가의 《여자와 남자가 있는 풍경》은 우선 제목이 마음에 들어서 선택했는데, 읽다 보니 내용이 워낙 재미있어서 여러 번 다시 봤다고 한다. 한편으로 그런 책을 읽으면 다시 낯선 사람들과 섞이는 풍경에도 어려워하지 않는 건강한 정신을 되찾을 수 있을 거라고 기대했다.

"그런데 제 생각과는 달리 '자연으로 혼자 떠나라'라는 제목의 글을 보고 놀랐어요. 저는 어떻게 하면 다시 사람들과 어울릴 수 있을까 고민하는 중인데 작가님은 홀로 여행을 해보라고 하더라고요."

"과연 운명적인 만남이로군요. 하긴 1970년대라면 청바지와 통기타, 그리고 여럿이 어울려 노는 청년 문화가 있던 시절이니까요. 그런 분위기에서 한 발짝 빗겨나 혼자 떠나보라는 제안이 퍽 박완서 작가답네요."

"하지만, 그래도 두려운 건 마찬가지였어요."

"왜죠? 그 책을 읽고 곧바로 힘을 얻었다는 거로 결론이 날 줄 알았는데요. 또 무슨 문제가 있었나요?"

"당연히 문제가 있죠. 여자니까요. 2000년대인 지금도 여자 혼자 여행하는 게 쉬운 일이 아니에요. 사장님도 남자니까 100프로 이해하지는 못하실 거예요. 하물며 1980년대에는 어땠겠어요? 요즘엔 그래도 사건이 나면 인터넷 뉴스 같은 데서 이슈가 되기도 하잖아요. 당시엔 명백하게 여성이 피해자인 사건도 여성 잘못이라는 분위기로 기사가 나오곤 했으니까요."

"아아……." 나는 말을 잇지 못했다. 내가 대화를 잘 이끌지 못해 분위기가 영 좋지 못하게 흘러가는 것 아닐까 하고 걱정스러웠는데, C씨는 대수롭지 않다는 듯 다시 웃으며 이야기를 시작했다. 저런 담담한 어른스러움은 어떻게 배운 것일까? 책만 읽어서 얻을 수 있는 건 아닐 것 같다. 진짜 지혜는 책을 덮고 난 다음 생기는 거라는 말도 있듯이.

"책을 읽고 힘을 얻은 건 사실이에요. 하지만 말씀드렸듯이 여자 혼자 여행을 한다는 건 단순히 용기만 가지고 되는 일은 아니에요. 주변 사람들에게 말할 때, 저는 박완서 작가의 책을 읽고 그 즉시 짐을 챙겨 여행을 떠난 것처럼 조금 멋을 부렸어요. 하지만 현실은 달랐죠. 한 달 넘게 고민했어요. 책 속의 결정적인 한 문장이 아니었다면 저는 결국 고민만 하다가 끝냈을 거예요."

"한 달간의 고민을 끝내게 만든 한 문장이라. 궁금한데요?"

"박완서 작가는 이렇게 썼어요. '자연은 홀로 있는 사람에게만 그의 내밀한 속삭임을 들려준다.' 저는 이 문장을 아직도 생생하게 기억하고 있답니다. 거기에 밑줄을 그었어요. 그리고 저 자신에게 말했죠. '나는 지금까지 사람들과 잘 어울려야만 진정한 사회생활인 줄 알았다. 하지만 내가 잘못된 게 아니다. 반대로 혼자가 되었을 때 자연은 내밀한 속삭임을 들려준다. 나는 혼자다. 그러니까 그 속삭임을 들을 준비가 됐다. 그 내밀한 이야기가 뭔지 나는 꼭 들어봐야겠다.' 이렇게 마음먹고 비로소 짐을 꾸리기 시작했어요."

"점점 흥미진진해지는데요?" 나는 이야기를 받아 적으며 말했다. 워낙 말솜씨가 훌륭해서 내 머릿속엔 청년 C씨가 배낭에 옷가지를 챙겨 넣고 혼자 시외버스터미널로 당차게 걸어가는 모습이 영화처럼 그려졌다. 이제 그녀는 기름 냄새 가득한 버스에 올라 가방을 선반에 올려놓고 크게 심호흡을 할 것이다. 자, 과연 그녀가 가진 차표에 쓰인 목적지는 어디일까?

"완도예요." C씨가 말했다. 그녀도 지금 그때의 일을 상상하는 듯 고개를 약간 들어 다른 곳을 쳐다봤다.

"완도를 목적지로 삼은 이유가 있나요?"

"완도가 최종 목적지는 아니에요. 제가 가고 싶은 곳은 해남이었거든요. 그중에서도 땅끝마을에 가보고 싶었어요. 그러려면 일단 완도까지 버스로 갔다가 거기서 다시 다른 버스로 갈아타고 해남으로 가야 해요. 계획은 거기까지였어요. 해남에 도착해선 어떻게 땅끝마을까지 가야 할지 몰랐지만, 지도가 있으니까 걸어서라도 갈 수 있을 거라 막연하게 생각했어요."

이렇게 말한 다음 C씨는 잠시 숨을 가다듬었다. 여행 중에 겪은 모든 일을 다 말하고 싶지만 그럴 수 없으니, 이제 가장 중요한 이야기를 해야 할 순간이다. C씨는 곧 얘기를 다시 시작했다.

"위태로운 벼랑 끝에 몰려 있다는 생각 때문에 몹시 힘들었어요. 이 두려움을 지금 이겨내지 못하면 평생 고통에 시달릴지 모른다는 생각도 들었고요. 그래서 상징적인 의미로 땅끝마을에 가보고 싶었던 거예요. 그 끝에 가면 힘들었던 지난 시간을 회복하고 새로운 자신을 만날 수 있을 거라 믿었어요."

완도에서 하루를 묵은 C씨는 다음 날 아침 해남으로 가는 버스에 올라탔다. 해남에 도착해서는 땅끝마을까지 걸어가기로 했다. 손에 가진 것은 지도책 한 권뿐. 외롭고 힘든 길이었지만 자연이 들려주는 내밀한 속삭임을 듣기 위해 C씨는 한 걸음 한 걸음 바닷바람이 불어오는 쪽을 향해 걸었다. 병풍 같은 월출산을 뒤로하고 두륜산과 달마산, 연포산을 차례로 만나며 자연이 부르는 곳으로 갔다.

그리고 마침내 도착한 땅끝마을에서 그녀는 뜨거운 눈물을 흘렸다. 땅이 끝난 곳, 더는 앞으로 나아갈 수 없는 그 자리에 서 있으니 목적지에 도착해 기쁘기보다는 자신의 삶이 밉고 서러워서 화가 났다. 말도 안 나올 정도로 막막하게 펼친 바다를 앞에 두고 욕이라도 시원하게 내지르고 싶은 심정이었다. 그렇게 한동안 서 있다가 주저앉아 먼바다를 물끄러미 바라봤다. 시간이 얼마나 지났을까? 바다 색이 조금씩 변하더니 바람이 몸을 통과해 지나가는 것 같은 느낌을 받았다. 그리고 온통 조용함만이 남았다. C씨는 완전히 혼자였다. 그 무렵 신비로운 감각이 몸을 포근하게 감싸는가 싶더니 자연이 그녀에게 말을 걸어왔다.

"그래서, 그때 어떤 내밀한 속삭임을 들으셨나요?"

나는 C씨를 향해 몸을 앞으로 바짝 기울이면서 물었다. 너무 이야기에 몰입해 있다 보니 어디선가 소금기 섞인 바닷냄새가 나는 것 같은 착각이 들었다. C씨는 잠시 생각에 잠기는가 싶더니, 이내 봄바람처럼 따뜻하고 가벼운 표정으로 웃으면서 말했다.

"길은 여기서 끝나지만 네 삶의 여행은 여기서부터 시작이라고 그러더군요."

C씨의 얼굴을 보면서 나도 따라 웃었다. 수십 년이나 지난 이야기를 들으면서 이렇게 생생한 감정이 전해지는 경험은 오랜만이다. 나는 그녀에게 땅끝마을 여행을 마친 다음 지금까지 어떻게 살아왔느냐고 굳이 묻지 않았다. 그녀의 삶은 예정된 것 하나 없는 여행의 연속이었으리라. 그리고 지금 내 앞에 있는 환한 얼굴을 보면 그 여행으로 무엇을 얻었는지 짐작할 수 있다. 그거면 족하다.

손님이 돌아간 다음 나는 오랜만에 박완서 작가의 소설집을 펼쳤다. 사놓고 계속 읽기를 미뤄뒀던 《친절한 복희씨》다. 다른 일이 있지만, 오늘만큼은 이 책 읽기를 미루지 말아야겠다. 계획이 좀 틀어지면 어떤가. 책 속에 삶이 있고 삶이야말로 진정한 여행이니까. 나는 오늘 잠시 여행을 다녀와야겠다.

독창성 마니아

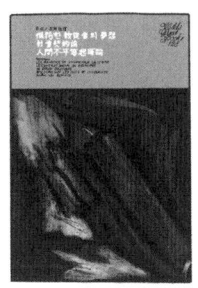

《고독한 산책자의 몽상》
장자크 루소 지음, 최석기 옮김
동서문화사, 1978년

같은 책을 여러 번 살 때는 대개 비슷한 이유가 있지만, 절대 사지 않는 책에 대한 이유는 제각각이다. 쓰고 보니 이 첫 문장은 어디서 많이 본 듯한 느낌이 든다. 아무렴 어떤가, 해 아래 새것이 없다는 얘기도 있으니. 그런데 방금 쓴 문장도 아주 유명한 책에 있는 것을 슬쩍 옮겨 적은 거다. 어쩔 수 없다. 새로운 게 영 떠오르지 않을 때는 다른 사람이 이미 써놓은 걸 다시 사용하는 것만큼 편리한 게 없다.

며칠 전에는 쇼펜하우어가 쓴 책을 읽었는데, 이 사람은 내가 직접 만난 적은 없지만, 글을 읽어보니 성격이 아주 까칠했을 것 같다. 그는 작가가 다른 사람이 쓴 글을 인용해서 마치 자기 생각인 것처럼 자랑하는 걸 싫어한다. 독창적인 생각을 책에 썼다고 하더라도 그 생각을 돋보이게 하거나 정당함을 입증하기 위해 다른 작가의 글을 가져와 덧붙이는 것도 역시 싫어한다. 쇼펜하우어가 살던 시절엔, 아마도 그런 식으로 책을 쓰는 작가들이 많았던 모양이다. 하지만 현재는 그때와 비교할 수 없을 만큼 책이 많다. 이 말은 곧 누군가의 문장을 인용하지 않고 자기만의 순수한 생각을 펼쳐 보일 수 있는 여지가 적어졌다는 것을 뜻한다.

어쩔 수 없는 일이기도 하다. 우리는 살면서 늘 무언가를 인용하는 것에 익숙하다. 너무 익숙한 나머지 내가 뭘 인용하고 있는지도 모를 때가 많다. 책에 나온 문장은 물론이고 누군가가 연설 중에 했던 말, 뉴스 기사, 농담, 광고 카피에 이르기까지 인용할 것은 사방에 널려 있다. 쇼펜하우어가 지금 시대에 살고 있다면 이런 모습을 보고 정신이상자가 됐을지도 모른다. 독창적인 철학에 평생 집착한 이 까칠한 남자는, 반드시 그 이유 때문일 거라고 단정 지을 수는 없지만, 주변에 친구가 없었다. 같은 대학에서 강의하던 헤겔을 향해서도 급이 낮은 학자라며 독설을 퍼부었으니 과연 그를 좋아하거나 혹은 반대로 그가 좋아했던 사람이 하나라도 있었을지 의문이다.

나는 어차피 독창적이라는 말과 멀리 떨어져 사는 사람이니 쇼펜하우어가 살아 있다고 하더라도 나 같은 건 안중에도 없을 것이다. 나는 인용과 패러디야말로 진정한 현대예술이라고 믿고 있다. 쇼펜하우어의 영혼이 내 귀에 대고 심한 말로 꾸짖는다고 해도 어쩔 수 없다. 지금 쓰는 이 글만 해도 처음 생각했던 것 이상으로 길게 쇼펜하우어 당신의 이야기를 인용하고 있으니 말이다.

실은 두 가지 이야기를 하려고 이렇게 너저분한 설명을 늘어놓았다. 두 가지 이야기지만 한 사람에 관한 것이기도 하다. 첫째는, 시작할 때 말한 것처럼 똑같은 책을 자주 사는 이유와 절대로 사지 않는 책에 관한 이야기다. 그리고 두 번째는, 독창성에 집착하는 현대의 쇼펜하우어를 만났던 일이다. 이 쇼펜하우어 선생(이제부터는 그를 S

씨라고 부르겠다. 하지만 그의 이름 어디에도 알파벳 S는 들어 있지 않다.)은 책을 수집하는 취미를 갖고 있다. 아니, 취미라고 하면 S씨가 화를 낼지도 모른다. 그에게 책 수집은 자기만의 독창성을 확고하게 만들기 위한 섬세한 작업 중 하나다.

 이야기를 시작하기에 앞서 S씨가 누구인지 소개하는 게 좋을 것 같다. 그는 스님이다. 아니, 최근에 승적을 정리했다고 그랬으니 '전직 승려'라고 해야 할까? 하지만 그는 우리 책방에 처음 왔을 때 회색 승복을 입고 있었다. 거기에 염주와 목탁까지 들고 있으니 나는 그가 당연히 스님인 줄 알았다. 나이는 정확히 모르겠지만 얼굴에 진 주름과 짙은 검버섯을 보아 아마 60대 정도인 것 같다. 나는 그가 가게를 돌아다니는 흔한 탁발 스님일 거로 생각해서 인사도 하지 않은 채 심드렁한 눈길을 보냈다. 더구나 그날은 책방에 손님이 워낙 적어서 시주를 하고 싶은 마음이 전혀 없었다.

 그런데 뜻밖에도 S씨는 시주가 아니라 책을 찾고 있다고 했다. 그는 나를 보며 "여기 주인이신지요?" 하며 낮은 목소리로 물었다. 나는 그렇다고 했다. 그는 고개를 돌려 잠시 주변을 둘러보더니, "책을 팔고 있지만 사기도 많이 사시는 모양입니다?"라고 말했다. 맞는 말이라 깜짝 놀랐다. 나는 벌떡 일어서며, "스님, 그걸 어찌 아셨나요?"라고 물었다. 그는 껄껄 웃었다.

 "들어오다 보니 계단 앞에 온라인 서점에서 온 택배 상자가 여러 개 놓여 있더군요. 그걸 보고 넘겨짚었습니다."

 뭔가 대단한 신통력을 가진 법력 높은 스님이라고 생각했는데 대답을 듣고 나니 허탈했다. 무협 소설에 나오는 것처럼, "소승은 보잘것없는 중입니다만, 지나가다 이 가게에서 좋은 기가 느껴지기에 들어왔소이다. 주인장은 앞으로 큰일을 할 사람이구먼." 같은 말을 기대한 건 아니지만 어째 첫 만남부터 기분이 찜찜했다.

S씨는 얼마 전까지 승려였지만 지금은 승적을 정리한 상태라고 했다. 그러면 왜 승복 차림에 염주, 목탁까지 갖고 다니냐고 물었더니 그는 간단하게 설명했다. 워낙 오래 승복을 입고 지냈기 때문에 이제는 그런 차림이 더 익숙하기 때문이란다. 염주와 목탁 역시 같은 이유로 갖고 다닌다는 얘기다.

이 미스터리한 손님은 루소가 세상을 떠나기 전 마지막까지 손에 잡고 있었던 미완성 작품 《고독한 산책자의 몽상》을 찾아달라고 내게 부탁했다. 워낙 유명한 책이라 여러 판본이 있고 지금도 계속 새로운 번역서가 나오지만, S씨가 원하는 것은 동서문화사에서 1978년에 문고판으로 펴낸 책이다.

"작고 값싼 책이지만, 그 책엔《고독한 산책자의 몽상》과 함께 루소의 다른 작품인《사회계약론》과《인간불평등기원론》도 들어 있지요. 저는 그걸 청계천 어느 헌책방에서 500원을 주고 샀습니다. 루소는 제가 고민하던 것들에 명쾌한 해답을 주었습니다."

S씨는 그렇게 말한 다음 갑자기 화제를 바꿔서 "혹시 주인장은 같은 책을 여러 번 산 적이 있습니까?"라고 물었다.

물론 그런 책이 있다고 대답했더니 이번엔 "그 이유가 뭔가요?"라고 물었다. 내 경우 독일 작가 페터 한트케의 짧은 소설 《어느 작가의 오후》를 많이 샀다. 우리말로 번역된 게 그리 오래전이 아닌데, 일일이 세어보진 않았지만, 지금껏 스무 권 넘게 산 것 같다. 사뮈엘 베케트 희곡《고도를 기다리며》는 고등학생 때 산울림 소극장에서 연극을 본 이후 처음 책을 샀다. 이 책은 내 기억으로 50권 정도, 아니 분명 그 이상 샀을 것이다. 두 책 모두 내가 워낙 좋아하는 작품이라서 주변의 누군가에게 가볍게 선물할 일이 있을 때마다 사곤 했다.

"주인장 말씀대로입니다. 같은 책을 여러 권 사는 이유는, 그 책을 좋아하기 때문이죠. 저도《고독한 산책자의 몽상》을 같은 이유로 많이 샀습니다. 지금까지 100권도 넘게 샀을 겁니다. 인연이 닿는 사람이면 한 권씩 선물로 줬거든요. 그런데, 반대로 주인장은 싫어하는 책도 있나요? 당연히 있겠지요. 그 이유를 말할 수 있습니까?"

책 장사를 하고 있지만, 당연히 내키지 않는 책도 많다. 그런 책을 굳이 팔고 싶지 않기 때문에 헌책방이라는 가게를 시작한 것이기도 하다. 헌책방은 도매상을 거치지 않고 주인이 직접 책을 선택해서 입고하기 때문에 어디를 가든 그 가게만의 개성이 드러나기 마련이다. 그런데 곰곰이 생각해보니 싫어하는 책에 관한 이유는 일일이 설명하기 힘들 정도로 다양하다. 어떤 책은 작가의 생각이 맘에 들지 않아서, 또 어떤 책은 문장이 내 취향이 아니어서, 표지 디자인 때문에 싫어하는 책도 있다.

내 얘기를 듣더니 S씨가 다시 껄껄 웃으며 말했다.

"톨스토이가 쓴 책에서 문장을 잠시 빌려오자면, 좋아하는 책은 대개 그 이유가 비슷합니다만 싫어하는 책에 따라붙는 이유는 제각각이죠. 이런, 뭔가 좀 더 독창적인 설명을 해야 하는데 톨스토이를 인용했군요. 부끄럽습니다. 하지만 톨스토이의 이 문장이야말로 정말 독창적이지 않습니까? '책' 자리에 '사람'을 넣어도 뜻이 통합니다. 누군가를 좋아하면 이유가 단순해집니다. 그 사람의 존재 자체가 아름답지요. 하지만 싫어하는 사람이라면 그 이유가 아주 세세합니다. 새끼손가락이 약간 굽었다거나 얼굴에 난 작은 점 하나 때문에 그의 존재 자체가 미워 보이기도 하니까요."

"그런데, 지금 하시는 말씀이 찾으시는 책과 어떤 관계가 있는 건가요?"

"서론이 길었군요. 지금부터 그 사연을 말씀드리겠습니다. 사연이라고 할 수도 있겠고, 불교 쪽 말로 하자면 인연이라고 불러도 좋겠지요."

S씨는 어릴 때부터 불만이 많은 성격이었다. 그런 성격은 매우 자연스럽게 만들어진 것이기에 왜 모든 일이 맘에 들지 않은 것인지 그 이유를 자기도 알 수 없었다. 하지만 고등학교를 졸업할 무렵 희미하게나마 어떤 깨달음을 발견했다. 그가 생각하기에 세상은 너무나도 획일적인 모양이었다. 모든 사람은 다른 누군가를 따라 하고, 그들에게 배우고, 또 그런 사람들 밑에 들어가서 일한다.

고등학교 3학년 때 S씨는 수업시간에 갑자기 교사에게 화를 낸 일이 있다. 그 사건은 학교에서 그를 유명인으로 만들었다. 문학 수업 시간이었다. S씨가 발작하듯 큰 소리로 "왜 선생님은 남이 한 얘기를 학생들에게 가르칩니까!"라고 소리쳤다. 난데없는 행동에 교사도 뭐라 하지 못하고 멍하니 학생을 바라볼 뿐이었다. S씨는 첫 번째보다 더 큰 소리로, 마치 비명을 지르듯 말했다. "다른 사람 말고 선생님 자신의 독창적인 생각은 없느냔 말입니다!"

이 일로 S씨는 한 주 동안 정학 처분을 당했다. 그의 부모는 학교로 불려갔고, 교사는 더 불미스러운 일이 있기 전에 자녀에게 정신과 상담을 받게 하는 것이 어떻겠냐며 에둘러 전학을 권유했다. S씨는 학교를 졸업할 때까지 병원에 다녔고 그사이에 특별한 일은 없었다. 학교 시험 성적도 꽤 높았기 때문에 누구 하나 뭐라고 하는 사람 없이 평범한 졸업생이 됐다. 하지만 그는 졸업식 날 학교에 가지 않았다. 그런 행동으로 학교에 관한 자기 마음을 전하고 싶던 것이다.

S씨는 남의 철학을 따라 하지 않는 독창적인 생각, 자기만의 길을 찾는 걸 인생의 목표로 삼았다. 그러기 위해선 위대한 철학자들이 어떤 말을 했는지 알아야 할 필요가 있었다. 고등학교를 막 졸업한 이 어린 구도자는 집에서 받는 용돈 대부분을 책을 사는 데 썼다. 일과는 아침부터 저녁까지 도서관에서 책을 읽는 게 전부였다. 대학 진학을 포기하고 2년 동안 책에 파묻혀 지낸 결과, 그의 관심사는 조금씩 불교 쪽으로 향했다.

우수한 성적으로 D대학 불교학과에 입학한 S씨는 세상 모든 철학 중에서 불교야말로 가장 독창적인 세계라고 믿었다. 그런 확고한 믿음을 갖게 한 책이 바로 루소의 《고독한 산책자의 몽상》이었다. 불교 경전을 공부하던 S씨는 어느 날 청계천 한 헌책방에서 이 작은 책을 발견하곤 몸에 전율이 흐르는 듯한 경험을 했다. 헌책방 주인은 그 책을 500원에 팔았지만, 그는 이날의 경험을 누군가 500억에 산다고 해도 거절하겠다며 단호한 목소리로 내게 말했다.

"루소는 대단한 사람 아닙니까?" S씨는 내게 동의를 구했다. 나는 당연히 그렇다고 대답했다. 그는 말을 이었다.

"대단하다는 평가는 여러 의미가 있을 겁니다. 저는 그의 독창적인 말과 행동이 책에 드러나 있는 걸 보고 놀랐습니다. 물론 저는 이미 그의 대표적인 저서를 읽었습니다. 《사회계약론》, 《인류불평등기원론》, 그리고 《에밀》까지. 사실 《고독한 산책자의 몽상》은 말년에 쓴 가벼운 회고록 따위라고 생각해서 읽지 않았습니다. 하지만 가장 독창적인 철학은 미완성으로 끝나버린 이 책에 있었습니다. 저는 바로 그런 이유로 루소가 이 책을 일부러 마무리 짓지 않고 세상을 떠난 게 아닌가 하는 생각도 했습니다."

"일부러 미완성인 채로 남겨뒀다니, 그것 참 흥미로운데요?"

"그건 불교의 이론과도 일맥상통합니다. 저는 불교가 완벽한 교리를 갖고 있지 않다고 이해합니다. 석가의 가르침 또한 그렇습니다. '내가 완전한 철학을 설파하니까 너희들은 나를 믿고 따르면 된다.'라는 식의 논리가 아닙니다. 그것과는 정반대죠. 석가는 제자들이 자신을 향해 끊임없이 질문하게 합니다. 그 질문을 통해 제자들은 발전하는 겁니다. 석가는 완전한 깨달음을 얻었다고 하지만 아이러니하게도 자기가 아는 걸 완벽하게 구현해놓지 않고 떠났습니다. 미완성인 채로 남겨놓은 것이지요. 루소 역시 그랬을지도 모른다는 상상을 하니 읽는 내내 가슴이 쿵쿵 뛰었습니다."

S씨는 아이러니하게도 불교 경전이 아닌 루소의 책을 읽고 승려가 되기로 마음먹었다. 그를 출가의 길로 인도했던 문장이 《고독한 산책자의 몽상》의 여섯 번째 산책 부분에 있다.

"모든 점을 고려해보건대, 마법의 반지가 내게 무슨 어리석은 짓을 하도록 만들기 전에 던져버리는 편이 나을 것이다."

S씨는 그 책을 얼마나 자주 읽었는지 본문에 나오는 문장 여러 개를 거침없이 암송했다. 그는 승려가 되어 본격적으로 경전 공부와 불경 번역을 하는 한편, 루소의 책을 집에 쌓아놓고 때때로 사람들에게 선물했다. 그렇게 그는 지난 30년 가까이 승려의 삶을 살았다.

그러나 몇 달 전, S씨는 갑자기 승적을 정리해버렸다. 아니, 느닷없이 충동에 이끌려 그랬다고 할 수는 없다. 그가 들려준 말에 의하면, 승려 생활 전체가 승적 정리를 위한 준비 기간이었다고 해야 옳다. 속세로 돌아오게 한 것 역시 루소의 책이었다.

"불교의 경전을 연구해보면 아주 독창적인 학문이라는 걸 알 수 있습니다. 하지만 그것을 공부하는 승려는 도무지 독창적일 수가 없다는 걸 깨달았습니다. 루소의 말을 들어보세요. '자신의 능력으로 인간을 넘어선 자는 인간성의 약점을 넘어섰을 것이며, 그렇지 않다면 그 남아도는 힘은 실상 그를 남들보다 못하게, 그의 힘이 남들과 같을 때만도 못하게 만드는 데 쓰일 뿐'이라고 합니다. 저는 고민에 빠졌습니다. 승려의 신분으로는 인간성의 약점을 넘어설 수 없다는 벽에 부딪힌 겁니다. 승려는 기본적으로 생활인이 아니라 종교인이니까요."

승려로 사는 게 오히려 독창적인 사고에는 걸림돌이 된다는 결론을 내린 S씨는 과감하게 승적을 포기하고 평범한 생활인이 되기로 마음먹었다.

"그러면 이제 불교와는 다른 길을 가시는 건가요?"

내가 이렇게 묻자 S씨는 책상 위에 올려 둔 염주와 목탁을 들어서 내게 보여줬다.

"그럴 리가 있겠습니까? 저는 여전히 불경을 공부합니다. 불교 신자예요. 주말엔 꼬박꼬박 절에 예불도 하러 갑니다. 하지만 승려였을 때보다는 확실히 독창적인 시선으로 불교를 대할 수 있게 됐습니다."

나는 S씨의 이야기를 다 듣고 난 뒤, 꼭 1978년에 펴낸 루소의 미완성 책을 찾아주겠노라 약속했다. 그리고 그가 떠나려고 짐을 챙기려고 할 때, 마지막으로 한 가지 질문만 더 드려도 되느냐고 물었다.

그는 이제 승려가 아니니까 무얼 물어보더라도 선문답 식으로 대답하지는 않을 테니 편하게 말해보라고 했다.

"세상에 100퍼센트 독창적인 게 남아 있기는 할까요? S님이 생각하는 독창성이란 무엇인가요?"

"그거라면 말 그대로 독창적인 대답을 해야 할 것 같군요."라고 말하며 그는 자리에서 일어났다.

"생각과 행동이 바늘 끝만큼도 차이나지 않도록 완벽하게 일치한다면, 그런 사람이야말로 독창적인 사고를 하는 것이라고 말씀드리겠습니다."

"하지만 루소의 경우도……."

루소가 훌륭한 책을 써놓고도 여러 사람에게 비난받은 이유도 그와 다르지 않다. 《에밀》이라는 혁신적인 교육 사상서를 내놓은 사람이 정작 자기 자식들은 모두 보육원에 보냈다면 누구라도 험한 말을 할 것이다.

"맞습니다. 루소도 비판을 많이 받았지요. 그러니 완벽한 독창성이라고 보긴 힘듭니다. 미완성으로 남은 마지막 책처럼 그의 독창성은 흠을 남겼습니다. 저는 그 작은 흠마저 뛰어넘는 완전한 독창성을 만들어낼 겁니다. 그게 제 목표입니다."

그는 절대로 가능하지 않을 것 같은 비현실적인 목표를 말하면서 의외로 담담한 표정을 지었다. 과연 이 사람은 현대의 쇼펜하우어나 루소가 될 수 있을까? 그들을 뛰어넘게 될까? 그가 내게 들려준 이야기는 다소 엉뚱한 면이 있긴 하지만, 루소의 시대엔 루소를 보고 사람들이 똑같이 엉뚱하다고 말했을 것이다. 쇼펜하우어 역시 그가 살았던 시대엔 별 볼 일 없는 불만투성이 늙은이에 불과했다.

나는 S씨의 독창적인 목표를 응원한다. 무모한 것이라고 해도 좋다. 그는 이미 자기가 할 일을 시작했고, 무엇보다 자신을 믿고 있다. 몇몇 앞선 사람들처럼 그는 자기가 살았을 때 인정보다는 비난을 받을는지도 모른다. 하지만 자기를 믿는 사람이라면 쉽게 지치지 않는다. 믿음은 어떤 종교나 학문보다 더 큰 의미를 지닌 삶의 가치이기 때문이다.

꿈의 무대

《콜렉터》
존 파울즈 지음, 안동민 옮김
문예출판사, 1974년

홍익대학교 근처 놀이터에서 돗자리를 깔아놓고 책을 파는 '책 보부상' H씨를 만났다. 돌아다니면서 책을 팔기 때문에 언제 어디서 만날지 알 수 없는 게 흠이지만, 보부상 H씨는 책에 관해서라면 모르는 게 없는 척척박사다. 나는 때때로 그를 찾아가 생소한 책이나 작가, 출판사 따위를 물어보며 신세를 지고 있다.

 늘 그렇듯 놀이터 한쪽 구석 나무 그늘에 낚시 의자를 펴놓고 구부정하게 앉아 있는 그가 보였다. 나는 "여어, 오늘은 이쪽으로 나오셨군요. 제가 타이밍을 잘 맞췄네요. 건강하시죠?" 하며 인사했다. H씨는 나를 보자 손을 위로 들어 올려 반갑게 흔들었다. 다른 손에는 초코볼 과자봉지가 들려 있었다. 내가 가까이 오자 그는 초코볼 봉지를 내게 내밀면서 "이거 엄청 맛있어요."라고 말했다. 나는 과자봉지 쪽으로 손을 내밀었다. 그 순간 H씨는 봉지 안에 남아 있던 마지막 초코볼을 꺼내 무심하게 자기 입속으로 넣고는 와그작와그작 씹

어댔다.

"저 먹어보라고 그러시는 줄 알았는데요?"

"아, 그래요? 한 개 남길 걸 그랬나? 너무 맛있어서 마지막 남은 건지도 모르고 다 먹었네요. 다음에 줄게요. 흐허허."

H씨는 뇌의 모든 신경이 책으로 다 쏠린 나머지 다른 부분엔 구멍이 나 있는 것 같다. 한두 번 겪는 일도 아니었기에 나는 무덤덤하게 "괜찮아요. 나중에 저도 하나 사 먹을게요." 하면서 그의 옆에 쭈그리고 앉았다.

"H님은 책 말고 다른 건 일절 관심이 없으신가요?"

"뜬금없이 그게 무슨 말이에요? 또 손님이 뭔가 이상한 책을 찾아달라고 부탁한 거로군요?"

'책'이라는 단어를 말할 때면 H씨의 큰 눈은 늘 가로로 길어지면서 날카롭게 변한다.

"뭐, 그렇죠. 옛날 책이에요. 그런데 정말 책 말고 다른 걸 수집하거나 그러시지는 않나요?"

"동전을 수집하고 있어요. 전문가 수준은 아니지만, 꽤 재밌어요. 동전은 우표처럼 역사를 담고 있거든요. 아주 흥미롭죠. 사람 궁금하게 하지 말고 얼른 말해봐요. 찾고 있는 게 무슨 책인데요?"

사실 나는 H씨가 책 외에는 아무것도 흥미를 느끼고 있지 않다는 대답이 나올 것을 기대했다. 그런데 동전이라니. 전혀 뜻밖이다. 분명히 책과 동전이 무슨 상관관계가 있는 게 분명하다. 나비와 사람처럼 말이다.

"나비와 사람에 관한 책이에요. 앗, 그게 아니라 존 파울즈의 소설입니다."

머릿속으로 딴생각을 하다 보니 갑자기 말이 헛나와 깜짝 놀랐다. 그런데 놀랍게도 H씨는 내 말을 듣고 단박에 정답을 알아맞혔다.

"나비와 사람, 그리고 존 파울즈라면 《콜렉터》군요. 1963년에 출판된 작가의 첫 작품이죠. 몇 년 뒤에 우리말 번역본이 나왔으니까 나름대로 인기 있는 책이에요."

"맞아요.《콜렉터》. 그런데 신인 작가의 첫 작품인데 우리나라에서 번역본이 꽤 일찍 나왔군요? 손님이 찾으시는 책은 1970년대 판본입니다."

"아마 그 소설이 출판되고 2년 후에 영화로 만들어졌기 때문일 거예요. 그리고 그 영화를 만든 감독이 〈벤허〉로 유명한 윌리엄 와일러거든요. 〈벤허〉는 우리나라에서라면 모르는 사람이 없을 만큼 큰 인기를 누렸으니까 같은 감독이 만든 영화라 그 원작 소설도 많은 관심을 받았겠지요. 1970년대 판본이라면 문예출판사 쪽을 알아봐야겠군요. 1960년대 후반에 문예출판사하고 신구문화사에서 번역본을 펴냈는데 신구문화사는 세계문학전집 시리즈로 나왔어요. 손님이 1970년대에 단행본으로 읽었다면 문예출판사라고 생각합니다."

과연 H씨의 머릿속은 그 자체가 '바벨의 도서관'이라고 부를 만하다. 그런데 아직 놀라기에는 이르다. 그의 진짜 실력은 책을 찾는 방법에 있기 때문이다.

"맞아요. 문예출판사 판본이 필요해요. 자, 그러면 이걸 어떻게 찾는다죠? 저한테 뭔가 힌트를 좀 주실 수 있나요?"

"출판사에 알아봐야죠." H씨는 꿍꿍이가 있는 표정으로 씨익 웃으며 말했다.

"출판사요? 하지만 수십 년 전에 펴낸 책인데요. 출판사에서도 이

걸 보관하고 있지는 않을 것 같은데요?"

"물론 그렇죠. 오래된 책이라 출판사에도 없을 거예요. 제 말은 지금이 아니라 1970년대 출판사를 뜻하는 겁니다. 당시에 이 책을 만든 사람들을 수소문하면 될 겁니다."

나는 어이가 없어서 헛웃음이 나왔다.

"40년 전에 문예출판사에서 일했던 직원을 찾으라고요? 차라리 그냥 책을 찾는 게 훨씬 빠를 것 같은데요?"

"그렇지가 않습니다. 책과 달리 사람은 전화를 받을 수 있으니까요."

무슨 소린지 모르겠지만 평소에 자기한테 걸려오는 전화를 거의 받지 않는 H씨가 할 소리는 아닌 것 같다. 이 말이 목구멍까지 올라왔지만 어쨌든 더 들어보기로 했다. H씨는 옆에 있던 배낭 속을 뒤지더니 표지가 너덜너덜한 낡은 다이어리를 꺼냈다.

"이게 제 보물상자죠. 출판사 직원들 전화번호가 들어 있어요."

"거기에 40년 전 문예출판사 직원 전화번호가 있다는 건 아니겠죠?"

"그건 아니지만, 어쨌든 이 바닥은 그리 넓지가 않거든요. 몇 사람 거치다 보면 찾을 수 있을 겁니다. 제가 문예출판사에 연락해볼게요. 거기서 오래 근무한 분이라면 옛날 직원에 대한 정보를 알고 있을지도 몰라요. 문제는 그들 중에 누가 이 책을 갖고 있을 것인가 하는 겁니다. 누가 갖고 있을까요?"

H씨는 또다시 특유의 장난기 섞인 표정으로 나를 쳐다봤다.

"글쎄요, 당시 출판사 대표님은 아닐 것 같고, 편집자가 갖고 있지 않을까요? 책을 만든 사람이니까요."

"틀렸습니다." 그는 단호한 목소리로 말하며 고개를 가로저었다.

"제 경험상 책을 오랫동안 갖고 있을 만한 이는 책을 만든 사람이 아니라 그 책을 팔았던 직원입니다. 그러니까 편집자보다는 영업부 직원이죠. 책을 가지고 몸으로 뛰었던 사람이야말로 책에 깊은 애착을 두고 있거든요."

"아아." 나는 그제야 이해할 수 있었다. 그리고 H씨의 책 찾는 방법에 또 한 번 감탄했다. 성격이 좀 이상한 사람이라도 실력이 좋으면 다 용서된다는 게 바로 이런 경우를 두고 이르는 말이 아니면 또 무엇일까 싶다.

H씨는 책을 구해놓을 테니 한 달 정도 있다가 다시 놀이터로 나와보라는 말을 남기고 좌판을 정리하기 시작했다. 나는 괜히 장난을 치고 싶은 생각에 주머니에서 동전을 꺼냈다. 예전에 내가 헌책방 직원이었을 때 같이 일했던 J씨에게 선물받은 건데 늘 가지고 다니면서 행운을 점치는 외국 동전이다.

"자, 이 동전을 던져서 앞이 나오면 H님이 책을 금방 찾는 거고, 뒤가 나오면 못 찾거나 오래 걸리는 겁니다." 하면서 동전을 휘리릭 공중으로 던졌다가 잡아 손바닥 위에 올렸다. 결과는 앞면이었다. 나는 앞면이 나온 동전을 H씨에게 보여주면서 행운을 빌었다. 동전을 본 H씨는 "오오, 이거……." 하면서 뭔가 할 말이 있는 듯 고개를 한쪽으로 기울였다.

"아닙니다. 나중에 얘기하죠. 좋은 동전이네요. 잘 갖고 계세요."

궁금증을 남긴 채 H씨는 돗자리와 책 꾸러미를 들고 그 자리를 떠났다. 해가 지고 있었다. 어두워지면 이곳은 낮과는 전혀 다른 세상이 된다. 시끄러운 음악 소리가 거리를 메우기 전에 나도 서둘러

지하철역 쪽으로 걸음을 옮겼다.

《콜렉터》를 찾아달라고 부탁한 손님은 흥미롭게도 이름이 'M'이었다. M은 나비수집가이자 자신이 좋아하는 여자에게 병적으로 집착하는 소설 속 주인공 프레드릭이 납치하는 여성 이름이다.

"저는 이게 상당히 운명적인 일치라고 생각했어요. 소설 속 여주인공 '미란다'와 제 이름 머리글자가 둘 다 'M'이라는 게 말이죠."

M씨는 자기 나이가 50대라고 했는데, 그 말이 아니었다면 서른을 갓 넘겼다고 해도 될 만큼 어려 보였다. 이목구비가 뚜렷하고 목소리도 단단해서 혹시 아나운서나 가수가 아닐까 하는 생각이 들 정도였다. 하지만 M씨는 내 예상과는 달리 평범한 가정주부라고 했다.

"20대 초반에는 영화배우가 되고 싶어서 연기학원에 다녔어요. 어릴 때부터 책하고 영화를 참 좋아했거든요. 그러던 어느 날, 운명처럼 기회가 찾아온 거예요. 한 제작사에서 존 파울즈의 소설《콜렉터》를 영화로 만드는데 미란다 역을 공개 오디션으로 뽑는다는 소식을 들었어요. 가슴이 두근거렸죠. 제가 정말 좋아하는 작품이었거든요."

《콜렉터》라는 작품을 기억하는 사람은 그리 많지 않다. 왜냐면 우리나라에서 이 작품은《콜렉터》가 아닌 〈미란다〉였을 때 엄청난 인기가 있었기 때문이다. 그런데 그 인기라는 게 작품의 외설 시비 때문에 생긴 일종의 관심이었다.《콜렉터》라는 작품 자체는 딱히 외설적인 내용이 아니지만, 이 작품을 연극으로 각색하면서 문제가 생긴 것이다. 어처구니없게도 이 잘 짜인 심리소설이 미란다가 남자 주인공에게 납치당해 그의 집 지하실에 갇혀 성폭력을 당한다는 내용으로 바뀌었다. 1994년 이 연극이 무대에 올랐을 때, 텔레비전 뉴스에 보도됐을 정도로 굉장한 화젯거리가 됐다.

"그 연극을 보러 간 사람 중에 여자는 아마 거의 없을 거예요. 제가 갔을 때도 여자 관객은 저 혼자뿐이었거든요."

"용감하시네요. 그게, 그러니까, 뭐랄까, 그 연극이 말이죠……." 나는 어떻게 말을 해야 할지 몰라 얼버무렸다. 내가 그러고 있으니 M씨가 낭랑한 목소리로 이어서 말했다.

"외설 연극인 줄 몰랐냐고요? 알았죠. 방송에 몇 번 나왔잖아요. 그래도 저는 존 파울즈의 작품이 어떻게 각색됐는지 궁금했어요. 예상은 했지만, 보고 나니 생각했던 것 이상으로 참담하더라고요. 저는 미란다는 여성 캐릭터를 정말 좋아했거든요. 부자는 아니지만 열심히 공부했고 당당한 성격이잖아요. 자신을 납치한 프레드릭에게 끝까지 굽히지 않았어요. 그리고 책을 보면 두 사람의 대화가 많이 나오는데, 그 부분에 있어서라면 예술에 대해서 무지한 프레드릭보다 미란다가 오히려 주도권을 가지고 있어요. 연극은 그런 부분을 완전히 없애고 소설을 포르노그래피로 만들어놨더군요."

하지만 영화 오디션 공고를 보고서는 다시금 희망을 품기 시작했다. 거기엔 1960년대 《콜렉터》를 영화로 만든 윌리엄 와일러를 능가하겠다는 당찬 포부가 쓰여 있었기 때문이다.

"자신 있었어요. 오디션을 보러 갔을 때도 저는 감독님 앞에서 당당하게 그렇게 말했어요. 윌리엄 와일러의 영화에 나오는 미란다보다 더 훌륭한 연기를 보여줄 수 있다고. 감독님은 제 이름이 M이라서 오디션을 보러 온 것 자체가 운명 같다고 하셨어요. 저는 기분이 아주 좋았어요. 그로부터 두 주일 정도 지났을 때 제작사에서 연락이 왔어요. 결과는 합격! 유명한 회사는 아니었지만, 이제부터 제 꿈을 이뤄나갈 수 있다고 생각하니 온몸에 열이 날 정도로 감격스러웠어요. 하지만 그 기대감은 오래 가지 못했죠. 정확히 말하자면 사무실에 딱 한 번 나가고 그만뒀어요. 집에 돌아와서 한 일주일 동안은 이불 뒤집어쓰고 울었던 것 같아요."

그날 M씨는 몇 해 전 헌책방에서 구해 아끼면서 읽던 문예출판사 판 《콜렉터》를 가방에 넣고 사무실로 향했다. 먼저 M씨는 감독에게 시나리오를 보여달라고 했다. 감독은 놀랍게도 자기는 영화를 찍을 때 시나리오나 콘티를 거의 사용하지 않는다고 대답했다. 여기서부터 뭔가 이상한 분위기를 직감했다. 그러면 어떤 식으로 연출되는지, 줄거리는 원작과 비교해서 어떤 부분이 다른지 알려달라고 했다. 감독은 짜증을 내면서 배우가 그런 거 미리 알 필요 없다고 잘라 말했다. 사무실엔 다른 배우들도 몇 명 더 있었는데, 그들도 촬영 당일이 되어서야 감독에게 무슨 장면을 어떻게 찍을지 듣는다는 거였다.

"저는 감독님께, 그럼 한 가지만 묻고 싶다고 했어요. 원작 속에서 미란다의 대학 전공이 무엇인지 알고 계시냐는 거였어요. 감독님은 잠시 머뭇거리더니, 미란다의 전공 따위가 왜 중요하냐고 하면서 화를 냈어요. 그러곤 '너는 그저 몸매가 좋아서 합격시킨 거니까 여러 말 할 것 없이 촬영 때 내 지시만 잘 따르면 돼.'라고 하면서 책상을 손바닥으로 쿵, 소리가 나도록 치는 거예요. 저는 화가 나서, '미란다는 미술을 전공했어요. 당신하곤 비교도 안 될 만큼 뛰어난 예술가라고!'라며 쏘아붙인 다음 그대로 문을 열고 나가버렸어요."

알고 보니 제작사는 단순히 연극과 똑같은 것을 스크린으로 옮길 계획이었다. M씨는 그 일이 있고 난 뒤로 영화배우가 되겠다는 꿈도 완전히 지워버렸다. 자신이 너무도 한심하게 느껴져서 가지고 있던 《콜렉터》를 포함해서 영화 관련 책들도 모두 내다 버리고 말았다.

그렇게 오랫동안 영화와 멀어진 생활을 해왔다. 그러다 오랜 시간이 지난 지금 다시 미란다가 M씨의 마음을 자극하기 시작했다.

"주부라고 말씀은 드렸지만, 사실 대학 졸업하고 친구들과 작은 벤처기업을 만들어서 돈을 좀 벌었거든요. 지금은 후배님들에게 회사 경영을 맡기고 저는 자문위원 식으로 한 발 물러나 있어요. 미란다를 떠나 있던 게 늘 미안했어요. 어쩌면 좋을까 고민하다 보니 결론은 의외로 단순한 곳에 있더군요. 제가 그 영화를 제작하려고요. 사람들에게 진짜 미란다의 매력을 보여주고 싶어요. 윌리엄 와일러의 영화도 잘 만들었지만, 역시 그쪽도 프레드릭이라는 남자가 극의 중심에 있거든요. 제 영화는 미란다가 주인공이 될 거예요. 시나리오도 제가 직접 쓸 거예요. 그래서 오늘 사장님을 찾아뵌 거예요. 대학 다닐 때 제가 봤던 그 책을 구해주세요. 그 책이 있어야 시나리오를 쓸 수 있을 것 같아요."

말을 하는 M씨의 얼굴은 빛나고 있었다. 연극 무대에 선 주인공이 홀로 밝은 조명을 받으며 독백을 하는 것처럼 한껏 들뜬 감정이 나에게까지 전해졌다. 나는 책을 꼭 구해보겠노라 약속했다.

"시나리오가 완성되면 역시 배우는 오디션으로 뽑을 계획이신가요?"

"어머나, 도전하시게요?" M씨는 몸을 앞으로 기울여 내 얼굴을 이쪽저쪽으로 훑어보더니 말했다. "프레드릭 역에 지원하시는 거라면 사장님은 안 되겠어요. 눈꼬리가 아래로 살짝 처진 게 표정이 너무 선해 보이거든요. 호호호."

약속대로 한 달 정도 지났을 때 놀이터에서 다시 H씨를 만났다. 내가 가까이 가자 그는 낚시 의자에 앉은 채로 책을 손에 들고 높이 흔들어 보였다. 출판됐을 당시에 세트로 나온 종이 케이스까지 그대로 있어서 보관 상태가 좋은 책이었다.

"내가 말했죠? 책을 들고 뛰어다닌 영업자는 시간이 오래 지나도 자기가 팔았던 책을 갖고 있을 확률이 높아요."

책을 건네주면서 H씨는 늘 그랬던 것처럼 존 파울즈와 그의 작품에 대해서 장광설을 늘어놓았다. 적당한 지점에서 잘라주지 않으면 종일이라도 책 얘기를 할 사람이다. 나는 문득 동전에 대해서 다시 한 번 물어보고 싶었지만 이내 그만뒀다. H씨도 동전에 대해서는 이미 잊은 것 같았다. 마음을 가지고 있으면 때는 알아서 찾아오기 마련이다. 이 동전은 어쩌면 나의 미란다일지도 모른다. 동전 스스로 어떤 이야기를 들려줄 때까지 나는 가만히 이 작은 추억을 간직하고 있을 거다.

담백한 삶을 위하여

《여자의 일생》
기 드 모파상 지음, 신인영 옮김
문예출판사, 1977년

문화센터에서 꽃꽂이 강사로 활동하고 있는 S씨는 예순이 넘은 나이였지만 얼굴에는 생기가 있었다. 젊어 보인다는 말이 아니라 노년의 지혜로움과 편안함이 표정에 아름답게 녹아 있기에 멋있어 보였다. 나도 저렇게 늙어갈 수 있을까? 멋지게 나이 든 사람을 보면 늘 그런 생각을 한다. 이제 내 나이도 오십을 바라보고 있으니 결코 싱그러운 젊은 시절이라고 할 수는 없다. 앞으로는 내 삶을 어떻게 만들어가야 할지보다 어떤 식으로 정리해야 좋을지 더 마음이 쓰인다고 해야 솔직한 대답일 거다.

나는 사람의 얼굴을 보면, 특히 눈빛을 가만히 보면 그의 인생을 느낄 수 있다고 믿는다. S씨는 한눈에 보기에도 안정된 삶을 살아온 사람처럼 눈매에서부터 편안한 기운이 전해졌다. 하지만 손님이 찾아달라고 의뢰한 것은 안정이라는 말과 정반대 편에 있는 소설이었다. 그 책은 프랑스 작가 모파상이 쓴 《여자의 일생》이다.

"중요한 건, 반드시 문예출판사에서 1977년에 펴낸 문고본이어야 해요. 표지에 귀족 여인 그림이 있는 거예요."

사연이 있는 책이라고는 하지만 출판된 지 수십 년이 지난 작은 문고본이다. 책을 인상 깊게 읽은 사람이라고 해도 보통은 출판연도까지 기억하고 있지는 않다. 그런데 출판사는 물론 표지그림까지 정확히 알고 있다면 무언가 특별한 속사정이 그 책에 깃들어 있다는 증거다. 이런 경우, 책을 읽었을 당시 잊지 못할 어떤 사건이 함께 있기 마련이다.

"어디서부터 얘기하면 좋을지 잘 모르겠어요." S씨는 그렇게 말한 다음 잠깐 가만히 있었다. 아무래도 수십 년 전 기억을 떠올리는 데 시간이 좀 더 필요한 모양이다. 나는 편하게 말씀해주셔도 괜찮다고 말한 다음 자리에서 일어나 차를 한 잔 준비했다. 이럴 땐 잠시라도 혼자 생각할 시간을 주는 게 좋다.

따뜻한 차를 두 손으로 감싼 S씨는 마침내 결심이 선 듯 이야기를 시작했다.

"저는 어릴 때부터 똑똑하단 소리를 자주 들었어요. 학교 성적도 줄곧 상위권이었고 저 자신도 공부하는 걸 즐겼어요. 무언가를 암기하거나 어려운 수학 문제를 힘들게 풀었을 때 느끼는 희열을 좋아했어요. 대학에 가서 법을 공부하고 싶었어요. 흥미로운 분야라고 생각했고 제 적성에도 잘 맞았으니까요. 집에선 은근히 의대를 권하는 눈치였지만, 저는 법이 좋다고 말씀드렸어요. 부모님도 반대는 하지 않으셨고요. 어리석게도 저는 고등학생 때 인생이 모두 정해진 것처럼 행동했어요. 대학에 가고, 졸업하면 미국에서 조금 더 공부한 다음 국제 변호사가 되는 게 제 목표였고 당연히 그렇게 될 줄 알았어요. 조금의 의심도 없었죠."

"그럴 만도 하지요. 살다 보면 생각대로 되는 건 그리 많지 않다는 걸 알게 되니까요. 어디에서 첫 번째 벽을 만났나요?"

S씨는 허탈하게 웃으면서 "처음부터요."라고 대답했다.

"처음이라고 하면?" 내가 묻자 S씨는 "말 그대로 처음부터 실패였어요. 대학 입시에서 낙방했거든요." 하면서 아직 온기가 남아 있는 차를 입으로 가져갔다.

이야기는 계속됐다.

"물론 어느 정도 난관이 있을 거라는 생각은 했어요. 하지만 대학 시험에 통과하지 못할 거라는 예상은 전혀 못 했거든요. 너무 어처구니가 없어서 한동안 몸이 공중에 붕 떠 있는 것처럼 어리둥절했어요. 하지만 곧 마음을 다잡았죠. 제가 워낙 자신감에 빠져 있다 보니 방심했던 거예요. 냉정한 마음으로 머리를 좀 식힌 다음 다시 시작하면 되는 일이었죠. 그날 시내 서점에 가서 책을 한 권 샀어요. 재미있는 소설 한 편 읽고 나서 가벼운 마음으로 다시 공부를 시작할 계획이었어요."

"그때 읽은 책이 《여자의 일생》이군요?"

"네, 맞아요. 유명한 책이라 전부터 읽어보고 싶었는데 그동안 여유가 없어서 미뤄두고 있었거든요. 어차피 한 일주일 정도 맘 편하게 쉬려고 했으니까, 느긋하게 읽어보려고 샀어요. 고백하자면, 그 소설이 무슨 내용인지 조금이라도 알았더라면 절대 읽지 않았을 거예요."

S씨는 무슨 의미인지 모를 야릇한 미소를 지으면서 말했다. 그럴 만도 했다. 대학 입시에서 떨어진 여고생이 기분전환용으로 읽을 만

한 책은 아닌 게 분명하다.

"유복한 가정에서 태어난 한 여성에 관한 이야기였는데, 첫 시작부터 내용이 너무 어둡더라고요. 역경을 이겨내고 조금씩 삶이 밝아지는 내용이려나, 하면서 참고 읽었는데 완전히 예상 밖이었어요. 누가 '쥐구멍에도 볕 들 날이 있다.'라는 말을 했던가요? 소설 속 주인공 잔느의 일생에는 실낱같은 희망도 없는 것처럼 보였어요. 그래도 마지막엔 해피엔딩이겠지. 평생 시련을 겪으며 살았으니까 마지막엔 엄청난 보상이 있을 거야. 만약 그렇지 않다면 이 책을 쓴 작가의 정신상태가 이상한 거야. 이렇게 속으로 중얼거리면서 끝까지 읽었어요. 하지만 마지막 문장을 읽었을 때 완전히 실망했어요. 너무 기분이 안 좋아서 그날은 잠도 제대로 못 잤어요. 여자의 일생은 왜 그렇게 엉망이어야 하는 걸까요? 게다가 소설을 쓴 작가가 남자라는 사실에 더 화가 났어요."

S씨는 책을 끝까지 읽은 걸 후회했다. 새벽까지 잠을 설치고 난 뒤 아침 일찍 일어나 책상 위에 놓인 《여자의 일생》을 두 손으로 힘껏 움켜잡고 본문 가운데를 찢어버렸다. 기분 나쁜 물건이라 책꽂이에 놔두고 싶지도 않았기에 반으로 갈라진 책은 곧장 쓰레기통에 던져버렸다. 하지만 그러고 나서도 좀처럼 분이 풀리지 않았다. 다른 재미있는 책을 읽었지만 《여자의 일생》 줄거리는 트라우마처럼 기억에서 지워지지 않았다. 마치 자신이 그런 삶을 살게 되지 않을까, 하는 두려움이 점점 커졌다. 공부 진도는 더뎠고 좀처럼 집중이 되지 않았다.

결국, 그녀는 두 번째 대학 입시도 실패했다. 목표 대학을 너무 높게 잡은 게 아닐까 싶은 마음에 세 번째 입시에선 한 단계 낮은 학교에 지원했다. 그러나 이번에도 결과는 좋지 않았다. 이상한 일이었다. 모의고사 성적은 늘 최고 점수인데 막상 입시에선 집중력이 떨어졌다. 딸이 삼수를 했을 때 부모님은 S씨 몰래 용하다는 점집에 찾아가 비싼 돈을 내고 상담을 받았다. 그런데 그 결과도 참 묘했다. 혹시나 하는 마음에 다른 곳을 다녀봐도 한결같이 그녀의 사주가 아주 좋다는 얘기만 들을 뿐이었다.

S씨는 결국 네 번째 도전 끝에 대학에 들어갔다. 서울에 있는 대학이긴 했지만 애초에 목표했던 학교에 훨씬 못 미치는 평범한 곳이었고 전공도 법학이 아닌 경영학과였다. 부모님은 한 식당에서 조촐하게 입학 축하를 하는 자리를 마련해줬다. S씨는 밥을 먹다 서럽게 울었다. 그녀는 이 모든 게 그때 《여자의 일생》을 읽었기 때문에 생긴 일이라고 믿었다. 소설 속 주인공 잔느 역시 더 멋지고 행복하게 살고 싶었을 것이다. 하지만 운명은 그녀를 올무처럼 잡아놓고 평생 풀어주지 않았다. 혹시 자신도 그와 똑같이 되는 것이 아닐까 하는 생각에 겁이 나서 S씨는 학교에 다니는 내내 신경쇠약에 시달렸다.

산 넘어 산이라고 했던가? 인생의 어려움은 거기서 끝이 아니었다. 졸업 후 S씨는 중견 무역회사에 취직했으나 얼마 있지 못하고 도망치듯 퇴사했다. 다음, 그다음도 직장생활은 어려웠다. 한 곳에서 반년을 채우지 못하고 이런저런 직업을 전전했다. 그사이에 부모님의 사업마저 기울어져 집안 살림은 몰라보게 궁색해졌다.

"제 나이는 어느덧 서른을 넘겼고……. 아시잖아요? 여자 나이 삼십이면 '폐차'라는 말을 대놓고 하던 시절이었어요. 그 나이에 여자가 할 수 있는 일은 그리 많지 않았답니다. 그래도 저는 뭐라도 해보자는 심정으로 닥치는 대로 일했어요. 식당 주방에서 설거지를 하거나 심지어 아파트 공사 현장에서 타일을 등에 지고 나를 때도 '나는 잔느처럼 불행해지지는 말아야지' 하는 마음으로 이를 악물고 살았어요. 잔느는 항상 제 마음속 짐이고 트라우마였어요. 결혼하지 않은 것도 그 때문이죠. 결혼하면 잔느처럼 불행해질까 봐 겁이 났어요."

어두운 터널은 끝을 알 수 없도록 계속 이어졌다. S씨는 여전히 한 곳에 정착하지 못하는 생활을 이어갔고, 이런 인생에 더는 뭘 바라는 것 자체가 사치라는 생각마저 들었다. 그때 운명은 그녀 앞에 뜻밖의 계획을 펼쳐놓았다.

"방황의 나날을 보내다가 새벽에 열리는 반포 꽃시장에서 허드렛일을 시작했어요. 거기서 아침까지 일하다가 점심땐 또 다른 일을 했어요. 돈이 필요해서 새벽 시장 일을 알아봤던 건데, 이게 꽤 재미있더라고요. 처음엔 무거운 꽃을 들고 나르는 일이라 꽃이 짐처럼 느껴졌어요. 몇 달 하다 보니 익숙해져서 비로소 꽃이 눈에 들어오더라고요. 꽃에 대해서 알아갈수록 마치 제 못난 모습을 보는 것 같아서 애틋한 감정이 느껴졌어요. 그때 꽃집 사장님이 했던 말이 기억나요. '여기서 반년을 못 채우고 도망가면 그 사람은 평생 꽃을 싫어하게 돼요. 하지만 그 시기를 넘기면 그제야 꽃이 보이고 향기도 맡을 수 있죠.'라고 하셨어요. 거기서 1년 가까이 일했을 때, 사장님이 저를 부르더니 아르바이트가 아니라 정직원으로 일할 생각이 있느냐고 물었어요. 저는 감격했답니다. 그런 말을 들은 게 처음이었거든요."

꽃가게 사장은 도매로 꽃을 납품하는 일을 하는 한편, 플로리스트로 활동하며 꽃 대중화 사업에도 관심이 많았다. 그로부터 몇 년 뒤, 사장은 S씨에게 플로리스트 일도 권했다. S씨는 사장과 전국을 돌아다니며 수많은 강의, 워크숍을 함께했고 현장 꽃꽂이 기술도 배웠다. 어떤 대학에서도, 아무리 많은 돈을 주고도 배울 수 없는 귀한 경험이었다.

"사장님은 저하고 연배가 비슷했어요. 그래서 더 마음이 잘 맞았는지도 모르겠어요. 우리는 호흡이 잘 맞았고, 그렇게 한 10년 정도 함께하니까 사장과 직원이라는 관계가 애매할 정도로 친근한 사이가 되었어요. 사장님은 가끔 저에게 이제는 독립해서 자기 가게를 운영해보는 게 어떠냐고 물었는데, 저는 그때마다 싫다고 했어요. 오래 일했다고는 하지만 여전히 날마다 새롭게 배우는 느낌이었거든요. 저는 할 수 있는 만큼 오래 사장님 곁에서 배우고 싶다고 했어요. 독립하고 싶다면, 그때는 제가 먼저 말씀드리겠다고 그랬죠. 사장님은 저를 안아주셨죠. 그런 감정이 나쁘지 않았어요. 그 이후로 저희는 살림을 합치고 같이 살게 됐답니다. 제 나이 오십이 다 됐을 때예요."

"사장님도 아직 결혼하지 않으셨던 거군요? 혹시 두 분이 결혼식을 하셨다면 꽃장식은 같이 하셨겠네요. 상상만 해도 너무 멋진걸요?"

내가 그렇게 말하자 S씨는 웃으면서 손사래를 쳤다.

"아유, 제가 말씀을 안 드렸군요. 사장님도 여자랍니다. 지금 젊은 친구들은 동성끼리 만나는 걸 드러내놓는 일이 더러 있지만, 우리 때는 상상도 못 했어요. 결혼식은커녕 아무도 몰래 둘이 살았죠. 지금은 그래도 누가 물어보면 같이 산다고 자연스럽게 말할 수 있어요. 하지만 처음엔 출퇴근할 때 서로 시간 차이를 두고 집을 드나들 정도로 주변 시선을 의식하며 조심스럽게 생활했어요."

비록 생각했던 것보다 늦은 나이이긴 하지만 S씨는 이렇게 비로소 생활에 안정을 찾았다. 좋아하는 일을 하고, 삶의 동반자까지 얻었으니 더 필요한 게 있을까? 마음이 편안해지니 S씨는 이제 마지막으로 문제의 책과 화해를 해도 괜찮지 않을까, 하는 생각이 들었다. 분한 마음을 이기지 못하고 책을 찢어 쓰레기통에 버린 날로부터 수십 년이 지났다. 그녀는 평생의 트라우마이자 자신을 싸맸던 끈이라고 여긴 《여자의 일생》을 다시 읽어야 비로소 거기에서 해방될 수 있을 거라 여겼다. S씨는 백화점 문화센터로 꽃꽂이 강의를 하러 가는 길에 서점에 들러 그 책을 다시 샀다. 떨리는 순간이었다. 비록 수십 년 전에 자신이 찢어버린 책과 똑같이 생긴 건 아니었지만, 다시 읽으려고 하니 손이 떨렸다.

하지만 두려움도 잠시, 놀랍게도 모파상이 들려준 이야기는 고등학생 때 봤던 그것과는 완전히 달랐다. 그때는 "바보 같은 잔느, 멍청이 잔느!"라고 하면서 화가 났는데 지금은 이 아름다운 여인을 진심으로 위로해줄 수 있을 것 같다는 마음이 들었다.

나는 그녀가 하는 말을 수첩에 옮겨 적으면서 물었다.

"고등학생 때 읽은 책과 내용은 똑같은데, 왜 그렇게 전혀 다른 감정이 생긴 걸까요?"

S씨는 담담한 목소리로 대답했다.

"책은 변하지 않았지만 제가 변했으니까요. 50년이라는 인생을 살다 보니 잔느의 생각과 행동, 그리고 그녀의 운명도 역시 조금은 이해가 되더라고요. 소설이긴 하지만, 누군가의 일생을 판단하려면 그 사람에게도 일생이라는 시간이 필요한 게 아닐까 싶어요. 꽃 다루는 일을 하면서도 그런 걸 자주 느낀답니다. 저도 처음엔 꽃이 예쁜 건

활짝 피었을 때뿐이라고 생각했거든요. 그래서 가엾다는 마음도 자주 들었어요. 그런데 이제는 알아요. 꽃은 싹트고 잎이 나오고 활짝 피어났다가 시들어 고개를 숙이는 그 모든 과정 자체가 아름다운 거예요."

나는 고개를 끄덕였다. 그리고 앞으로 내 인생에서 더는 성성한 젊음의 아름다움 같은 건 없겠지, 라고 생각했던 일을 깊이 반성했다. 아름다움이란 어떤 한 시기의 상태를 말하는 게 아니다. 더구나 그것이 한 사람의 인생이라고 한다면 쉽게 단정 지을 수 없다.

"인생은 보다시피 그렇게 좋지도 않고 나쁘지도 않은가 봅니다."
S씨는 소설의 마지막 문장을 외우고 있었다. 이 문장 때문에 화가 나서 책을 쓰레기통에 버린 일을 반성하는 의미로 똑같은 책을 찾아 이번엔 소중하게 간직하겠노라 다짐했다. S씨는 꽃과 우리 인생이 비슷하다는 말을 덧붙였다. 피고, 지고, 열매 맺고, 향기를 전하고……. 이 전부가 삶이 아니겠냐는 수수께끼 같은 얘기를 마지막으로 하고는 자리에서 일어났다.

나는 책을 찾아주는 대신 그 책에 얽힌 사연을 수고비로 받는다. 하지만 가끔 귀한 삶의 깨달음을 얻고 나면 한동안 마음이 숙연해진다. 누군가에게는 흔하게 볼 수 있는 낡은 책 한 권이지만, 또 어떤 이에게는 일생을 통해 찾은 소중한 깨달음이기 때문이다. 나는 오늘도 손님에게 받은 아름다운 삶의 가르침을 마음에 담고, 어디 있을지 모를 책 한 권을 찾아 길을 나선다.

헌책방 기담 수집가

1판 1쇄 펴냄 2021년 12월 6일
1판 10쇄 펴냄 2025년 7월 7일

지은이	윤성근
편 집	안민재
디자인	unmoor(표지), 룩앳미(본문)
그 림	남서연(표지), 황정하(본문)
인쇄·제책	아트인

펴낸곳	프시케의숲
펴낸이	성기승
출판등록	2017년 4월 5일 제406-2017-000043호
주 소	(우)10885, 경기도 파주시 책향기로 371, 상가 204호
전 화	070-7574-3736
팩 스	0303-3444-3736
이메일	pfbooks@pfbooks.co.kr
SNS	@PsycheForest

ISBN 979-11-89336-46-2 03810

이 책의 내용을 이용하려면 반드시 저작권자와
도서출판 프시케의숲에 동의를 받아야 합니다.

이 도서는 한국출판문화산업진흥원의
'2021년 출판콘텐츠 창작 지원 사업'의 일환으로
국민체육진흥기금을 지원받아 제작되었습니다.